任蒙 著

任蒙散文選

Renmeng Sanwen Xuan

武汉出版社
WUHAN PUBLISHING HOUSE

(鄂)新登字08号

图书在版编目(CIP)数据

任蒙散文选/任蒙著.—武汉:武汉出版社,2014.8

ISBN 978－7－5430－8480－3

Ⅰ.①任…　Ⅱ.①任…　Ⅲ.①散文集－中国－当代　Ⅳ.①I267

中国版本图书馆CIP数据核字(2014)第193932号

著　　者:任　蒙

责任编辑:张建平

装帧设计:刘福珊

书名题字:任　蒙

出　版:武汉出版社

社　址:武汉市江汉区新华路490号　　邮　编:430015

电　话:(027)85606403　85600625

http://www.whcbs.com　　E－mail:zbs@whcbs.com

印　刷:武汉中科兴业印务有限公司　　经　销:新华书店

开　本:787mm×1092mm　1/16

印　张:24.75　　字　数:300千字

版　次:2014年8月第3版　　2014年8月第3次印刷

定　价:38.00元

任蒙，著名作家、文化学者，现居武汉。40年来在各地报刊发表过数以千计的作品，出版有诗歌、散文、杂文、文艺理论等专集20部，其中以诗论诗的《诗廊漫步》曾多次再版和重印。其文化散文以历史哲学解读历史，故事精彩，细节传神，语言精警，“具有震撼人心的思想力量”（《光明日报》评论）。已经出版《走向文学圣殿》《任蒙散文研究》《任蒙散文论集》《任蒙散文现象论析》等研究和评介任蒙的文集4部。

目 录 Contents

第一辑　时空之旅

第二辑　山水相册

第三辑　海天漫笔

第四辑　家居散墨

第一辑

时空之旅

悲壮的九宫山

一

九宫山，位于湖北通山县与江西武宁县的交界之处，最高海拔一千五百六十六米，比它二百里之外的庐山略高一点，但其山势没有庐山险峻，风景也不如庐山秀丽，只属于地方性名山。二十年前，我们部队在这里设有一座哨所，遗憾的是，我几次动意要来看看都未能成行。后来我被调到军区工作，再后来我转业离开了部队，这山，我听起来就渐渐成了一个纯粹的旅游地名。这回，我是来“补课”的。

导游告诉我，哨所早已被撤了，还留下了两排营房。说着，他顺手指给我看，原来哨所的遗址就在我们来到的山顶一端。望见近在咫尺的哨所营房，我便想起了自己曾经去过的一些高山哨所，想起了常年工作在那里的官兵们，尤其难忘的是他们晚饭后在夕照下陪我逛山的情景。再看看此刻我脚下的这座山巅和一处处石级，仿佛我曾经来过。

九宫山，我并不陌生。它和许多驻过哨所的大山一样，对我来说有一种特别的情怀。

然而，九宫山还独具一种精神，我在这次游历中才感触出来。

二

说不清九宫山是在哪个地质年代的地壳运动中形成的，反正它和无数古老的山体一样，其年岁和经历是人类无法比拟，无法想象的。可是，亿万年来，它在我们这个文化丰厚，名山众多的国度中，并没有什么出众之处。直到三百多年前，一代英雄殉难于此，才使这座大山有了自己的话题。

这个不大不小的事件，使以往发生在这里的什么九宫十宫的传说和故事黯然失色。九宫山真正的历史和故事，从李自成开始。

任何事件的结果比其发展过程都要重要得多，也更加令人关注。李自成牺牲前夕，曾屯驻武昌五十多天，后被清军围困，五十多万人马所剩无几。这样的历史连武汉人都不知道，但提到九宫山，很多人都知道李自成死在那里。

假如他当时躲过了这一劫，然后死在一座小村庄或一片小树林中，那地方未必会因此得名，未必会被人记住，当然就更不会有这么多懂历史和不懂历史的人前来凭吊了。

无论怎样，李自成的殉难把九宫山与一场波澜壮阔的战争联系在一起了，把它与一次历史的重大更迭联系在一起了。

历史把一个巨大悲剧的结局安排在这里，让李自成命断于一帮乡勇的手中，这是他的不幸，但对这座大山来说，却是莫大的哀荣。

千古英雄长眠于此，就是这山的灵魂！

三

因为旅游业发展和官员们休养的需要，山顶处已形成了一座初具规模的小镇，小镇就是这座山的中心；而在小镇的最高处，便是李自成的巨型雕像。战马前蹄高扬，马上的李自成依然头戴毡笠，身穿铠甲，宽大的披风展示出风的造型。他的右手高举长剑，直刺蓝天，更显出威武和豪气。

我想起北京西北角的那座“李自成”来。

那是一六四四年三月十九日，北京城万岁山寿皇亭旁那棵歪脖子老槐树上，崇祯皇帝的尸骨尚有几分热温，几十万义军已高举着闯王旗浩浩荡荡地向京城开进了。中午时分，德胜门内外张灯结彩，鼓乐齐鸣，万众欢腾，李自成以同样的装束策马前行，不停地向欢迎的人群致意。这是起义军为李自成及其高级将领举行的入城仪式，我们过去的历史课本和一些读物上曾经用插图再现过这一激动人心的历史场面。我完全相信，在那个胜利的时刻，李自成肯定是精神焕发，神采奕奕，一副英雄气概。

仅仅是一年之后，境况却是天壤之别，昨日是极致的辉煌，今天是落荒而逃。不错，这样的惨败李自成已不止经历过一次，他每次都能东山再起。但此时的他，毕竟是英雄末路。

流落到九宫山的李自成已经被射瞎一目，这一点也不便于“写真”，但我总觉得他未必像眼前的雕塑这般勇武豪迈。

面对这尊雕像，这座大山的标志，不知有没有高人能够体味出如此末路英雄的心境。

李自成的命运终结于九宫山，历史为这场大悲剧的尾声所选择的地点和情节，看上去好像有那么点偶然色彩，但它们所体现的事件的实质，却蕴含着充分的必然性。李自成再次败落为寇，所面临的主要对手不再是腐朽的明王朝，而是一个新的封建政权，他重振旗鼓的可能性更小。九宫山对今天的旅游观光者来讲，不算是很佳的去处，但它山高林深，绵延百里，有较大的回旋余地，是战斗者比较理想的隐伏之地。

那也是山花盛开的季节。眼前这簇簇灿烂的杜鹃，在那个没有任何环境污染的久远的年代，想必开放得更加鲜艳。可英雄没有心绪来欣赏这些，他要的也不是这些。他所梦想的是能够度过危难，再起风云，重新夺回昔日的辉煌。

然而，这座江南青山却没有成为英雄的商洛山。

四

对李自成登极的日子，所有的史书上都记载得准确无误。而对他的死，人们却众说纷纭，甚至不惜向壁虚构。流传比较广的一种传说，说李自成最后到湖南石门县的灵泉寺隐迹为僧了，自号“奉天玉和尚”，还留下了诗作《梅花百韵》，云云。

连国学大师章太炎也支持这种说法。

李自成死无确定，缘于他是一个失败者。失败者死后也要倒霉。

说他死在九宫山，其说法也是大相迥异的。

《明史》里说，李自成率领二十名骑兵到山中抢夺粮食，被修筑堡垒的村民围攻，人马陷入泥潭，他头部挨锄击而死。村民剥下他的衣服，发现内穿龙袍，携带金印，方知是李自成。《明史》是清政府组织编纂的，稍加分析便会发现这种记载错谬百出。这百里大山，青峰溪流，并非沼泽之地，哪来的泥潭？闯王一行久经沙场的战士，驱马执枪，是一群村民能够对付的吗？清王朝轻而易举地从李自成手中捡来了一个中国，反倒出于自身的利益如此作贱他，可见统治者的卑鄙。

二十世纪八十年代初，史学界发现了秘藏三百多年的《甲申岁弋闯志》，是当年一位叫朱万年的秀才写下的，这份文稿记录了作者和乡人目击李自成被杀害的经过。这份资料进一步为李自成死于九宫山之说提供了佐证。

关于李自成被害的时间，史料都记的是一六四五年，即清顺治二年，但具体的月份，各书不一，有的说“秋九月”，有的说闰六月，而朱万年记的是四月下旬。

如果后者的记录比较可靠的话，旧历四月，也大致是我们现在来旅游的这个时节。那天，李自成亲率二十骑前往山中察看地形，刚走进牛迹岭下，突然从山上的树丛中杀出一群人来，他们是以程九伯为头目的乡勇。义军的战马在这没有道路的深山老林失去了优势，他们寡不敌众，加上地方陌生，很快陷于绝境。就这样，曾经叱咤风云，推翻了统治中国二百七十六年之久的大明王朝的盖世英雄，倒在了一帮乡勇的刀下。

五

崇祯十七年四月二十九日，在山海关被吴三桂和清军大败而归的李自成，在紫禁城的武英殿举行了登极大典，正式做了“大顺皇帝”。尽管这种历史上最具意义的盛典是在不祥的气氛里开场的，并且很快就收场了，但它毕竟是封建时代无数英豪所追求的人生最高境界。像李自成这样靠农民起义坐上龙庭，正经八百地取代全国政权，几千年间只有那么几个人。

这次登极大典，既是开始，也是结束。

第二天，李自成来不及多看一眼他没有坐热的龙椅，便仓皇撤出了北京。也就是说，他只做了一天皇上。

为了这一天，他进行了十几年艰苦征杀。

此后，他一直在溃败中不屈地坚持拼搏，也是为了再回到这一天。

如果历史让李自成真的回到了这一天，成为“刘邦第三”、“朱元璋第二”，九宫山的历史主题就不是英雄悲歌，而是起义军一个新的转折点，我们今天前来游览也会是另一番心情。

如果那样的话，他代表农民利益的革命也早已变质了，他也必然会实施汉高祖、明太祖藏弓烹狗的“德政”。这也是郭沫若在《甲申三百年祭》中论定了的。那样，我们的历史读物对他就是一种咒骂的口吻，九宫山中也不会有人民政府为他修建的“闯王陵”，更不会有英雄塑像了。

过去几千年间评说农民起义，是成则君王败则寇，而后来不知从哪天起，却成了“成则反动败则荣”。我不知道我们的历史学界为什么要那样津津乐道于农民起义的失败者？或许是感于他们勇敢地向旧有的腐朽政权发起进攻，客观上却没有实现个人夺取天下的目的，而对他们的壮举热情地加以讴歌。对于刘邦、朱元璋之流，因为他们成功了，终于当上了大小官僚和地主阶级的总代表，并且实现了权力的有效世袭，完全达到了他们个人的目的，历史就应该对他们表示出憎恨。就像现代的某些腐败分子，人们开始对他们的革命经历十分崇敬，后来他们的本质败露，人们发现他们投身革命不过是为了封妻荫子，腐化享乐，根本不是为了劳苦大众，对他们也就不再感激涕零了。

李自成没有成功，倒在这偏寂的深山。几百年来，不知多少人深深地为他痛惜。

这就是荒谬的封建历史遗留给我们的荒谬。

绿林之光

一

一个封建王朝在一座山林里终结，又一个新的王朝从这里发端，我相信，谁来到这里都不会漠视这座山林的神圣。

然而，由于时代过于遥远，这座山林的故事一次次被别的山林所重复，它所产生的历史轰动一次次被新的轰动所取代。无数回世事变迁，使它早已淡出了人们的视野。如今，只有走进这座山麓，走进历史的记忆深处，我们才能听见从这里发出的巨大轰响。

绿林镇，湖北京山县一个乡镇机关的所在地。在我们抵达的那个傍晚时分，谁都没有顾得上去打量它，便被等候在廊檐下的主人请进了一座近似现代农舍的小酒馆。酒后略作寒暄，我们又被带到了数里之外一座更加偏寂的旅舍。村落般的旅舍空当当的，窗外不息的风鸣给我们带来了几分孤独。除了绿林小镇这个陌生的地名，那个夜晚，我一直不知自己身在何处。

同行而来的有一位著名诗人及武汉作家协会的一位小说作家，此前我仅仅被告知，我们三人到京山，是应一家旅游开发商的邀请来帮他们进行文化策划的，现场在山中。但开发商是谁，要去的是座什么山，我一概未加多问，因为是朋友相约。

次日清晨一觉醒来，我才意识到自己不知不觉地靠近了一座铭刻着史诗的英雄山麓，我们一步跨人了两千年前的那段风起云涌的历史。

西汉末年，王莽篡政，官僚地主阶层更加野蛮地掠夺百姓，又逢连年赤灾，人民生不如死。就是在这座山中，燃起了焚毁新莽政权的冲天烈火。

此刻，面对中国历史上第二次农民大起义的主要策源地，面对脚下这片改变过中国历史的神奇山岭，我的心头蓦地升起了一种莫名的敬意。

可是，高大的山峰在我们面前依然沉默着，并不在意我这种颇有些感动的目光。它像一位饱经沧桑的老人，只是静静地坐在那里，独自回想着辉煌的往事。那种淡然的神态，让人感觉到的只是平凡。

的确，如同古今成大器者往往不是外表伟岸的人物一样，一些成全了重大事变的山林，并非是今天人们旅游观光所向往的那种奇川巨岳。绿林山并不巍峨，在它地处的大洪山脉，最高主峰的海拔不过一千多米，在我们辽阔祖国的很多地方，都能找出这么一片山林来。如果不是历史学家以它的名字去称谓那场起义浪潮，人们从它身旁走过，无论向它投去多少瞥目光，都很难想到这位貌不惊人的“老者”曾有过惊天动地的传奇经历。

二

绿林山所经历的轰轰烈烈的事变，还得从公元十七年那个饥饿与慌乱的时刻说起。

那年，南临江汉平原的绿林山区涌来了大批饥民。他们刨尽了平原上的草根和树皮，纷纷转移到山中寻求最后一线生存的希望，但是，山间的野菜也很快被挖光。眼看树林间和沟水旁一片片形容枯槁的远近乡亲已陷入绝境，当地两位分别叫王匡和王凤的血性汉子相互使了一个眼色，然后双双从容地登上一块巨石，终于发出了那声震撼丛莽的长啸。

当时，全国各地反莽的农民起义此起彼伏，连王莽也不得不承认，江湖海泽如乱麻沸汤，并连连唉叹“国有大灾”。但他没有料到，从中部腹地一片野林中升起的这面反旗，后来直指京师，歼灭了他的主力，进而攻破长安，将他送上了断头台。

胸怀奇志的王匡王凤，即使预见到了在山中起事有林可藏，有险可据，有道可通，兼得出击和退守之利，但他们绝对不会想到，他们在绿林山开创了中国历史上山地武装割据的先河。他们更不会料到的是，他们在绿林树丛中的那声划破时空的呐喊，化作了一个响亮的名词，使这片丛林成了一代代英雄好汉的代称。

漫长的中国封建宗法社会，由于荒诞的君主制度的不断重复，导致了社会历史的原地踏步，官逼民反的政治现象也一直伴随着这种踏步周期性地反复出现。因而，绿林起事不是这种现象的起始，更不是这种现象的终结。

走近绿林，也许有人不解，历史为什么是这样？但无数史实早已证实，封建历史注定是这样！

皇权世袭制造成的国家权力私有化，使最高统治权只能在一个极其狭小的家庭范围内传递，并且没有任何有效监督。这种权力交替机制和监控机制，根本无法保证对国家的有效治理和社会的健康运行，也无法防止君权的膨胀或失落。因此，每一个王朝在它们建立的那天，就预示了它们的覆灭。而颠覆旧王朝的力量总是与以前大同小异，往往依托山林而崛起，使绿林在中国封建历史上形成了非同寻常的象征意义。

翻开中国历史，曾经多少次风起绿林，曾有多少豪杰占山为王，剑指天下，在席卷了既有统治体系的同时，又催生出一个同样模式的新王朝。一回回如此这般，历史每次都要迂回到绿林之麓。

从一个绿林走向下一个绿林，下一个绿林的前方还是绿林。绿林，成了封建历史无法走完的里程标记，成了封建统治无法摆脱的怪圈轮回的一种最可怕、最醒目的转折符号。

三

绿林山曾经是一处火山，说不清它在哪个地质年代轰轰烈烈地喷发过。一路上，赭红色的火山岩随处可见。在一座山峰下的青石上，嵌有一堆被折断的树化石截面，每株大树的年轮都清晰可见，团团相叠，错落有致，宛如一捧巨大的玫瑰。我曾在青石面前徘徊，反复凝视大自然的这种奇异造化。谁知，我们下午又在一条溪流的悬崖上发现了几处树化石，粗柱细枝无规则地堆砌着，完整得更加令人惊叹。地质上的火山爆发，没有忘记在这里留下永恒的印迹，让亿万年后的智慧生命去感叹它翻天覆地的威力。

亲眼看到这么鲜明的火山遗迹，我还是第一次。亿万年前的地质火山喷发与后来的社会火山喷发，当然不会有什么巧合的关系，但绿林山腾起的那场武装反叛的斗争风暴，无论其爆发过程，还是后来的结局，都与以前的农民大起义有着相似之处。尤其是刘秀的发迹和成功，与其前祖刘邦着实有些惊人的相似。

反莽烽火燃起之后，刘縯、刘秀兄弟在南阳组织了一支队伍，号称汉军，随后也加入到绿林起义军。后来，刘氏兄弟在著名的昆阳之战中发挥了重要作用，声威日炽，但他们却在起义军领袖的帝位争夺中失利，刘縯被诛杀。刘秀不但不为兄长戴孝服丧，反而照常饮食言笑，还一个劲地向更始皇帝和王匡等人请罪。这与当年刘邦之父被项羽扣押，并扬言要活烹其父，刘邦却说“请分我一杯羹”有什么两样？如果不是刘秀从其先辈那里继承了如此韬光养晦之术，以麻痹对手，保住自己的性命，就不可能有他后来的东山再起，更不可能有他东汉的二百年江山。

同样是在农民起义中乘势起兵，同样靠韬晦之术躲过危机，同样开创了长达两个世纪的汉室帝业，汉光武帝刘秀与前汉刘邦的成功道路如出一辙。所不同的是，刘秀之所以能够成为那场混战的最后胜利者，还有一个重要因素，那就是他姓刘，并且是高祖的第九世孙。那会儿，农民军和乱世豪杰们纷纷拥立的一排皇帝清一色姓刘。赤眉军无“刘”可立，找了个军中牧童刘盆子面南称帝。更为可笑的是，邯郸卜相先生王郎伪称自己是前汉成帝的儿子，被拥为帝。灭莽复汉，是天下义军共同的旗号，绿林军率先拥立的皇帝也是西汉皇族后裔刘玄。这是绿林山的局限，更是历史的局限。

往后再延二百年，三国时期的“刘皇叔”也想依照刘秀匡扶汉室，可刘氏天下气数已尽，历史没有给他那样的机遇。否则，中国的历史将再次出现这种惊人的巧合。

四

光武创基，兆于绿林。两千年间，生活在帝王光影下的大汉传人，说到这位开国天子的传奇人生无不为之感喟，同时也为绿林山这个封建王朝的摇篮而感喟。至今还有人将绿林山称作“光武中兴第一山”，不难想象，绿林在古人的心目中是怎样的圣灵。

我们到来的这个寒风瑟瑟的日子，偶见微微雪花在车窗外飘舞。山中见不到一个行人和一只飞鸟，只有我们远道而来的一行人，沿着崎岖小径忽上忽下地穿行着，只有遍地残枝落叶铺出的肃杀景象。

当年起义军怎样在群山之间安营扎寨和发展壮大，怎样在丛林中运筹谋攻和厉兵秣马，除了那处巍巍山门，人们都无法将他们数万人马的军事活动与眼前的山水具体地联系起来，无法说出当时的情节。

我们登上一座山巅，顿感此处天高风急，俯瞰脚下茫茫群山，一片片枯林秃树在寒流中吱吱作响，犹如万千伏兵。是的，绿林山不仅为那场风暴孕育了火种，而且还为它聚集了一支强劲的力量。王匡王凤起兵之后，长期以绿林为根据地，屡屡出击，攻城夺县，威震长安，四方豪杰纷纷投归。他们在这里坚持了五年，绿林兵也从最初的几百人发展到五万之众。绿林的山山水水都留有他们的战斗足迹，这里的一草一木都映有他们潜伏的踪影。

五

绿林虽然不如某些名山高峻，但其气势却阔大雄伟。整个大洪山脉地跨湖北三县，总面积达三百多平方公里，风景也堪称楚地一绝。上世纪八十年代，绿林就被国务院确定为国家重点风景名胜区。主人送了我一本编排雅致的画册，那是这座山林春天的影集，那才是真正的绿林。

春日的绿林山不但峰插云表，群崖雄立，溪流纵横，而且古林翳日，琪树连株，一簇簇花枝点缀其间，鸟语妙音随处可闻。山下一条鸳鸯溪蜿蜒数里，碧水秀树，胜似画中之景。绿林不愧为山觞水酌、不雨而润、不烟而雨、钟灵毓秀的山水胜地。

不过，无论多么秀美的自然景观，一旦作为旅游景区，都会被人进行一番精心“打造”。从商业角度看，也许这种“打造”是必到的程序。但是，我对一些旅游景点半人半神的所谓传说从来不感兴趣，尽管导游讲得眉飞色舞，我总是远远躲开独自看去。没想到这回我被人请来为旅游资源做这类文化包装，好在我们的任务多半是为一些景点定名。至于后面怎样去根据景点的特色杜撰传说，那不是我们的事情，我也没有那种想象力。

我想，既然这里的许多山水景观过去没有名称，就不妨以远古故事的壮志豪情来反映它的英雄本色。比如，某处通向峰顶的路隘，他们拟称作“通天关”，我建议改为“闯天关”；山口迎面而立的那堵崖墙，高大宽阔，陡峭森严，我建议称作“雄兵阵”，等等。

在我们来到之前，旅游投资方已在进山的大道两旁高筑了雕楼般的仿古寨门，还在蜿蜒的山脊上修建了形如长城的石头寨墙，号称神州第一兵寨。他们希望以此唤起游人对当年这片山林群雄盘踞的想象，再现那石破天惊的一幕。

绿林山本不应孤独。假如罗贯中当年能够以绿林壮举为题材写一部小说，一定会比水泊梁山的故事更加精彩，绿林也不会变得如此寂寞。绿林山缺的是一部书。

一座山岳孕育了一部壮阔的史诗，而历史赋予了这座山岳永不磨失的皓皓之光。

青史不灭，绿林同在。

渐远的马蹄声

今年这个马年，是甲午年，让人想到一百二十年前中国与日本的那场海战，想到近代以来我们的先辈面对列强的洋船洋炮洋枪所遭遇的耻辱。从那时开始，冷兵器的使命已经接近尾声，“马时代”也逐渐走向终结。

一

汉字中的“马”是个典型的象形字，最早见于甲骨文，却让我们想到史前的岩画。马，伴随着人类从几千年前的远古时代一路走来，帮助人类写下了一部漫长的文明史，尤其是一部古代战争史，几乎全部是战马与人类一起用它们的生命写就的。

骏马体魄强健，四蹄如锤，鬃顺毛滑，臀部滚圆，肌腱发达，奔腾起来更是劲腿悬空，绝尘远去。

马，生来就是一种力与美的象征。

然而，史前茹毛饮血的先人们对这种大型动物感兴趣的，仍然是它们可以用来充饥。山西峙峪遗址发现的大量驴马遗骨，留有被人敲击的明显痕迹，考古学者推断，那是先人吸取了它们的骨髓后扔下的骨筒。这处遗址，距今快三万年了。

一万年，两万年，时光继续缓慢地向前推移，人类社会也在艰难地进化。这时，一群先人在烤食了几堆肥香的马肉之后，有人回想起骏马形姿俊逸、浑身充满力量的模样，不禁突发奇想，认为这种庞大动物除了宰杀食用，还可以将其驯服，用来作为运载工具。

接着，几位机警的壮汉相约于丛林的外围，敏捷地接近一匹未能逃离的半大不小的马驹，它便成了人类喂养的第一匹马，也是马科动物中第一个与人类相伴的朋友。

这一天，也没有留下确切的日期。现代的考古发现，远在乌克兰第聂伯河西岸的德累夫卡，公元前四千年就出现了驯化的马群。证据，是在那里留下过配戴马嚼子明显痕迹的家马头骨。

时光如白驹过隙，不知又在哪个久远的年代，不知是哪个国度的能工巧匠，将马掌试验成功之后，马的飞腾与远行性能就得到充分施展了。那一天，他骑上世界上第一个被他钉上铁掌的骏马，让其放开四蹄，一路远奔。归来时，脚步渐缓的马有些疲惫，鼻翼翕张着喷出响嚏，长颈上鬃毛随之发生瞬间的颤抖。它全身开始轻松下来，铁蹄砸在大地上的响声，令所有目击者欢腾雀跃。

我们很多南方人不知道是怎样将粗笨的铁钉砸进马掌的，也不曾见过以钉马掌、修大车为生的路边棚店。所以很难理解，为马蹄发明铁掌的那天，同样是个没有被写进史书的划时代的日子。

也可以说，从那天起，出自不同国度、不同草原的一代代骏马，先后被征入沙场战阵或艰难的运载行列。它们负重而行，知难而进，出生入死，以自己的汗水、鲜血乃至生命，与人类一起开始谱写文明史的漫漫历程。

在几千年的冷兵器战史上，拥有战马，就等于有了速度与高度。马匹，就是战车，就是保障前方补给的运输机械。

马蹄敲打大地的节奏愈急促，军情就愈紧急。

战马的多寡与优劣，往往决定着战争胜负。

二

几十年前，骑兵潇洒的英姿曾让许多现代少年向往不已。听说在某处边疆、某处草原，驰骋着一支骑兵劲旅，那铁流般的马阵滚滚向前，让人想象出势不可挡的强大威力。

这样的战争力量，在今日高科技主导的现代化时代已不复存在。但在过去几千年中，它一直是最具杀伤力的战略部队，一直处在战争的强势地位。在北部辽阔的草原，游牧民族一次又一次凭借着滚圆健壮的马群而崛起，他们列起威武的马阵，横刀南向，虎视中原。第一个统一的皇帝遍扫六合，可他征服不了匈奴的铁骑。从他开始，就使出一种最笨、也是最无奈的办法：垒墙！以期御敌于高墙之外。

砖和泥土垒筑起来的万里长城，不可能从根本上挡住高扬的马蹄，北方游牧民族与中原王朝的反复搏击，几乎贯穿了一部中国古代史。

“胡服骑射”是赵武灵王赵雍提出来的，可见，早在战国时期，具有军事远见的战略家就意识到了马背上的作战所体现的优势。直到近代，梁启超还将赵雍的军事改革与俄国的彼得大帝相提并论。到了唐代，养马已被朝廷提到愈来愈重要的战略高度，开元年间养马不过三十多万匹。天宝十年，据陇右牧使报告，仅他那个牧区就养马三十二万五千匹。

北宋，几乎将战马与王朝存亡并列起来。这个距今整整一千年的中原统一王朝，社会稳定，文化繁荣，像模像样。或许是他们失去了前朝拥有的北疆西域那些天然牧场，或许是他们回顾了以前的十几个世纪中历代王朝发生的危机之后，通过战争力量的反复比较，最后确定了一条自我强军的途径：养马！

加强马政，广置良马，成了北宋朝廷奉行的国防大计。王安石专门制定出“保马法”，不仅政府大力发展规模性养马业，还鼓励百姓参与养马，仅开封府一地，民间养马多达六千。然而，南部山川没有地阔草美的高原，养育不出雄壮精良的骏马，更培育不出遥远西域那种让人看一眼就能感受到力量与美感的良种宝马。

大宋断送了半壁江山，一百多年后，最终和他们的死对头金国、西夏，以及几个区域性王朝一起，亡于来自大草原的更为强大的蒙古骑兵。

其间，这支马背上的蒙古大军征服欧亚大陆，将大片大片的土地并入自己的版图。今日蒙古和前苏联的大部分地区被蒙元帝国并成了一个“岭北行省”，那阵势，今天还能让我们惊出一身冷汗。这种所谓的历史辉煌，主要是靠他们的战马纵横呼啸得来的。

那种非正常的所向披靡，非正常的攻城掠地，只是一段短暂的历史。而在漫长的遥远时光里，列祖列宗能够为我们开辟广袤的疆土，同样是因为有马；中华民族得以维持地域旷阔的古老帝国，也是因为有马。

三

千军万马，人欢马啸，兵强马壮，等等，在汉语成语和许多口语中，只有马，才能与人如此并称。兵马未动，粮草先行。战马的食物，必须摆在与军粮同等的地位加以运筹。今日，在人们的习惯性词汇中，一匹马也没有，也要说成“大队人马”。马的这种殊荣，是它们几千年间和人类一起共同作战，共同劳作，尝尽艰难困苦而换来的。

很早的先人就在传说中以形体似龙的神马，去传达一种昂扬有力的非凡精神，这就是“龙马精神”，将马与最神圣的祥龙联系在一起。

在中华民族的十二种生肖里，龙，因为后来被延用为统治力量的化身，而被奉为至尊，但它本属子虚乌有。只有马，既是最现实的，也是最受人们看重的，宝马良骏在人们心目中的高贵地位是真实的，人们所赋予它们的情感也是真诚的。

马在中国文化中，一直享有崇高的地位。

曾经有无数战马驰骋沙场，和其主人生死与共，留下过许多感天动地的故事与传奇。

古典小说尤擅描写寒刀冷枪的马背较量，两军对峙，阵列森严，首先是各出一将，策马相互厮杀，每战必达数十回合，甚至更多。一方主将决胜，往往导致敌方心理崩溃，阵脚大乱，全军溃败，胜者乘势追杀，大获全胜。这样的故事读来很解气，但每每如此，不禁使人问道：古人如果都这样作战，出动十万大军与出动十个“大军”，其结局又有什么不同？

不过，这样马对马的惊险搏杀，其胜负很大程度上取决于战马的素质，这一点不难推想。但小说是按照一定的艺术规律构思的，没有将更多的笔墨集中到战马身上，每每写到勇将相互厮杀的场面，多半描写他们如何勇猛灵活，很少描写战马在这种惊心动魄的搏击中的作用。因而，战马如何高度灵敏地配合主人作战的细节，比较罕见。

相比而言，“三国”故事叙说战马的情节也最为精彩。吕布不惜杀死自己义父，不过是为了得到董卓赏给他的神马“赤兔”和金银珠宝，他率区区数十骑力破敌兵万余，全仗赤兔左冲右突，冒死冲锋。又说刘备在樊城遇险逃跑途中，因为慌不择路陷入檀溪，是它的坐骑“的卢”在情急之时奋起一跃，将其带出险境，否则，哪有渐渐壮大的刘皇叔，哪有后来的“天下三分”？

史家和小说家说到这种关键处，照样将战马渲染得很神，很灵，显然带有夸张之嫌。然而，一回回如此生死较量，战马凭着毅力和灵性在某个刹那间为主人赢得胜利的战例肯定不少。将领一旦被挑下战马，人仰马翻，就等于失败，就等于阵亡，也就成了不用强调的常识。

西方流传过一个故事，说英王与亨利伯爵在波斯沃斯展开决战，临战之前，工匠为国王备马掌钉，马夫却在一旁大声喊道："上帝，我已经听见军号了，国王等不及了。"因为马夫一再严厉催促，铁匠在第四只马掌上少钉了一颗钉子。战斗开始后，理查三世率军冲锋陷阵，他的坐骑因突然掉了一只马掌而失蹄跌倒，随之惊恐地脱缰而去。栽倒在地的国王很快陷入敌军的重重包围，绝望之中，他不禁挥剑长叹："上帝，我的国家就毁在了这匹马上！"战后，民间传出一首歌谣：少了一枚铁钉，掉了一只马掌。掉了一只马掌，失去一匹战马。失去一匹战马，失去一场战役。败了一场战役，毁了一个王朝。

危急关头，战马一个举动或可救下主子性命，成全主子的英雄大业，甚至改写历史，这样的关键作用并非多么夸张。因而，快马宝刀总是与英雄的美名紧密相连，让人交口称赞，盛传不衰。

雄才大略的唐太宗长眠之时，念念不忘几匹曾经伴他南征北讨的战马，他需要当年的战马永远伴随他的魂灵，于是便有了栩栩如生的昭陵六骏。战史中，许多次对杰出战马的褒奖、祭悼，往往比一些烈士更隆重，更真诚，更能感动人心。

战争是人类的不幸，更是战马的不幸。每一次大规模的殊死恶战，总有千军万马遗尸战场。无论战争本身的性质如何，战马都是无辜的。它们舍生奋蹄，它们的垂缰之义，它们老马识途，它们遍体鳞伤，它们不屈地倾倒在刀矢之中，什么时候说起它们的种种壮举，我们都只有喟叹，只有礼赞。

四

马的出现，使我们的世界缩短了距离，也为我们的世界增添了美丽的风景。

它们，曾经成全过许多艺术。唐三彩，光润艳丽，端庄有神，似乎是我们聪明的祖辈特意为骏马风采而创造的一门艺术。画马，更是画出过许多丹青妙手。当代艺术巨匠徐悲鸿笔下的马，很多是静态的，但让你在宁静中读出旷阔，读出壮美，读出诗意，读出一种品格和境界。

马的灵性，储存在它们的大脑深处。别看它们总是面无表情，甚至有些愚騃呆板，可一旦飞动起来，一个个却异常灵敏迅捷。回想当年甲午之战，当巨大的“钢铁马阵”在浩瀚的海面上纵横较量时，清廷也花巨资从西方购买了并不落后的战舰。可是，他们的军事思维还停留在“马步强弓”的理念之中，许多兵营用于作战训练的器材，依旧是几块大石头和几张早已被摸得油污不堪的老式弓弩，失败是无疑的了。口称圣明的王朝决策者头脑僵死，自以为是，腐朽误国。面对日新月异的世界文明大潮，他们依然笨拙地追随着所谓“马步”，说来却远远不及动物界的老马可敬。

机械的发明和热兵器的出现，结束了农牧文明，结束了冷兵器时代，也结束了马最重要的使命。如今，连在草原上放牧的青年牧民，都改用摩托来驱赶牛羊，马虽然在一些地区继续充当人们生产生活的帮手，但它们永远不会再来决定某个人类种族的命运。它们已经回归到本来的生命状态。

可是，马的不卑不亢的忠诚与善良，马的高贵与优雅，已经成为世人共知的印象。尤其是骏马那种高昂雄健的气势，饱满流畅的线条，升腾热烈的活力，带给人们的是健旺昌达的愉悦。它们飞奔的蹄步看似轻灵，实则铿锵而坚实，任何时候都是这个世界上最悦耳、最富节奏感的一种自然运动的声响。

它们仍然是吉祥、兴旺的象征，没有任何动物能够像马这样受到人的珍视、爱护，甚至尊重。

今日，那些产自中亚地区的纯种汗血马，谱系清楚，繁衍管理十分严格，一个个高伟壮实，双眼泛着光亮，仍然是百畜之中的明星。值此中华民族的马年到来，它们像我们的大熊猫一样，被自己的国家当作国宝运送到中国来展览。这些骏马被爱马的中国人看作是来自万里之外的友谊使者，将它们的头顶系上大红色绸花，它们给中国的马年带来了吉祥，给中国的孩子们带来了欢乐。

还有个刚刚发布的数据可能令许多人感到意外，全国马术俱乐部不知不觉地发展到了五百多家，拥有参赛骏马六百多万匹。这是以往一个个王朝梦寐以求的。我曾经怀疑，相关信息是不是因为笔误多写了一个“0”。

西方兴起的工业革命，将马匹从残酷的战争和辛勤的劳作中解放了出来，可他们同时又发明了赌马。那些昂首嘶鸣的精壮马匹被驱进椭圆形跑道，也必须像它们驰骋在战争生死线上的无数祖先一样，奋力争先，勇往直前，但这种生命的意义已经完成了本质的变化。

草堂朝圣

我这人向不记路，尤其是到一个陌生的城市坐在车上跟着别人转，就更加弄不清道路，甚至连方向都辨不出。

杜甫草堂，我就是在这样的状态下游历的，去过许久，老想象不出它坐落在成都的什么方向，什么位置。

记得那是一个下午，主人一片好意，为了能让我们多看几个地方，便尽量缩短在每个旅游点的停留时间。草堂更是这样，我们一行人被人领着，匆匆赶去浏览了一番，或许是为了证实自己到过这处名胜，或许是为了留念，每人抢着照了几张像，就被人催促着上车赶往下一处。

匆匆看过，又很快遗忘。好些名胜对我来说都是这样的遭际。草堂却完全不是这样，尽管没有来得及驻足品赏它一副楹联，也没有来得及去细读它一片诗刻，但它却把你的心灵留在那里，让你一步步地走近它。一旦你真的能够走近它，走近伟大的诗人，你就会不由自主地匍匐下去，那丰厚的文化内蕴和永不熄灭的力量令你震颤不已。

本是一次客随主便的观光,却使我实现了一次难忘的朝圣。

二

我们是从武侯祠赶往草堂的，车轮下这段短短的路程就把诸葛亮和杜甫这两个不同时代的杰出人物连在了一起。

诗人推敬诸葛孔明的一生功业，他刚到成都，就去瞻仰诸葛武侯祠。那时，坐落在市郊的武侯祠不像今日这样车水马龙，游人如织，早已是闹市一般，而是草木葱茏，古柏森森，一片苍凉。杜甫带着崇敬的心情前来谒拜之后，为诸葛丞相写下了“出师未捷身先死，长使英雄泪满襟”这样的千古悲叹。

诸葛亮是早于杜甫五百多年的古人，当诗人站在祠堂前仰望着宏伟的殿宇，追思前贤，无限感怀，困顿潦倒的他怎么也不会想到，几百年后他竟和一代贤相一样，被人在同一座城市立祠供人景仰，并且草堂的面积是武侯祠的几倍之大，占地三百余亩。诗人去后也有一千二百多年了，在今人看来，两座祠宇都是那么古远。不过，今人凭吊诸葛先生，都是感于他的忠诚贤明和超人智慧，感于他身上的传奇色彩，可是他那种忠贤，在渴望理性与民主的今天已于世无补。而凝集在杜甫身上的那种忧国忧民的精神，今天仍具有极其深刻的现实意义。

二

杜甫一生颠沛流离，每停留一处几乎都是支几间茅屋栖身，加上他又写了著名的诗篇《茅屋为秋风所破歌》，因而千余年后，“草堂”仍与诗人紧紧地联系在一起。人们把他住过的地方都叫做草堂，至今能够说得出具体地点，并且曾有过纪念性建筑的著名草堂就有四五处，在重庆奉节县，还有以草堂命名的行政区划，但最为人所知的还是成都草堂。

今日草堂当然没有当年茅屋的痕迹，更没有一样物件是诗人当年留下的。这也是许多古迹共有的特点。一个贫穷诗人住过的几间茅房，人走风过，不久连具体地点都无法找到，成都的草堂也一样，只能说是当年的大致位置。就是这样一个不甚准确的地点，如果不是诗人稍后不久的人们及时前来认定，恐怕它就会与其他一些胜迹一样，说不定是个想当然的地点。

成都草堂经过历代修葺扩建，规模逐渐扩大，建筑也越来越宏大，形成了颇为可观的纪念性祠宇。今日草堂以清代建筑为主体，兼有古楠翠竹和花卉种植，早已是一座公园式的旅游去处。这些都不在意料之外，只是我总想，诗人在世时如果有这样的一所住处该多好，哪怕是现在草堂公园的一角也行。虽然杜甫草堂与有些历史人物的纪念性建筑相比，不算很大，更不算豪奢，但如此草堂变华堂，仍是他生前不敢想象的。

杜甫与历史上某些杰出人物一样，生前历经磨难，身后才被人推崇。草堂是为他而建的，却与他的生命毫无干系。游人来了，也找不出当年那种北风怒号，席卷屋草，老弱的诗人眼望着南村群童“公然抱茅入竹去，唇焦口燥呼不得”的悲凉感觉。我还认为古人在这种事情上搞了形式主义，把草堂弄成一座大祠堂，我总不那么理解。心想弄成一座如此规模的古典园林式的建筑，未必就能容纳下人们心目中的一个杜甫，而只建一座茅庐，未必就容纳不下卓立千秋的一个杜甫。所以，过去我并没有想过自己一定去这地方。

到了草堂我才知道，就在我们去的前一年，由省政府拨款在草堂一侧重建了杜甫茅屋。由于无法知道诗人当年所住茅屋的样子，只好依照川西民居的特点，建了五个单间，四座配房，以竹条夹墙，裹以黄泥，屋顶是茅苫。屋子周围辟有菜地，以竹篱围之，多少有点舍居的气息。

如果是历史给我们留下的这几间诗人旧居就好了，那样，我们就可以更容易地体会到诗人在此生活的情景，就可以更快地走近他。

三

人们走进草堂大门，一眼望见的就是一座敞厅式建筑，坐落在一湾碧水对面，由小小的石桥连通。在巨大的黄桷树的掩映下，这座建筑格外庄严，它便是大廨。

廨，即官吏的办公场所。诗人一生，所失意的就在于做官，所无奈的也在于做官，为何要在其祠宇中修建如此规模的官署？

诗人寓居成都时，正是他在仕途上接连碰壁，政治理想转入消沉的时期。天宝六年，玄宗征召在野文学名士，诗人怀着满腔政治热情，风尘仆仆地赶往长安应试，可是奸相李林甫一篇“野无遗贤”的奏折，让所有应试者的愿望全部落空，竟连如此才学出众的诗人也未能幸免。“安史之乱”爆发之后，玄宗仓皇逃往蜀中，太子李亨在灵武自立，杜甫好不容易从叛军占领的长安脱身，再次怀抱前赴国难的热望投奔肃宗，这位新皇帝给了他一个门下省左拾遗的言官职位。据说左拾遗不过是八品之身，位虽不高，却是一个以向皇帝谏言为本职的角色，按照杜甫“致君尧舜上，再使风俗淳”的理想，这个职位为他提供了实现其政治抱负的初步途径。然而，还没有等他施展才略，就因他上疏救宰相房琯而触怒肃宗，诏令三司推问，险些被定罪，幸有宰相张镐为其保言，但不久他被贬到华州去任管理文教事务的司功参军。

如果按照今日某些人的眼光看，一介书生能够一步跻身朝廷，置身皇帝左右，直接进言补阙，该是一种莫大的幸遇。后被谪贬，也还身在公职，或可等待机会东山再起。但杜甫在政治上是身怀很大抱负的，生来一副傲骨，其胸襟非平凡之辈所能堪比。即使在他客居长安十年，过着“朝扣富儿门，暮随肥马尘。残杯与冷炙，到处潜悲辛”生活的日子，还以白鸥自喻，形容自己出没在浩荡的烟波之间，没有谁拘束得了。

虽然我们无法说清“甫疏救琯”事件以后，诗人究意是怎样的心情，但历史上却准确地记录着：这之后不久他便弃官而去了。在陇右经历了一段短暂的流亡后，他就来到了成都。

初到成都，诗人一家只好寄居在寺庙中，第二年在亲朋好友的帮助下，他才营建了这座草堂。其后的生活，又主要靠时任剑南节度使的友人严武接济。这种“故人供禄米，邻舍与园蔬”的日子，可见诗人的境况之穷困了。

就是这么几间草房，在屡毁屡建的过程中被铺衍成一座殿宇，本来就叫人费解，到清代嘉庆年间重葺时，又为其建了官署大廨，这与历代杜诗刻本和有关记述多将诗人称作“拾遗”

或“工部”一样，我们只能理解为一种尊敬。

还有杜甫的“标准像”也会让人不解，就是我们通常看到的他头戴官帽，身着官袍，持笏而立的刻像。显然，这是想象他与文武百官一起，在朝廷面对皇帝的样子。我想起不久前有人从紫禁城南薰殿储藏的历代帝王和名人的写真像中，又找出了几幅李白和杜甫等人的画像，说李白胡须稀少，眉毛不浓，身材清瘦，落落寡欢；杜甫也不是人们过去从一些画像中见到的那副模样，而是脸形圆胖，黑面浓须。可是，我认真看了清代石刻的杜甫那幅清瘦的“官像”，旁边分明也落有“南薰藏本”的字样。早在唐初，朝廷就在皇宫中设立了专门收藏圣贤图谱的南薰殿，所收肖像必须是如实记录，否则写生者将招来杀身之祸，因而可信度很高。原始“南薰藏本”中的杜像应该是杜甫本人或其家人提供的，而两幅杜甫刻像同出于封建时代最权威的收藏机构，也就说不上哪一幅更权威。如果是不同年龄段或不同心境下的写真，本来就不一样。问题是为什么那幅“官像”更为流传，除了对诗人的崇敬，我们还是不能作别的理解。

四

在我们赶往草堂的路上，有个问题在我脑子里挥之不去：在中国古代巨星闪烁的诗歌天空，为何唯有杜甫身后拥有这等规模、这等影响的纪念性建筑，享尽如此哀荣？

一千多年来，与杜甫一起被人们誉为“双子星座”的李白，尽管历代无数文人反复争辩权衡，也没有定出他与杜甫之间的谁高谁低，他们在艺术上的比肩而立和珠连璧合，使“李杜”

成了中国影响最为深广的一个诗学名词，成了至今还难以攀登的诗艺“制高点”，但李白却远没有杜甫的这般际遇。李白祖籍甘肃秦安，长于四川江油，卒于安徽当涂，曾娶湖北安陆女为妻，并在此寓居过。在今日为了发展旅游纷纷“开发名人”的时代，名地争相打出“李白牌”，但也没有使他在这点上赶上杜甫，其他诗人就更不用说了。

杜甫和李白生活在同一个时代，不但他们的生活经历相似：同样是怀才不遇，同样是四处漂泊，同样是客死他乡；而且他们的气质和艺术特色也有许多相似之处：同样是恃才傲物，同样是蔑视权贵，同样有愤世疾俗的声音，作品中也同样都兼有现实主义和浪漫主义的双重体现，不过是二人各自突出了不同的方面，往往掩盖了其另一面而已。但在个性上，杜甫不像李白那样浪漫飘逸，傲世独立和跌宕不羁，对黑暗现实的揭露，也不像李白那样多半采用锋芒毕露的嘲讽手法。至于白居易，则是官场的幸运者，虽然他也写过一些反映民众疾苦的诗，但有人将他流传下来的作品进行过分类统计，发现他描写自己蓄妓狎妓生活的诗要大大多于写平民百姓的诗，充分反映出他人格的两面性，其作品的艺术水准也不在杜甫这种层面上。

当然，我们不能把后世的道德标准强加给古人，但完整的人格在任何时代都是被尊崇的。也许有人要说，假如杜甫谋到了显赫的官职，得到优厚待遇，他也可能会像白居易那样生活。可是，像杜甫这种品格，他在官场上是注定要失利的。

如果硬要去做某种假设的话，与其说为某种个性去假设某种机缘，倒不如去为它假设一个时代、一个社会背景。

可是，离开了那个时代，历史就没有这位诗的圣贤，就没有这份骄傲了。

杜甫始终是属于他那个时代的封建文人，但又是一个属于他那个时代的“人民诗人”。

几千年的封建社会里，无数读书人青灯黄卷，皓首穷经，其人生最高境界大都是身度青紫，匡国济世。杜甫也不例外，他一生的最高奋斗目标也在于出将入相，辅佐君王，但黑暗的现实却让他碰得头破血流，他自恃其才却屡试不第，胸怀大志却无路进身，最后因为不甘屈沉下僚而落了个悲凉的结局。

然而，处于盗贼干戈流离之际的杜甫，一生却始终以天下为重，以爱民为心，虽然自己饿走九州，破衫吟哦，但是无时不在心忧君国，同情人民，希望天下安定，民生改善，忧国忧民一直是其作品最强烈的主色调。虽然在他遭受重大打击后也曾有过逃遁现实，向往隐居的念头，但诗人的使命不可能让他远避尘俗，摆脱忧患意识。即使在他远离政治中心，生活极端困顿的情况下，“不眠忧战伐，无力正乾坤”仍是诗人心境的主要写照。

历史上曾有多少人怀有一腔抱负，最后落得满腔悲愤，但很少人能像杜甫这样，至死不渝地以天下为怀，更没有人能够像他那样以诗笔写历史，深刻地反映社会现实，直接地抒发人民的心声，以至千余年后还可以从他的诗中读出诗人与人民患难与共，相濡以沫的至真情感。

很多人能够从他身上发现自己，但又无法将其自比。

他以自己的全部生命，自塑了一个集知识分子的可贵良知与儒家文化精神于一体的大师形象，成为几千年间不可多得的精神象征。

草堂，就是这样一座精神的圣殿！

五

杜甫是在公元七百五十九年来到成都的，那个寒冷的日子，成都应该记住，文学应该记住，历史应该记住。

那个日子没有丝毫的诗意，战乱给了诗人太多的忧伤，奔波给了诗人太多的疲惫，朝廷对他的贬谪更是给了他最沉重的一击。

如果说此前的杜甫还是个怀着狂傲和自信，鸿鹄之志尚未破灭的士人，那么，来到成都后的杜甫却是另一个杜甫了。此时，人们见到的，不再是那个满面春风地上京应试，连屈子贾生都不放在眼里，以为凭才华可以“取青紫如拾芥耳”的自负书生；不再是那个以《三大礼赋》献上明光殿，受过陛前召见，从而歌赞天子有“一沐三握发，一饭三吐哺”之贤明的荣幸才子；也不再是那个不愿欺压百姓，不愿为得到肥缺去趋走折腰而拒受河西县尉之职，等待时机在政治上有所作为的雄心勃勃的人。

“万事已黄发，残生随白鸥”。那只灵鸟再没有当年翱翔天地间，直冲云表的非凡气概。诗人虽然刚刚年近半百，但心已垂垂老矣。

那刻骨铭心的一幕尚在他的眼前，当他以国家大局为重，跪伏在御座旁的青蒲之上，苦苦地谏诤皇上不要以小失罢黜大臣，没有想到惹得皇上赫然大怒。

这次挫折使杜甫的思想完成了重大转折。

也就是说，从此在他的生命的血管里只剩下诗人了。尽管后来他做过剑外节度使严武的幕僚，还被严武表荐任过半年

“检校工部员外郎”的虚职，但这些都不过是为了糊口而已，因此，在他以后流寓夔州所写的自传体长诗《壮游》中，都只字未提。

历史要为伟大诗人的这次转折寻找一个地点，最后它的目光瞄准了成都。

刚刚失利的帝王选择的是蜀中，接着，失意的诗人也选择的是蜀中。这似是巧合又不是巧合，被山川相隔的巴蜀却是美丽富饶的宝地，曾经为多少豪杰成就过伟业。

成都为诗人抚慰了创伤，他在成都生活了四年，严格地说是三年零九个月。大自然的美丽风光常使他触景伤怀，也给了他暂时的慰藉。亲友的帮助，幽静的环境，使诗人疲倦的心灵得到了几分安宁。茅舍，柴门，药栏，花径，也曾使诗人于贫困中感受到几分生活的温馨。

激愤出诗人。安史之乱发生以后，杜甫的诗体现出了更加鲜明的人民性，现实主义风格更加突出，那万方多难、千家野哭的战乱惨象的展现，那长歌当哭、摧肝裂肺的艺术控诉，震撼过一代代人的心魄。诗人来到成都以后，心绪得到了一定的调整，虽然他在此期间创作的二百四十余首诗中，大多仍以悲愤色彩为主，《茅屋为秋风所破歌》等名篇是这一时期的代表作；但是，他也留下了一批“细雨鱼儿出，微风燕子斜”这类不同风格的篇章，还吟出了“窗含西岭千秋雪，门泊东吴万里船”这样富于浪漫想象的佳句。

成都，使诗人的艺术得到了升华，更目睹了诗人品格和境界的升华。

草堂是这一历史的见证。是它向世人宣告了：杜甫是政治上的悲惨失败者，却是艺术上的伟大成功者！

所以，冯至先生说：“人们提到草堂，尽可以忽略杜甫的生地与死地，却总忘不了草堂。”

六

追溯草堂最初的复建，当起于一个诗人的一念之间。

杜甫去世一百多年后，他所忧虑的局面终于出现了，李唐王朝已经崩溃，国家陷于四分五裂的状态。六十五岁的诗人韦庄就任于成都，他的第一件大事就是寻找草堂遗址，追怀这位与其曾祖韦应物同时代同乡的忧国忧民的前辈诗人。面对国破民难、满目疮痍的残局，再看看眼前先贤居住过的故地一片野草丛生的凋敝景象，韦庄默立良久，引起多少怆凉怀想，他决定在此重结茅屋，让更多的人前来凭吊。

百余年时间，对韦庄来说，他离先贤并不遥远；而在今天看来，那个日子，更是能够望见杜甫携带家眷告别草堂，远离成都的情景，能够望见诗人于苍茫的晨色中渐渐消失的背影。

那是一个五月，是锦城最美丽的季节，杜甫却开始了他的又一次远行，仍然是前路茫茫。

诗人一生太累了，太苦了，应该有个地方让他的灵魂得到安息。

让他回归草堂吧。于是，韦庄的一个念头，后来变成了历史的一个重要决定。

后人在营造这座殿堂时，虽然掺进了浓厚的官本位色彩，但千余年来诗人的灵光使它变得苍白暗淡。不朽的精神超越了一切。

为杜甫重建故居的诗人韦庄，不但诗词能与花间词主温庭

[illegible]相提并论，而且官至前蜀宰相。草堂修好之后，他还搬进去住过，亲自充当诗圣的看门老夫，每天去陪伴先贤，去聆听先贤的教诲。韦庄重建的杜甫草堂保存了一百六十多年。

首先把杜甫旧宅扩建为祠宇、并将诗圣画像高供其中的，是颇有治绩，同时也是学者，后遭贬谪而死的北宋宰相吕大防。

又是一位北宋宰相，既是著名改革家又是著名诗人的王安石，面对诗圣画像，他长跪不起，涕泪泗流。

北宋和南宋，各有一位名叫张焘的任过成都知府。对草堂作过较大修缮，并把杜诗全部计一千四百二十五首勒于碑石的，是那个戢贪吏，薄赋敛，安抚少数民族，赈灾济民，颇有政声，后被擢为副相，却以老病不拜的南宋张焘。

南宋做过高官的爱国诗人陆游，于公元一一七一年来到草堂，出于对诗圣的至诚崇拜，他以草堂为馆驿，当晚就在那里住了下来。一夜之间，他竟数次与诗圣幸会。

他们都是权重位显的仕途幸运者，是否因为感于宦海深深，暗礁重重，沉浮难料；是否因为感于登至要津也难把自己的肝胆忠心和政治宏图化为现实，从而如此推崇这位可敬的先哲？这些问题或许都没有必要去加以推测。然而，有一点是可以肯定的，因为他们都是进士出身，都是大知识分子，都是良知未灭的读书人，所以能感应到圣者的心灵。

他们在诗圣面前默立，流泪，那是在接受天灵圣洁的洗礼，那是在与先哲进行穿透时空的对语。

那场面是怎样的庄严！找遍人类精神的发展过程，这种场面能够找出几次？

伊河岸边的那条小径

洛阳的黄昏是浸透着历史感的。

行走在伊河两岸，偶而登高望远，一派夕晖西照、山水苍茫的晚象，给人展示着遥远的汉唐画卷。

我不知道伊水位于古城何处，只有眼前这沿崖而凿的密集佛窟与千年古刹隔河相望，只有这闻名于世的名胜标示着时空深处的方位。

然而，不知是我让洛阳失望，还是洛阳让我失望，我第一次走进古城的匆匆游历，是在茫然和汗浸中完成的。

一

夕阳渐渐西下，我于匆忙间拾起脱卸的毛衣走出香山寺。导游约定的时间到了，我们不得不加快步履。

蓦地，一个蓝色的指路牌从头前闪过：白居易之墓！

可怎么也来不及了，箭头所指的那条隐蔽在苍翠松柏之中的山间小道，或许是古城有意在我临走时抛给我的一个想象。

想象，往往比亲身游历更真切，更开阔，更美妙。

于是，洛阳那个傍晚的时刻对我来说，一下子就有了意义。

小径很深，也许不会通向峰顶，可沿着它走进去，一定能够到达千余年前那个诗雄纷起的时代。

中国历史漫漫几千年，最为鼎盛的文学时期莫过于盛唐那段诗歌繁荣史，而提到唐代诗歌，人们首先想到的是李白杜甫白居易，好比科举考试刷出的金榜一样，状元榜眼探花之后的进士们就无所谓名次了。

十几个世纪之后，白居易仍和李杜一起而家喻户晓，至于他长眠在哪里，对于一代代向孩子们教习唐诗的老师和家长来说，是不重要的。对我来说，也不是多么重要。我只是一个留意者，从宜昌的三游洞，到庐山的花径，再到杭州的西湖，白居易这样重量级的文化先贤所留下的足迹，当然就是今天的文化了。否则，那些名胜就会像别的某些景点一样，被导游说成是某个僧人或传说中的神人来过。

不过，我也没有去刻意追寻。尽管我知道白居易的墓地在香山寺之侧，但经导游反复催促就将其忘记了。而在离别之际，一块铝合金的路牌能够唤起我的怀想，是因为古城的夕照富有穿透力，是因为伊河岸边的丛林格外幽静而神秘。

二

读白居易这个人，远没有读他的诗那么容易。

今天的一些唐诗研究专家把白居易称作“伟大的现实主义诗人”，不仅是因为他积极主张“文章合为时而著，诗歌合为事而作”，发起和领导了新乐府运动，大力吁请“非求宫律高，不务文字奇”；而且，其前期的作品贴近社会现实，关注百姓苦痛。白居易的艺术成就仅次于杜甫，作品当时就流传极广，被人缮写模勒变卖于市，连新罗（今朝鲜）那么远的商人也来热切寻购。他的这类诗作很好读，其创作倾向也很容易被今人理解。

可是，我相信还有许多和我一样的读者至今没有读懂的是，白居易的笔下不但没有多少“主旋律”作品，什么“日出江花红胜火，春来江水绿如蓝”之类，也不过是描绘江南的自然美景；相反他还创作了大量讽喻当时社会现实的诗歌，如《卖炭翁》，如《观刈麦》，等等。他的这类直接讽刺政治时弊的诗作多达一百七十多首，几乎都是揭露社会黑暗腐败，反映民众灾难和痛苦的，宋代有学者还将其汇编成了一部《白氏讽谏》。更有胜者，他那首更为著名的《长恨歌》，给了王朝最高统治者以极其尖利的讽刺，揭露皇上耽于声色，“春宵苦短日高起，从此君王不早朝，”矛头所指，正是当朝皇帝没死多久的老祖宗。可白居易死后，唐宣宗却为其撰了挽诗，称赞他“缀玉联珠六十年，文章已满行人耳。”

世上有了白居易，同时也有了一个属于白居易的时代。

因而，说到白居易的作品，也许因为有李杜在先，在上，而不能说他代表着那个璀璨夺目的诗歌时代，但说到白居易的人生，却别具一种典型意义。

三

就在我大步流星地离开香山寺的时刻，阵阵晚风也在山下的河面上匆匆疾走，一路上划出滔滔痕迹，而岸边忽上忽下攀登不停的疲惫旅人，却衣衫不动，汗涔涔的感觉里，根本不知有风存在。

这风来自遥远的汉唐，它吹过古老的河流，循着自己的轨迹，今人是无法感觉的。还有那条看似宽阔并且波涛起伏的伊水，往前没走多远就嘎然断流了。断流之处的河床上裸露着泥沙和杂草，也散落着杂乱不堪的垃圾。这似乎应了我说过的那句话：某段历史在经历了短暂的繁荣之后，便又归于破败和荒凉。

本来，洛阳的河流就是历史之河。它的时代早已终结，只有岸崖上的石佛和古刹，只有林子间静卧的诗人永远陪伴着它。

伊水已经黯淡的波光，已无法照映出诗人峨冠博带的身影，还是让我们再回到那道幽远的小路，回到浓荫中的诗人身边吧。

白居易出身寒门，二十七岁进士及第，未久便入朝为官，直至刑部尚书，走的是一条无数封建士人先后走过的人生道路；入仕后，又不断地赋诗为文，直至终生，看起来与许多类似封建官吏的人生历程没有多大区别。然而，白居易最大的“与众不同”，也正是体现在他的人生历程上。

一生置身于险恶莫测的封建官场，白居易虽也遭遇过贬谪，也有过坎坷不顺的日子，比如他因上疏请捕杀武相贼，而被贬为江州司马。但是，与他之前之后的许多显达者比起来，其仕途要顺利得多。虽然他没有能够像张九龄、贺知章、王安石、范仲淹那样高居相位，但其最后的官职也不能说不显赫。更为重要的是，他在自己的文学追求上也实现了“登峰造极”。也就是说，像他这样，在为官和为文两方面同时取得巨大成功，并且基本顺利地走完自己人生道路的封建士人，我不知道能否找出第二个白居易来。

封建制度为天下士人设计的所谓人生轨道，其实是充满凶险的，是难以预测的。但是按照这种人生设计，能够得到的人生机遇，白居易都幸遇了，能够到达的人生境界，白居易都实现了。

相形之下，更多的人未能实现这种“双重境界”，不少人以其人格、生命，乃至整个家族的命运为代价，还尚未登临到一种“境界”。若以善恶划分，其正正反反的典型不乏其人。

在漫长的封建岁月里，知识分子的道路是诱人的，但也是狭窄和残酷的。与其说白居易是那种时代一个典型的成功者，不如说他是一个罕见的幸运者。

四

白居易的一生，可以说实现了人生理想与个人命运的完整结合，但遗憾的是其并不“完美”。

这就要说到我们在许多读物上读不到的另一个白居易了。

白居易一生创作了三千八百四十多首诗歌，多达九十三万余字，据说后来某个帝王的诗歌数量超过了他，但多半是捉刀者为其代笔。因此，白居易堪称中国古代产量最高的诗人之一。但他后期的作品，所记录的几乎都是自己极尽奢侈的享乐生活。作为朝廷重臣，在渐入老境之际，离任闲居，寄迹佛道，卧病三日有妻看婢抚，倒也无可厚非。但他除了每日高卧，静赏“枕前看鹤浴，床下见鱼游”的仙居家景之外，就是吃酒行乐，“手里一杯满，心中百事休”是其自己形容的内心写照。

从他后来的诗中，我们看到的是一个沉迷于“鱼香肥泼火，饭细滑流匙”这种极其优裕生活的白居易，是一个热衷于书写“小青衣动桃根起，嫩绿醅浮竹叶新”之类诗句的颓废诗人。也有人统计过，说他后来写狎妓的诗篇要远远多于他反映民众疾苦的诗篇。翻开《全唐诗》中的白居易诗卷，你读到的完全是一种日复一日的百无聊奈，是彻彻底底的醉生梦死和颓废堕落。但唯一可贵的是，晚年的白居易自号“醉吟先生”，并且在自己临终的前一年还在整理自己的诗文，将所有作品毫无隐瞒地留给了后世。

白居易活过了古稀之年，在古人中肯定是高寿者，这是上帝对他的再一次成全。对比白居易天堂般的晚景，使我不由得又想起李白和杜甫的凄凉晚年来。李白过于放达，虽然也有过展才济世的强烈愿望，但其骨子里只是一个纯粹的诗人，凭着他的那种浪漫豪气，也只有永远醉眼朦胧地去作“水中捞月”了。杜甫则抱定忧世情怀，带着他的天真，戴着他无法挣脱的“十字架”，在极度贫困中结束了自己的生命。

李杜两位诗歌天才，在艺术上他们是至今尚未有谁能够超越的成功者，但在政治生涯中都是一败涂地，都是个人生活道路上的失败者。

五

白居易终生主张“穷则独善其身，达到兼济天下”。其实，在“穷”的阶段，他并没有独善其身，至少在文学中表达了强烈的愤世情绪，只是他没有惹怒统治阶级的利益集团；显达之后，他也没有兼济天下，而是渐渐沉湎于个人的富贵荣华之中。试想，在君权世袭的极端专制社会体系里，所谓兼济天下，不过是虚幻的社会理想和孤独的良知表白。

晚年白居易创作指向及其诗风的变异，使他彻底丧失了自己曾经有过的文学良知，使他完全回归到了一个封建官吏的本质和面目。这种巨大的反差，至少反映了其人格的两面性。而这样的两面性，使他得以在封建体系和文学创造两个领域游走自如，这正是许多封建文人无法望其项背的。还可以换句话说，整个封建体制下的文人价值取向及其人生道路，包括伊水河岸的千年古道，就是为白居易设计的，就是为白居易这样的少数人设计的。

白云苍狗，伟大诗人却并未远去，他倚靠着那座森然庙宇，面向对岸密如蜂巢的大大小小的佛窟，静听着古刹悠远的钟声，永远地“独善其身”了。

那么熟悉，又那么陌生！这就是白居易。

别离的最后一个瞬间，我再次回头看了一眼那里沉睡着的模糊的诗人，看了一眼那条小径已经模糊了的路口。

洛阳，只给我留下了一道山林间的小路。

曲阜，沉重的步履

人们向往旅游胜地，多半是冲着那些地方的景物前去的，而到曲阜，很多人则是冲着一个人而去的。

整个曲阜早已姓孔了，大大小小随“孔”而生的建筑数不胜数，并非是人们想象的那么单调。没有来过的人也知道，曲阜不但有孔府，还有孔庙、孔林，城楼巍巍，殿阁成群，树丛连荫，形成了一座古老的城池。

中国有难以计数的庙宇，但没有哪一座能像孔庙这般受到统治者的重视，并且是最高统治集团，并且是持续不衰的尊崇和投入。

有张航拍图尤其能激发人们的视觉：高空俯视下，孔庙的殿群依然巍峨，金色屋顶沿着一条轴线层叠递进，其颜色，其高度，其进深，其气势，让人想到故宫，想到皇城。

然而，我从未向往过这所“圣地”，如果不是因为工作来到此地，如果不是当地朋友的安排，我不会特意而来。

一

车辆飞驰，窗外是蒸腾的热浪和依然挺立的路杨。齐鲁大地因为孔圣和亚圣而庄严，因为它盛产历史的思想和文化而古老。

深秋时节，山东的气温竟然还在三十摄氏度以上。跨进孔府，心中却比这秋后的天气更加闷热。

走出大巴，被招呼到景点门口，再跟随团队被依次数点人头走进狭窄的不锈钢栅口，每次游览都大体相似。所以，我没记住我们先看的是孔府还是孔庙。

无所不用其极，借这句话来形容祭孔建筑，再恰当不过。一重重大门敞开着，厚重的门板上嵌满粗大的装饰性铜钉，很多游人对这种古老的殿宇毫不陌生，可这里的建筑显得更为森严。

还是那句话，即使你没来过，但也肯定见过。

孔丘在他死后几百年才被推崇，孔府的建筑与他没有直接干系，这也是不难推想的。在我的印象中，他在这里仅仅留下了一件遗物，就是著名的“先师手植桧”，一株并不高大的刺柏。那棵古桧长在孔庙大成门东侧石阶边，与曲阜千万株老柏比较起来，实在太瘦小，太“孙子”了，短而细的主干顶上就那么一团枝叶，并且倾斜得很厉害，梢部几乎倒伏在殿瓦上。有碑记介绍说，原树早已枯死，现在这株小树是清代雍正年间从老篼上再生出来的。据说，此处曾立有米芾所书“先师手植桧赞”碑石。米芾离孔丘也有一千余年，谁知道是哪位先祖指认的？

还有一块青黑的砖墙，据说是从最早的孔家房屋上取下来的，成为原始的孔宅遗物，可我记不起它嵌在哪座院落的墙壁上。除此之外，其他任何一砖一瓦，都与老孔爷爷沾不上边。

一座久远的建筑，是为了更加久远的一个人。

但不难想象，那棵在曲阜毫不起眼的古柏，曾激起过历朝历代多少学人的敬畏之情。

多少代以来，那幅缠着头巾，布袍臃肿，长眉低垂，松弛的阔脸上衬着两颗门牙的画像，曾经使多少代学子深深跪伏。

那幅画像灰暗陈旧，圣人好像是许多天没有洗脸，衣服里也好像是渗着灰尘，可没有人敢在他面前心怀不敬。

假如在一个世纪之前这世上有我，并且有机会走进这座院落，我很可能是神态镇定，但热血奔涌，心跳加速。如今的我，随着人群在这里的建筑群中转悠了一个上午，心情都没有凉爽和轻松过，更没有丝毫的神圣感。

在来来往往的游人中，肯定有不少人思考过：我们走进的这座古老建筑，到底是一座思想的圣殿，还是一座精神的囚笼？

二

许多帝王在世时被人神化，那是权力使然，孔丘死后被人神化，是由于他的学说。

古今一人，看似偶然，实为必然。

“君子之泽，五世而斩。”说这话的孟轲没料到在他死了几百年之后，他竟与一个早他一百年的前辈一起，创造了泽被“千秋万代”的奇迹。到了唐代，孟子的学问被迅速抬升，他被尊为亚圣，再后来，其子孙也世代袭位受封，也有了孟府、孟庙、孟林。

中国历史上许多先贤都渐渐演化成了人和神的混合体，连毛泽东和周恩来这样的现代政治领袖也有人立像跪拜，但那多半属于民间的自发行为，而对孔庙的顶礼膜拜早已上升到“国家行为”。

到这个世上走过的人，其最高欲望莫过于做皇帝，并且实现帝祚永续，可现实中能够让皇权在一个家族延续二三百年的王朝不过三五家而已，也就是说，没有一个帝王实现自己的愿望。然而，从来没有想过如此福泽后世的孔仲尼却超越一切帝王，以其“半部论语”使洪福厚禄在自己的子孙中传递了一两千年。

世上没有哪部学术能比他老先生的那本书值钱。

千古一人，千古一书，千古一家！

孔丘本人，被历代统治者捧到了无以复加的尊崇高度，他也一直享受着与帝王一样的避讳，但是避帝王之讳还有个到头的日子，而尊孔却没有终结。最倒霉的莫过于丘姓人，看来他们必须永远牺牲自己的姓氏，所以只好改姓，于是汉字里多了个“耳朵旁”的邱。

孔丘没有想到，一个主张愚民统治的人，其理论正好成了统治阶级最理想的思想工具。历代统治集团所看重的不是儒家学说中的什么仁义礼智信，而是它强调的绝对忠君，而是它极力压制个性、漠视人性的思想控制。孔孟理论中维护封建权力世袭的思想精髓，才是统治集团所主张的核心价值观。孔孟理论中虽然也有所谓民本思想，但强烈主张“上智下愚”，再谈什么民本理论，无异于一句废话。可以用成千上万件史实证明，所谓圣人教导中凡是有利于巩固皇权的，都被不惜任何代价地落实了，而有利于生民的稀疏几点，却大都流于空谈。再说，儒家学说成为统治体系最重要的工具之后，也难免被异化。明初，朝廷干脆下令将孟轲“民为贵，社稷次之，君为轻”之类的话从读物中删除了，甚至把亚圣驱除了文庙。

经过统治者反复把玩和千涂万抹，即使真是一块圣洁宝藏，也会变成油污不堪的肮脏之物。

孔孟说教里强调的诚信，由于其整个理论体系是建立在荒诞的基础之上的，其结果只能是诱骗百姓无条件地对帝王尽忠守信，肝脑涂地，而统治者却从未对百姓诚信过。

儒家学说里的确也包含着许多人生的至理名言，如“三人行必有我师，”“学而时习之”等等，但正是这些哲性思想的真理性成分混杂和掩盖了荒诞的“君臣定理”，为诠释“君权神授”，为维护皇位世袭提供了理论依据。或者说，孔孟理论里真理与谬误的混杂，使其更加具有强效的欺骗与麻醉功能，使其更加适用于传播谬误。

因为，那些学术里正确的多是“小道理”，而荒谬的却都是“大道理”。

古往今来，为人处世的生活哲理并非都出自哲人，并非都出自书本。据说联合国大厅里镌刻着“己所不欲，勿施于人”，令中国人为之自豪，更让儒家学者们骄傲不已，可我老觉得那不过是成语“推己及人”的一种解析，不过是我们乡人一代代口口相授的“将心比心”的文言版。有些俗言俚语说不清出自哪朝哪代的田夫野老，却并不比某些经典理论浅显到哪里。著名演员倪萍刚刚为她的姥姥整理出了一本“语录”，那位不曾进过学堂门的老太太所道出的精辟哲言让许多读者感到惊讶，因为很多人没有意识到，社会科学往往是能够“一竿子打到底”的。但如果我们做个假设，让这个姥姥早生多少个世纪，也让她说出一些忠君愚民的教导，再混进倪萍帮她记下的这些“语录”里，再强行推广它几百年，恐怕这老太太也早成了令全民族跪拜的圣母奶奶了。如果那样，我们反而都不感到诧异。

我缓步行走在孔府院落的石板路上，想到眼下商品社会人们呼唤君子人格已近焦灼。中国儒学的君子观是其处世哲学的核心部分，也没有多少时代局限，今日或可还有一定意义。但是，在过去儒学主导下的畸形社会，是不可能培育出真正健全而稳定的理想人格的。比如，儒家的道德教诲一面大讲君子不器，一面又强调绝对忠君，那样的社会土壤怎能生长出具有独立精神的君子人格？

现代文明证实，只有健康社会才能为精神美学的高尚追求提供现实基础，也只有健康的社会机制才能铺设出所谓的君子之道，才能实现高尚的道德修养。世界文明大潮奔涌向前，引领社会人格向着理想的方向发展早已有了比儒教更文明、更理性、更有效的途径。仅仅依靠传统的道德根基，是生长不出现代精神文明的花果的。

因为统治者的私念，因为历史的局限，孔仲尼靠着他那点理论风光了几千年，孔氏后裔富贵了几千年，而一辈辈炎黄子孙却在黑暗与痛苦中挣扎了几千年。

一部论语字字真理，句句圣言，不容置疑。我说过，凡是不允许辩驳的所谓真理，必然是谎言。

一个在社会指向上误导世人的哲学体系，开始几百年人们都以为它是正确的，再后一两千年里因为有统治者用刀枪防卫着，人们还是不敢怀疑它的荒诞性。可是，两千多年以后现代文明思潮改变了世界，其创建者还是“至圣先师”吗？一个被证实了他把一个民族导入精神泥沼的人，还可以被美化为“万世师表”吗？

两千多年来再没有出现思想解放与百家争鸣，那次空前绝后的学术盛世，却为儒家后来“独尊”作了垫背的残砖碎瓦。

宗教老祖们只是为其虔诚信徒虚构了一个世代相袭的精神时空，而儒家学说在悠久的中国大地上雕塑的却是一部宏大的现实社会史。

中国儒学满足了社会在怪诞轨道上延续的需要，才有了一个家族如此怪诞的奇遇。

孔府是孔氏子孙的天堂，但对于天下百姓来说，却是一座精神的监狱，一座思想的牢笼。

天不生仲尼，万古长于夜。但事实上，正因为老天生下了仲尼，才万古长于夜！

三

来到孔府孔庙，游客看到的只有两样景物，一样是金顶灰墙的殿宇，一样是成行成林的古柏。那些老成了精的千年高树，比这里老掉了牙的一座座大殿还老，它们庄严，苍古，高耸的树干裂膛秃枝，有的枝干布满了鲜明的曲纹，酷似正在被拧水的被服。

孔府的空气和温度不仅扭曲了这里苍劲的树干，而且还扭曲了一个民族几千年的漫漫时日。

如今，孔丘留下的学术早已被存储在满世界各种印刷物的册页中，早已被存储在天下人的大脑里了。至于孔府孔庙中是否存储和存储了多少儒家学说，并不重要，熙熙攘攘的游客千里迢迢赶来，都不是为了到这里来感受孔子的思想。

无数游人跟着导游的小旗，听她们背诵得烂熟的统一解说，说完了那里的一砖一瓦，一树一井，一拨游人离开了，又一拨游人赶来了，后来者总是丝毫不变地重复着前面的一切。

千万人走进孔庙，却无法走出。

孔庙游人如织，烟火袅袅，几多游客手持用现代技艺制作出来的又长又粗的“高香”，毕恭毕敬地上前点燃，进而三拜九叩。

那些跪拜者不一定懂得圣人为何物，在他们眼里只有神灵。

然而，更多的游客只要认真感受一下，就会体味到孔府孔庙的每一升空气里都渗透着儒学气息。前些年，电视讲座推波助澜，孔孟之道伴着回归的传统文化浪潮席卷而来。我们不否认它能够向人们普及国学中某些仍然可以影响日常行为的生活哲理，但面对世界性的民主大潮，它在社会方向上的主张却更加显得荒诞不经。我们有些坚决否认乃至百般抵制“普世价值”的学者，但却默认孔孟学说仍然能够“放诸四海而皆准，置之万世而不悖。”因为他们明白，忠君愚民这种赤裸裸的倒行逆施肯定是一步也迈不动的，只有将它用“国学”包裹起来，才可以继续抛售。

不可否认，孔孟学说当年传入欧洲时，曾经被那里的哲学家和政治家借来推进自己的政治主张，对于废除他们的世袭贵族政治起到了一定作用。但是，这种作用只是在比封建统治更为黑暗的地方产生的启蒙效应。后来，将儒学逼上中国自己的审判席的，正是来自西方政治文明的强大力量。

一八四〇年以后的中国，终于被巨变的世界逼到一个十字路口，终于意识到自己必须从舶来鸦片的肉体麻醉中挣脱，必须寻找强盛之路，但长期受封建伦理浸润的民族很难挣脱精神上的麻醉。大家好不容易明白了帝制的荒谬，又好不容易摧毁了这种腐朽的体系，可整个群体依然处在半麻醉状态，痛恨毒品，却又无法摆脱对毒品的依赖。尽管那个自大洋彼岸急匆匆赶回的革命导师讲得口干舌燥，但一个民族还是不可阻挡地开进了迷途。

德先生，赛先生，最终未能取代跪在孔子画像下面的穿着长袍马褂的私塾先生。

倒孔与尊孔，在中国人近百年的思想历程中不断地翻来覆去，尊孔的主张所以还有市场，是我们还没有从封建文化的酱缸里挣脱出来。

在民主自由的光芒没有照射到的阴影之下，一些破碎的残冰还能发出寒冷的反光。

儒家思想主导中国社会两千多年，即使我们不承认那是一段漫长的黑暗史，但最后一个王朝在世界潮流面前一败涂地，却是并未远去的历史。然而，我们似乎淡忘了民族荒诞而屈辱的岁月，今天，竟然还有“博大精深”的学者和背着布狗狗的妙龄女孩一起，在那里非同凡响地呼吁恢复衍圣公制度。

还有，故宫早已成为文物了，而“三孔”却远未成为纯粹文物。

电瓶车速度较快，我还是看到有些新坟新碑出现在孔林的古柏丛中，断定现在还有亡故的孔家后代葬于这片绿荫笼罩的坟场。我问起陪同我们而来的当地干部，他们支吾着承认了。可是，按照我们多少年来的说教，“三孔”早已属于人民了，为何还要延续历史的荒唐？

一块废砖能够保存几千年已是难得文物，何况是一座具有独特意义的古城，何况是生长了几千岁的活生生的树木。从历史价值看，孔府、孔庙、孔林肯定是我们这个古国的宝贵文物，但从文化意义上看，它却是一处极其典型的病态遗迹。

走出孔林最后那段林间小道，几个旅游团队的男女导游手中的小喇叭终于平息下来，他们在孔丘墓前如同二重唱、三重唱般为游客重复的圣人、颜回和孔伋的故事，成了我们曲阜之行的尾声。

我们回到电瓶车上，它们重新驶上大道，以不同的速度为我们产生出轻快的风，可我并未感到丝毫的舒展和快意。回望古木苍翠的深深孔林，里面渐渐模糊的高高城楼、墓冢和石碑，并没有使人联想到鬼魂与恐怖，但它留给我的感觉，却没有一点幽静和轻松。

已经离去很远了，我想再回头遥望那些粗笨的殿阁轮廓，厚重的屋檐，外色灰黑的翘檐下露出的繁复木结构和雕饰，虽然大红大绿，仍然显示不出任何生气。可是，这处让人沉闷压抑的古建筑，却储藏着几千年间中国人的一部精神史，至少是一部中国古代知识分子的精神史。那青灰的大墙和晦暗的空间，在过去漫长时代始终标注着和限制着一个民族精神生活的高度。

走进尚书第

夕阳西坠，昏黄的晚霞照在这里建筑群的青灰色墙面上，映出土红的光亮，但房顶的黑瓦由于光线的角度，在我眼前的构图中依然是黑色。一栋栋依次而列的房顶因为坡度相同，它们的屋瓦部分都呈现为黑色三角形，层层叠叠，将下面被日光照亮的墙体间隔开来，使整座建筑更显得高深繁复，更显得老迈而沧桑。

无论读者能否接受这样的写景文字，我都要将我目睹的这幅画面勾勒出来。

因为它坐落在一座小小山城，所以更显宏大；

因为它起于明代，所以更显深邃。

这座古老的宅院距离大明皇城数千里，但它却直接关联着当时昏聩的朝廷，关联着明末浑浊的时代。

李春烨在明史的册页里，远没有他留下的豪宅这么显耀。我没有想到明代末年污秽朝堂的这个幸运者就出自福建，出自泰宁，出自今日我们为其山水而来的这个山区小县。

走进“尚书第”，让我尤为感慨。它当年的主人还牵连着我的故乡湖北广水市一个家喻户晓的历史人物，就是著名的谏官杨涟，并且还在前几年的修谱热中他被人考证为我们家族的先祖。

此时，这片灰砖黑瓦的古老屋宇对我来说，似乎更添了一重意味，我对李春烨那种本无多少新奇的人生轨迹也陡生了几分兴趣。

二

如今很多人在江浙等地见过的类似民居，大部分是晚清或民国时期的建筑，而福建这个小城的老宅却是明朝的遗留物，并且不存在重建的经历，属于原原本本的古老民居。它们跨越了整整一个清代，又能幸存到今天，论起“辈分”来，恐怕很少有类似的古迹能够与其并列。正如我第一次是在傍晚时分的某个远距离角度看到它的那样，它的外表被时光涂抹得金灿灿的。

十年寒窗无人问，一举成名天下知。兵部尚书李春烨留下的豪门府第，向后人活生生地诠释着中国古代知识分子几乎毫无例外的人生梦想与成功之后的巨大荣耀。在古老的中华大地上，曾经或早或晚地崛起过许多这样的宅第，又或早或晚地销声匿迹了，它们终于未能以实物的形式去传承其主人的功名和人生辉煌，而李春烨建造的私邸却完好地保存到了今天。

科举入仕者是少数，能够升迁到高端权位的，更是少数。可以想象，在多少个世纪的漫漫时光中，类似的私家建筑与其开创者一样，是被人仰望的。即使是今日，尚书第仍然吸引着无数羡慕的眼神。

愈是远看，这宅子愈是让人遐想，让人惊奇，甚至让人生发敬畏。

书中自有黄金屋，书中自有颜如玉。这诗句出自千年前一位皇帝的笔下，他以通俗而形象的语言，更加明确无误地将读书人引入一条狭窄而充满艰辛的人生沟谷。天下学子何其多，能够攀登到皇上所指的境界何其难。而李春烨的科举历程尤显坎坷，与历史上的许多入仕者相比，更加饱经辛酸。

李春烨青年时代在学业上并不得意，十八岁才考中秀才，十九岁补作廪膳生。接下来，他父亲遭遇过的屡试不第的不幸，再次降临到他的头上，举人那一关硬是让他耗费了十八年，直到三十六岁才考得一个举子。此后的进京应试，同样的命运仍在捉弄他，使其三试三落。可贵的是，李春烨没有像他父亲那样选择放弃，更没有像他父亲那样，一扭头留下妻儿孤灯茕茕、形影相吊，自己远去游离从商。

在经历过一次次颓丧打击之后，第四次会试时李春烨终于高中金榜，此时他已四十六岁了。那年为丙辰年，也就是万历四十四年。在那张让他全家喜极而泣，让其整个山区小县争相传诵的皇榜上，李春烨的大名排列在“第三甲赐同进士出身”的二百七十四人之中。

李春烨比杨涟长一岁，但他跨出人生中极为重要的一步，却比杨涟、左光斗晚了九年。

李春烨在科场上遭遇的挫折与惊险，使他留给后世乡人的故事更加“脍炙人口”，使他留下的显赫宅院更加非同寻常，也为他的宦海人生增添了几分传奇意味。

二

跨进大门，通过仪仗厅，便是深邃的露天甬道。甬道不算很宽，条石铺地，但将两侧的厅房衬托得更加高大。这条甬道贯通着尚书第的主体建筑，是进出整座建筑的核心通道，沿着甬道依次递进排列着五幢主体屋宇，占地面积六千平方米。专家说，这是一座比较典型的“三厅九栋”式木构架建筑群。

这些数据和建筑术语未免有些抽象和枯燥，不能让人想象到它的壮观，但来到这里的游人，都会从它层层叠叠的院落，迷宫一般的大大小小的房间，以及一道道高耸的封火墙和花木幽深的后花园，感受到这座古老府第的不凡气势。

我忽然冒出一个假想：假如最后那次会试仍然不给李春烨机会，他还会第五次再试吗？假如他最后一搏仍然失意，那么这座小城几百年来就不一定拥有这样的官家豪门，就不一定是这种格局了。

因为李春烨矢志不渝地进身科场，才得以入仕，才有了这座尚书第。

然而，这只是一种普遍意义上的历史表象，今人并不能按照常规去推想李春烨的官场奋斗史。李春烨入仕之后，没有像杨涟那样被安排到基层从县令做起，他开始就在朝廷“行人司”

供职，品级虽微，执掌的却是传旨、册封等重要事宜。四年之后，李春烨调入工科任给事中，这对其仕途来说，是个重要转折，从此平步青云。从入朝为官到他归乡隐居，他从一个平民走完到朝廷重臣的人生历程，仅仅花了十年时间，这比他昨日青灯黄卷的寒窗岁月要少几倍。不难想象，曾经有多少人为如此命运而感叹不已。

自天启二年开始，李春烨由工科给事中而户科右给事中，而吏科左给事中，而刑科都给事中，三年内连升三级。不过，对李春烨飞黄腾达的轨迹稍作考辨便不难发现，其真正“走火”的年头还是他在朝的最后两年，也就是东林党人弹劾魏忠贤惨败之后。也就是说，此前的这“三年三级跳”只是他通往显贵的几级铺垫，“奇迹”要到天启六年才出现。

这年，李春烨先被迁为右司马（兵部右侍郎），当年又荣升大司马，即兵部尚书，一年连跨两大台阶，并奉命协理京营戎政，加封太子太保，一举抵达了他的人生巅峰。

跨过科举大门，仅仅是争取到一张进入仕途的“入场券”。稍具历史常识的人都知道，后面的道路还多么漫长，还有多少荆棘，还有多少不测。可是，李春烨在科举的苦海中挣扎了几十年，上岸后不过十年工夫就“位极人臣”了。

因此，许多游人在这座古宅漫行时，总要或明或暗地为其开创者的经历而称奇，为当初这座大宅的轰然崛起而感怀，为它数百年的绵绵幸存而感怀。然而，李春烨的仕途“奇遇”并非像我前面陈述的那么光鲜，那么脍炙人口。略翻一下史册，便不难了解，煌煌尚书第的由来与其建造者不光彩的人生苟合是密切相关的。

三

晚明的朝廷极其阴晦，杨涟和李春烨这两位科场幸运者，却在这种年代先后迈进了令天下人想往和敬畏的紫禁城。文章至此，必须叙述尚书第建造的背景，该说到本文的另一个人物杨涟了。

延续了两百七十多年的大明王朝从朱翊钧开始，便急剧衰落，但整日寄生在皇城大内的那帮男男女女，并没有意识到王朝的末日来临。神宗死后，继其大位的光宗据说因为“红丸案”，仅仅做了二十九天皇帝又一命呜乎。这种频繁的帝位更替本是朝廷的不幸，可自私而阴险的后宫却乘机挟太子自重，向朝廷要价，而这种龌龊勾当偏偏让朱翊钧和朱常洛父子都摊上了。谏官出身的杨涟官品虽不高，却先后两次挺身而出，发动百官捍卫朝纲，以正宫闱，力保皇位正常交接。

先说第一次正闱成功之后，有一天光宗突然传旨召见杨涟，同时传锦衣卫宫校上殿。按照惯例，这意味着皇帝已经对这位屡屡冒尖的谏官恼怒之极，肯定要对他实行“廷杖”。整个朝堂的空气迅速凝固了起来，所有人都默默肃立着，摒住呼吸，等待山崩地裂的惊悚一刻。许久，面无表情的朱常洛缓缓地抬起一只苍白的手，直指杨涟，朝臣们都不敢抬眼正视。那只久病无力的手并不可怕，大家恐惧的是皇帝那张口含天宪的嘴。杨涟却目光镇定，神色自若，似乎早已做好了一切准备。稍顷，朱常洛的嘴唇翕动了两下，却没有发出声音，最后才冒出几个字来：“此真忠君！”满朝堂都听得特别清楚，尽管大家仍然不敢出声，却深深地喘了口气。接着，又听皇帝宣布说，驱逐佞臣崔文升，撤回册封郑贵妃为皇太后的圣旨，并且将杨涟封为顾命大臣。

杨涟等正直力量这般战胜了后宫，并且得到了新任皇帝的褒奖。未过多日，当这种一模一样的宫斗再次发生时，他们同样取得了胜利，可这次获胜后的结局却迥然不同。

光宗朱常洛死时，太子朱由校不过十五六岁，被光宗宠妃李选侍所控制，李妃玩起不久前郑贵妃的伎俩，裹挟着太子与众臣捉迷藏。杨涟再次奋起抗争，一声断喝，众多同僚群起呼应。于是，老少大臣如街头奋起追赃的群汉一般，脚步杂乱，他们不顾体面，不顾一切，从西暖阁像抢夺宠物那样拽回太子。杨涟又果断地号令朝臣面向那个浑小子三拜九叩，正东宫位，导演了明末宫廷斗争惊险的一幕。

随后，李选侍不甘失败，又效法郑贵妃强霸乾清宫，由于杨涟的强硬坚持，在后来史称“移宫案”的斗争中再次赢得胜利，终于使野心勃勃的李选侍阴谋全部落空。

说起来，这些糗事都是皇上的家事，但帝王的家事就是国事。

从光宗毙命，到簇拥熹宗登上宝座，才短短六天时间，但朝廷内外见到杨涟的人无不感到奇怪，他前几天还好生生的一头黑发，转眼之间化作了满头银丝，连胡须也一起白了。

四

今天，我们很难推断当年谏官杨涟是否把后来居上的李春烨放在眼里，也难推断李春烨是否把在惊险党争中每每自我置身于风口浪尖的杨涟放在眼里，更难想象他们每次在皇城白玉栏边相遇时的眼神。假如他俩的眼神是相同的，那就是他们各自伪饰和相互恭维，或者在内心相互鄙夷。

自万历末年开始，接连发生了历史上的著名三案，除了前面说到的两案，再就是此前的“梃击案”，应该说他们都经历过。李春烨和许多朝臣一样，或者默守中立，或者随大流，没有表现出明显的功过是非。如果硬要将杨涟等风云干臣的行为与之对照，对李春烨来说，未免有些强人所难。然而，随后由两个人主导的一个怪诞时代，就不容他李春烨蒙混“自好”了。

这两个主角中的第一个就是明熹宗朱由校，杨涟等人或许没有料到，他们冒着天大风险扶上宝座的原本是个“业余皇帝”。

未及成年的朱由校本来没有从政头脑和治国经验，甚至有史料说他是个文盲。我猜想，他很可能属于那种文化程度很低，除了厌倦书本，干啥都灵巧的一类，因此，他痴迷于椎凿之功也不难理解。熹宗整日沉湎于木工制作，画图勾样，无心于升朝理政。我说他这个皇上是业余的，也并非言过其实。许多史籍对此都有确凿记载，称他凡刀锯斧凿、丹青髹漆之类的木工技艺，皆过目即熟，并且都要坚持亲手操作，日日往复，从不厌倦，兴致高涨时，他还要甩掉外衣操作，“膳饮可忘，寒暑罔觉。”他制作的漆器、梳匣等日用器具，精巧绝伦，他曾经打造出一张创意十足的床，据说床板能够折叠，床架照样雕鹿镂花，既精致美观，又方便携带，令时人称绝。喜弄机巧的熹宗还乐于造屋，每有新房搭建完毕，他必反复欣赏，手舞足蹈，随后又迅速毁掉，重新建造，一次比一次更好。

朱由校如此沉醉于他的木工创意，大明王朝的危机却日渐加剧。显然，岌岌可危的王朝渴望的是一个励精图治、改革弊政的君王，而不是一个天才的木工。

有了这么个糊涂帝王，就必然孽生出一个乃至一群险恶的巨奸。下面要说到这场闹剧的第二个主角，此人世人皆知。每当熹宗引绳削墨，神情最为专注时，魏忠贤就不失时机地出现在他面前，捧上奏折请其批阅。如此再三，少年皇帝终于被惹烦，头也未抬便喝斥道："我知道了，你们就不会照章办理吗？"可惜明朝一代代朝廷为防止皇权旁落而苦心孤诣地设置的朝政处理程序，到朱由校手里全废了。至高无上的权力既然可以毫无顾忌地践踏天下，同时也能够无视自身的起码规则。

熹宗的乳妈客氏与魏忠贤结成了"对食"，使这位权奸更加有恃无恐，他独揽朝政，并且亲自控制东厂特务机构，大肆排斥异己，专权误国，滥施淫威，把封建史上的太监乱政推到了最恶劣的境地。

在朝政陷入最黑暗的时期，首先站出来的还是杨涟。时任左副都御史的杨涟联络东林党人左光斗等七十余人，列举魏竖二十四大罪状，联合上疏劾魏。史书记录了显示正直朝臣气节和胆略的日子，天启四年六月初一，杨涟怀揣着给皇帝的奏折，早早地来到朝堂，准备当众呈递上去。没想到那天皇帝再次取消朝会，杨涟机警地左右观望了一番，然后若无其事地来到会极门，找到一位可靠的内臣交待了几句便马上离开了。

弹劾魏忠贤的折子，没出意外被送到了皇帝手中，但那种公然反抗无异于引火自焚。因而，他们上疏的结局也没出意外，这起事件的领头人被削职回籍。

阉竖的报复往往比健全人更疯狂，更彻底，更残酷。何况魏忠贤本为乡间无赖出身，目不识丁，中年才净身入宫的。第二年，本已回到南方故里的杨涟突然被押解回京，面对陌生的差役，他一句话也未问便随他们起程了。魏忠贤给他们定的罪名是纳贿，几乎谁都能够猜出来的卑劣手段。

七月的京都酷热难当，密不透风的铁狱更是让人窒息。杨涟浓血染衫，遍体鳞伤，又被土囊压身，铁钉灌耳，虽惨遭折磨，依然坚贞不屈。临刑前，杨涟扯下破衫，咬破手指，以浓浓热血写下“欲以性命归之朝廷，不图妻子一环泣耳！”其同党左光斗被打得浑身筋骨脱落，又遭炮刑，脸部全都被烫焦溃烂，眼皮耷拉着如同盲人。可当他的弟子史可法冒死潜入大牢探望他时，他艰难地抬手拨开眼皮，两眼依然目光如炬，透射出凛然正气。

五

明末朝廷厉行的显然是“逆淘汰”选人规则，被清洗的只能是忠臣良将。

天启六年，杨涟、左光斗等人已经被迫害致死，以他们为代表的朝廷正直力量被清洗殆尽，正是阉党势焰薰天之时。魏忠贤全面把持朝政，群小争相附之，他亦大肆封官许愿，京城大街上连黄口小儿都跟着唱“尚书多如狗，侍郎满街走。”那会儿，兵部有四个尚书，户部、工部各有五个尚书。在吏治如此糜烂的背景下，李春烨得以大福大贵，自然使人怀疑。

其实，如果能够回到历史现场体验一下，李春烨的宦海之路远不如他在后世荣耀。魏阉权倾朝野，连他尚在襁褓吃奶的族孙也被加封为太子太保，而民族英雄袁崇焕也未能幸免打击，京师朝堂已无善类可言，李春烨的尚书也好，太子太保也好，又值几何？

三年之后，一代“木工大师”因为身兼皇帝，因为有权荒淫奢靡而英年早逝了，其弟朱由检接替皇位。于是，明朝最后一个帝王导演了中国历史曾经上演过许多次的戏剧性一幕，新帝手起刀落，斩除了前任皇帝宠信的权奸集团。不过，恶贯满盈的魏忠贤和客氏并没有像人们想象的那样被千刀万剐，而是他们各自畏罪自裁了。

崇祯二年，由皇帝亲自督办的《钦定逆案》详尽开列从逆名单计二百五十余人，以七个等级论罪，并刊布全国。李春烨名列“交结近侍又次等论徒三年输赎为民者”一栏，属第五等处罚，也是人数最多的一类，共一百二十九人，显然是被宽大处理的对象。

有学者判断，李春烨所以在新朝戳灭魏阉集团的政治清算中得以保全，很可能是因为他在最后关头的激流勇退。一六二七年，五十六岁的李春烨就任大司马刚刚一年，就以母亲年高为由，请求回籍终养老母。皇帝不但欣然恩准，而且接连三次给他重赏，先是加封他为太子太傅，接着又加封太子太师，进阶勋柱国，荫封一子。不久，意犹未尽的朝廷再次给李春烨加封为少保兼太子太师，再荫封一子，同时诰封李家四代夫人。据说，皇帝还赏赐了大量金银，并且命大学士张瑞图为李宅题写了“孝恬”大匾。

显然，那会儿的朝廷和皇帝不过是个名目，对臣子们生杀予夺的实权握在魏奸之手。走一个尚书正好，不知还有多少人毫无愧色地到魏府喊爹叩拜，急盼着这些位置“出缺”哩。至于给李春烨不断加封，也并非是皇上加封成癖，而是那种空头名衔原本不值一文，可老魏们私自收取的却是实实在在的黄金白银。说朝廷奖赏了李春烨多少金钱，倒是缺少依据的，未必不是李氏后人面对先辈恩泽他们的豪宅而编造的“解释”。对此，当地民间也有解释，说李春烨早期在任时受命办理了一起贪腐案，将缴没的赃款赃物私自运回了他老家，县城城门四开供他运了三天三夜。这样的传说过于夸张，也明显不靠谱。

和封号一样无需成本的，还有匾额。至今，烫刻着“孝恬”两个大字的金匾还高悬在尚书第的厅堂。不过，尚书第给人印象最深的悬匾，还是正门廊檐的那块“四世一品”。它位置醒目，字体粗劲，使人误以为这是个官宦世家。其实，这是明代朝廷对大臣们照例虚封的结果。李春烨的实际官阶为正二品，因为被加封了“太子太师”的虚衔和“柱国”勋位，就成了从一品，相当于一种政治待遇。而根据明代的封赠制度，凡是一品官员皆可享受本人和妻子直至追溯到曾祖父母的封赠。李春烨虽为虚职的从一品，但就高不就低，按一品追封其祖宗，所以他的前三代先人也都“就高不就低”均被封为一品。可是，许多不明就里的游人看到尚书第高悬的那块烫着“四世一品”几个金字的大匾，不免心生敬畏。

六

给事中——右给事中——左给事中——都给事中，这些让今人听起来陌生而别扭的古代职衔，杨涟也全都任过，可见他与李春烨的仕途履历何其相似。更让人寻味的是，杨涟也被封过太子太保、兵部尚书，这就与李春烨更加无异了。只是这后面的显位是崇祯给杨涟的追谥，当司礼太监面对朝官高声宣读这道圣旨时，杨涟早已腐变为一摊枯骨了。

为了激励活着的臣子效法前贤，以前赴后继地为皇室尽忠，新君怎样给冤魂们追加荣誉，则尽在人们的想象之中。朝廷对黄泉之下的杨涟还有“官其一子”的恩赐等等，除了“谥忠烈”之外，其他补偿与活着的李春烨几无区别。或许这是参照李春烨之流的仕途速度及其官场地位而为惨死的杨涟设计的身后“地位”，可这种“政治补偿”再高，也只能属于道德和精神范畴。而苟活在世的李春烨所享有的职务、地位和厚禄，却是实实在在的显赫身份、金钱美酒、无限荣耀及其对后世的福泽。

杨涟考中进士次年，便授常熟知县，谁都知道那是天下第一富庶之地，他却在朝廷考评清官时“举廉吏第一。”死后被魏忠贤限期“追赃”，其家产入官却不足千金。因征赃令急，乡人竞相出赀助之。

李春烨别职回到故里林居，又是整整一个十年，在他的尚书第走完了自己的一生。其墓冢虽屡遭盗劫，但基本设施却未受损坏，墓志铭尤为完好。墓志铭为沈犹龙所撰，此人与李春烨为同科进士，又与其同朝为官，任过兵部右侍郎、右佥都御史。明亡之际，沈犹龙曾在江南起兵抗清，城破出走，死于流矢，应该是一个有血性的人。但是，或许因为碍于习俗，他这篇长达三千余言的“盖棺论定”，全是溢美之辞，甚至留有“里狂少有侮之者，公欣然引唾面谢之。”这种借“狂少”羞骂而表现其大度的正面赞颂，恰恰透露出当时乡人对这位衣锦还乡的大人物的公然反感与不屑。还有，当地的县志从来没给这个“让故乡骄傲的人物”立传，似乎也能从一个侧面佐证李春烨人生的灰暗。

但是，最能消蚀世上事物的还是时光。曾遭时人唾弃的李春烨与铁骨铮铮的杨涟，在后世人们对历史的回望中渐渐并列到了同一块天幕上，时光总是那么健忘。说不清自何时开始，山乡故里衍生出种种关于这位文曲星兼大官人的传说，荒诞的故事不但神化了李春烨，而且扭曲了历史真实，泰宁民间故事竟然将李春烨编造成“抱太子登基”的人。李氏尚书第虽然坐落在边远的山区小城，但曾经在心中默默仰望过它的旧时代学子，也许比这些年前来观光的游客还要多。

七

“卑鄙是卑鄙者的通行证，高尚是高尚者的墓志铭。”行为猥琐的人苟合取容，得以保全自己的富贵荣华，以致几百年后还能向天下人炫耀他的人生。而一腔热血为王朝尽忠的所谓刚正之臣，却两耳被灌满铁钉，死在京城大牢里的破草席上。如此豪华府第，杨涟活着时不曾有过，死后更是急致家境败落，其母老来无依，儿子靠乞讨度日。直到改朝换代之后的康熙年间，后人才得以将其遗骨从千里之外的京城运回。对于杨涟，除了史籍里多了篇千余字的忠臣传，除了故里那片山乡的后人增加了一个活生生的传说之外，一个影响过历史的风云人物就这么空空荡荡地存在于时空之中。除历史学家之外，今人如果知道李春烨，肯定是属于历史知识比较丰富的，可知道东林党人杨涟的人也寥寥无几。

杨涟长眠在中国南北方分水岭之下的桐柏山中，那是他的故里，属于深山老林。因为风景精致，山涧还悬有两挂瀑布，改革开放后被当地政府开辟为一个小小风景区。杨涟的坟头正好坐落在景区一道小溪流经的山坡丛林，开发旅游使其得以沾光，被加固堆高，还在坡上为其立了一尊高大的雕像。但是，那里的风景区规模有限，未能引来更多的游客，至于堆土里的那位古人，更没几个人前去问津。可是，李春烨的旧宅却愈来愈引起游人的兴趣。风雨几百年，这片老宅在小城愈来愈打眼了。虽然小城在渐渐扩大，老宅也相对被缩小，但我透过旅游大巴的窗户，第一眼望到的还是那块色泽灰暗的旧屋子。

李春烨的政治品格没有什么感人之处，但其人生却极其“成功”。

八

一处老宅，一个人，一段荒诞的历史。

今日尚书第大宅空空如也，很少见到旧时遗物，但是，如果时光倒退两个世纪，这座空荡的宅院也能让一个读书人一生也读不完。

历史的焦距总是对准那些惊险而惨烈的事件及其主角，往往忽略了群体的多数。其实类如杨涟这样的血性人物只是少数，那种心理极端黑暗，手段极端残忍的巨奸也是少数，而像李春烨这种随风摇摆，不冒尖也不拽尾的随大流者才是“多数派”。最后，这些人虽然都背上了依附阉党的政治污点，但仍能得到宽大处理，因为他们是多数。

天地茫茫，四路皆塞。本来就是高级奴才的朝臣，在那种荒诞的宦海之中，不容你有第三种选择，谁如果想保持自己健全的人格，其代价很可能是身家性命。接下来，一拨臣子死了，后来皇帝也驾崩了，新的主子登极，拨乱反正，平反前朝冤假错案，于是你在九泉之下反辱为荣，甚至还可能被追封什么什么，使那些因为你而险些被斩尽杀绝的整个家族，又因为你而不胜荣耀。

杨涟为人磊落，负奇节，没有一个学者怀疑过历史对他个人品质所作的这种结论。然而，由于封建时代的局限，杨涟之流的孤臣孽子，其慷慨赴死也谈不上什么正义，随着岁月的流转渐渐变得没有意义。封建体系所衍生的种种崇高与其制度本身一起被否定了，其悲壮的献身之举也渐渐失去了感染力，再也难以激起人们对那些壮举的深深崇敬。

一个时代陷进忠与奸、清廉与贪腐的纠结里，就应该反思这种时代的社会机制。这种变态的君臣关系和人际关系，在健康社会是不可能发生的。唯有民主与法制的宪政社会，人们才可以心情自在、表情自然地面对上司，各级官员只须在各自的位置上做好自己的事情，就等于为国尽忠，为民尽责。——高墙深院的尚书第深藏着历史的谜团，它不会让人去联想这种“杞人忧天”的话题。然而，它向我们昭示的远远不只是一个封建朝臣的人生起落，它所蕴涵的历史信息其典型，其完整，少有堪比。

在这座小城，环绕“尚书第”还保留下了不少旧宅，一直延展到它的背街。那才是真正的民房，但它们属于哪个时代，我没来得及去考察。走出尚书第，我特意绕到它侧面的另一条小巷，只见整条巷道的居民全都迁空，留下一座座空寂的院落，有的青砖老墙上钉死的却是刚刚被时代淘汰的木框玻璃窗户，像一块块不伦不类的补丁。无人的老街更显古朴，但也更加萧条破败。不过，这里并非是我想象的寂静无人，我透过虚掩的门缝看到有的院落深处，工人们正比划忙碌，被卸下的一堆堆屋瓦倚墙码放着，房顶露出被岁月染黑的房梁和粗黑的檩子，再看马路对面，还有三两妇女借着渠沟流水用扫帚清刷发黑的椽条。不用问，这些经过清水冲洗，已经露出黄亮木色的椽子将很快回归于屋顶原位。整旧复旧，尚书第的存在，使周边的旧式院落也显得格外珍贵。

地方为了发展旅游业，这也没有错。但在归程途中，我仰躺在大巴的背靠上，却思考着尚书第究竟属于一处什么历史痕迹。

帝陵斜阳

一

走进大棚式的展馆，兵马俑终于出现在看台下面，只有前面几队站立的兵俑恢复了他们当初的阵列，后面的部位有些是东倒西歪。虽然没有来过，但这场面早已见过。

然而，七千陶俑，他们征衣上的每一道皱褶，他们的每一根发丝、每一条掌纹，包括今人所说的爱情线、生命线，都必须按照真人严格仿制到位，并且无一雷同；每个陶俑的眼神表情，更是各不相同。

现场，这种细微之处却让我为之震抖。

历史的细节更能穿透时空，我似乎突然靠近了两千多年前曾经至高无上的那张脸孔，原来是个可怕的“完美主义者”。

他就是被高悬的皇冠珠帘半遮的那张阔大而威严的脸，每个中国人都见过这幅头像，但却很难看清。

在他活着的日子，先人们不敢正视这张脸，连西楚霸王和大汉开国皇帝这样的旷世豪杰，当年也只能趴在山窝里偷看他车水马龙的出巡队伍。

其臣僚曾经描绘过他的形象：高鼻细眼，胸如猛禽，声厉若豺，刻薄寡恩，心似虎狼。太史公记录的这话，虽然有些“妖魔化”，但他的确令人恐惧。就是这个把他看透了的臣僚，曾弃官而走却未果。

狰狞！天下人没有谁不害怕他的眼睛，谁都不敢有丝毫懈怠，谁都不敢偷工减料。

所有百姓都生活在他狰狞的眼神下面，没有人想过自己人生的价值和意义。

他有个名字叫嬴政，但他在世的时候无人喊过，死后也只有书上写着这个名字，知道他姓赵的人就更少了。

秦始皇！几千年来这个不是名字的名字，总是家喻户晓。

因为它早已成了历史符号：公元前东方古国一个短命王朝的符号，一个大国实现统一的符号，一个民族古老历史的开创性符号。

二

六月，陵区的花木还很茂盛，宝顶四周松柏葱郁。

仰看西天，还是那轮照耀过大秦帝国的斜阳，没有什么比它更能见证帝国的兴衰，没有什么比它更能见证举全国之力修活人之墓的浩大场景。

就在这里，全国民力从各地集结而来。他们靠粗糙的布鞋甚至草鞋，穿过无数荆棘丛林，踏过无数乱石和泥泞。

如此规模的民力集结和跋涉，本身就是奇观。

七十多万人马汇集在五十六平方公里的陵区工地，即使是在今天，也相当于一个人口比较密集的大城市。

远远望去，那时的骊山人欢马叫，热气腾腾；近看，到处是紧张有序的劳作，每个人都面无表情。

三十七年，一个技艺成熟的工匠来到工地，直到大“功”告成，他的一生也该终结了。

还有一支庞大的队伍，被集中在塞外一线，他们要为统一后的王朝修筑一道巨大的军事防护墙。一位战靴高翘、凸着微微将军肚的指挥官翻身下马，向工地上的军民重复筑墙的意义：为了抵御外族进犯。

我不知道他们用什么来激励骊山工程的建造者，为一具僵尸修建一座地下城市，没法想象他们怎样去和“崇高”挂钩。其实，劳工们脑后高悬的鞭影，足以取代苍白的政治粉饰和愚民说教。

因而，骊山工地的劳动，比修建长城更晦暗。

大家来这里已经好多年了，不知道家中的老父老母是否还活着，儿子早该成年了，说不定也被押到了修墓的工地，只是自己没有见到。

想象他们茫然的神色，我在他们的脸上搜寻着，说不定其中的哪一位就是自己的远祖。

他们中，很多人是被戴上枷锁押解来的囚犯，而一些不是刑徒的人到了这地方，又与刑徒何异?

我们的那一代祖宗，全都是供始皇帝所驱使的一群聪明牲畜。

他们谁也无法绕过那个时代，一晃几千年过去了，万般苦难都早被古老的烟云席卷而去，如今，我们可以隐约听见的，只有一个民夫妻子悲恸的哭喊。

三

统一的王朝把整个王土都置于那道阴森的鞭影之下。

征讨甫定，天下到处千孔百疮、凋敝破败，他就在一片废墟上开始了他的宏伟建造，开始了他的千秋帝业。

全国所有的青壮，几乎都被赶到了几个大工地上。

不知当时是否有人问过：王朝统一了，战火好不容易熄灭了，百姓为什么得不到片刻的安息？天下统一，难道就是为了建造几个工程?

嬴政、胡亥父子都是出生在王宫深殿的胚胎，双手不曾触摸过一匹菜叶一根草，哪里知道他们驱使的那些“肉体机器”还有疲劳的极限。

整个工地都笼罩着那个活魔的幽灵，风和阳光也那么阴森，尽管那个灵魂还活着。听说他出巡去了，远在万里海疆，为了寻找长生不老的仙药。

他是半躺在冬暖夏凉的那辆豪华马车中出发的，今天的很多游客都见过。

在兵马俑展馆的前厅，陈列着当年仿造的精巧铜马车，属于秦始皇陵出土的两件小小陪葬品，文物专家花了八年时间才把它们重新拼装起来。出于颜色保护的需要，游客只能借助灰暗的光亮才能看清。

有辆车上支撑华盖的伞柄，在导游小姐的手里灵活地任意转动着，它可以在三百六十度里任何一个角度倾斜固定，以遮挡来自不同方位的阳光或风雨。她说，这是一件使用现代机床制造出来的复制品，但有的关键部位还没有达到玻璃窗里真品的功能。

目睹她手中那支铜柄的灵巧演示，我估计这种机械制作的精巧程度，已经超越了热兵器时代某些枪械的工艺要求。

宏大的奇迹！细微的奇迹！显示着先人的智慧，但我看到的还是刀枪和皮鞭的威逼。

始皇帝最大限度地实现了他的集权统治，也最大限度地使用了他得到的权力。

两千多年了，人们仍然不理解，他为什么要把什么事情都做到极致？

冷血，铁腕，强权，疯狂。

假如让他再活三十年，不知他还会干出多少惊世骇俗的举动。

嬴政登极一年后便下令为自己建墓，那时他只是个刚满十三岁的孩子。就从那一年开始，骊山脚下的测量、挖掘、垒砌、雕凿、搬运，一天也未停止过。

后来，为秦王朝的统一大业划上完美句号，那年他不过三十八岁。

帝国的虎狼之师曾经所向披靡，此前与其并雄的六个国王，被他生俘了四个，投降了两个。别说六国，就是十国八国，在他挥手之间也不过是一堆堆瓦砾。横扫六合竟如此轻而易举，最踌躇满志，也最容易疯狂。

在疯狂中兼并天下；

在疯狂中大兴土木；

在疯狂中实现历史创造和历史贡献。

并且，他得以在疯狂中善终，五十岁那年他病死于巡游途中，成功地躺进了中国最大的陵寝之中。

四

千古一帝！

一路上，导游小姐按照统一的介绍文字，在解说中不断重复着这个称谓。但是，对于“千古一帝”的涵义，我不知道她们是否都理解，更不知道古往今来有多少人能够理解，反正我不理解。

几千年间，没有谁能够走近他，更没有谁能够模仿他。

自他以降，中国大大小小、长长短短大约有二百多位帝王像他那样登过极位，但没有一个人像他那样去淋漓尽致地展露个人意志，去毫无顾忌地满足个人欲望。

就说这墓葬，尽管一代代帝王将相的厚葬意识有增无减，国家的人力物力也大为增长，但没有一个皇帝的陵寝超越这个肇始者。

曾经在北京远郊的几株古柏之下，面对明代的定陵，想到儿时我听一个公社书记向乡人描述他参观这座新掘帝陵的惊愕情景，想到自己刚刚顺着狭窄的通道走进深深地宫的见闻，仍然百感交集。可是，将万历皇帝这座气势宏大的帝陵，与一千八百年前相当于一个标准足球场的骊山大墓相比较，恐怕只能算是一个掘得深一点的“高级地窖”。

当初，嵬嵬帝王抛下他的工程，抛下他的王朝和整个帝国，躺进了空前绝后的陵寝，或许是因为他遍寻仙药无望，或许是因为他闻知陵园即将竣工。

可是，高大的陵冢耸起之时，也是帝国大厦将倾之时。

后来多少帝王不敢模仿始皇帝，还因为历史如此上演过极富戏剧性的一幕。

五

他在地下享有着仿照长江黄河横贯东西的广袤王土，享有着大地顶空用夜明珠镶嵌着银河星汉的浩瀚苍穹，享有着无数的嫔妃车马和奇珍异器。

可是，他失去的却是真实的大地和天空，国都咸阳惨遭屠城，阿房宫及其仿照六国兴建的一百多座宫殿，在火光里坍塌了；他曾经征讨和巡游的万千河山，也全部易主了。

大泽乡雨夜燃起的漫天火光，直接起因是暴政逼急了那些艰难跋涉的疲惫戍卒；

后来在混战中最终获胜的汉高祖，当初所谓斩蛇起兵，就是造陵工程逼出来的。他奉命押送本县民夫前来骊山，对于民夫们来到这里的命运，刘亭长比谁都明白：逃跑的下场是处死，不逃的下场是累死。所以，他们作出了最无奈的选择：起来，埋葬暴秦！

疯狂和残暴激发的仇恨，不但焚烧了地面上的宏大建筑，而且还焚烧了使天下百姓无法喘息的巨大魔影，焚烧了整个大秦王朝。

还有，他带到地下的财富也不能留给他！农民军也疯狂了，像他活着那样。

愤怒的大军直逼骊山，项羽指令部队掘开了他的墓葬。

地宫里一盏盏燃着油脂的长明灯依然光芒四射，水银浇注的江河大海闪烁着银灰色的光泽，金银打造出来的大树底下，是一堆堆金钱元宝。

霸王的士兵们用竹筐往外抬运宝藏，敞开的大墓一片忙碌。

古人的这些记述和想象，两千年后还使一个捧着小人书的少年目瞪口呆。

后来我才知道，史书错了。今天我们在戏剧舞台上见到的那个两眼如熊猫、长髯过脐的脸谱化的“英雄＋怪物”，历史上却是一个力能拔山、气能盖世的真实豪杰，可他空有秦始皇的气概和胆略，他不曾修墓，也不会掘墓，他们挖错了地方，只好把仇恨的火焰喷泄到陵区的地面建筑上。

粗莽的项羽和愤怒的农民军错了，而历史却对了。

六

雄才大略的秦始皇肯定没有想过，他为自己营造的大墓，不但埋葬了他自己，也埋葬了他刚刚创立的王朝。然而，中华民族统一和强盛的曲折历程，却在这个短命王朝的大功大过和大喜大悲中拉开了序幕。

这是一个有着辉煌创造的开端，但也是一个功与罪交织的开端，是一个血与泪凝聚的开端，也是一个灭绝人性的罪恶开端。或许是因为这样的起点，中华民族后来的艰难历程中，才充满了风暴、血腥和悲壮。

他的殿宇和他的王朝轰轰烈烈地崛起，顷刻之间又轰轰烈烈地倒塌。从他个人或一个家族的角度看，绝对是一场巨大的失败，是一个巨大的悲剧。但是从历史的角度看，他绝对是个巨大的成功者，他以其恢宏气度创立的治世之策，乃至今日，对于我们这个领土大国、历史大国、文化大国、人口大国，仍然具有开创性意义。

只有后来漫长的历史，才能证实他的伟大。车同轨、书同文、统一货币和度量衡，比捣毁六国的国家机器更为重要；郡县制的建立，使国家开始了科学的行政区划，更加具有国家的意义。

千年之后，历史似乎有意安排了一个类似背景，让它孕育了一个与秦颇为相似的短命王朝，统一有功，在国家设置和治国方略上也有开创性，也是亡于好大喜功、滥用民力的暴政，也是二世而终。但是，杨氏隋朝的历史重量与嬴政帝业无法置于同一座天平上。

自从几十年前这里刨出了兵马俑之后，陵区便变得终年喧嚷不息，全中国都来了，一些大国元首和世界上许多游客也来了。于是，本属皇陵一个小小的配角、居于“外城”某个角落的几个从葬坑，却被誉为世界第八大奇迹。在几十平方公里的陵园之内，还埋藏着多少奇迹，没有人能够估量。

天下盗墓贼都来过这里，总想掘开大墓发展经济的官员也反复前来勘察过，走在这里景区的林荫里或灯光下发思古幽情者，更是每天都有。可这座陵寝依然是孤独的，正如它独来独往的主人一样。

古往今来，人们来到这里，虽然没有走近荒冈之中的野坟孤冢的那种荒凉感觉，但往往生发出遥远的陌生感。其实，这座巨陵在历史的漫漫长空之下，不过是一座没有被遗忘的孤坟，只有一轮似红似黄的斜阳永恒不变地照着它。

大江流过古城

大江千万里流来，千万年从平原流过。

于是，便有了一条坦途，宽阔而通畅，一任舟楫奔驰。于是，不知何年何月，这里有了古城。于是，又不知自何年何月开始，古城成了兵家必争的长江要冲。

当年，荆州的一草一木都曾目睹过群雄角逐的惊心动魄，默默奔涌的万古江涛荡涤了这里的哨营和旌旗，荡涤了这里的刀戟声和喊杀声，也荡涤了战地散落的残破征衣和血污的空气。

一

古城至今保存着完好的城墙，绕城一周，全长超过九公里，青色的，坚固如铁。

常识推定，如此之巨的历史建筑不可能是久远的原物。

假如对某处古建筑不了解，你不妨估个明清时代，一般会让你“蒙”准的。荆州古城墙也不出其外，筑于明初，重修于清末，而现在看上去最整洁的部分，多半是二十多年前补垒上去的。几次，我走近墙根，仔细辨认老砖上烧记的文字，发现建造时代与监制者姓名都清晰可辨。今天的古城，很难找出一块烙有“建安”痕迹的砖石。

然而，仿造的幕景亦可在影视里以假乱真，一圈实实在在的古代城墙，更能够再现久远的往事现场。荆州城幸存的围墙，为其更远的三国故事提供了宏阔的幕景。

临江古城——建安年间的战阵和铠甲——明清的高墙和护城河，这纵深几千年的历史蒙太奇，在到过或不曾到过荆州的人们脑海里，都可再现出轰轰烈烈的古典大剧。

——当时，刘备、关羽、张飞等人乘船而来，就是从这里上岸的。开电瓶车的师傅一手握着方向盘，一手指着城墙下的长江告诉游客。车上的人虽未感到惊讶，但却一齐将目光投向眼前水流平静的江湾。

电瓶车沿着城墙徐徐前行，师傅一路这么讲解着，他没用喇叭，听起来时断时续，我一路目不转睛地观察斑驳的古城外墙。可没过一会儿，一车人都发出会意的笑声，我问邻座才知道，是师傅一句“关羽是我们荆州的第一任市长”引发的。别看他的“解说”愈来愈离谱，却撩得大家越来越开心。

开车的师傅没什么文化，他信口胡说却能将游人引入各自心目中的古远想象。

故事的荆州，荆州的故事，属于历史，又不是历史。

秦汉以降，统一的华夏民族反复不断地上演分分合合的大剧，后来的子孙学历史，就是看书本上记录的一次次分合的经历。对于我们这个古国来说，这就是历史。

本来，每经历一次大混乱与大转折，都出现过许多精彩的故事，但由于讲述技巧的高低，使更多的故事发生了差异。这一点，两汉特别有幸，开端不久，出了个极富文学天赋的史学家司马迁，硬是在一片片刚刚削平的竹篾上写活了汉初那一批性格各异的开国豪雄；多少个世纪之后，一批说书人和一个小说家又将东汉之末的乱世群雄写得灵动极了。这也许是个巧合。

因为没有逢遇到文学高手，上下五千年不知有多少本可以脍炙人口的历史细节和历史人物被湮没在时光的深海，永远不可打捞，或者躺在线装史册里无人问津。我们湖北这块土地上能够拥有许多三国故事，能够拥有古国长史中的精彩片段，应该感谢文学。

有了三国故事，我们才有“故事的荆州”，当然还应该庆幸古城保留了完好的城墙。

来到荆州，仰望这巍巍高墙，仰望这高耸的城楼，不用多少想象力就可想到月影半空的时分，将军屹立于城墙之上，大刀倒竖，美髯在夜风里轻轻飘拂。这样的诗景，无疑使游人更容易靠近大家期待的故事，可它却背离了往事的真实。

关云长镇守荆州时，开始没有城墙，是他为了有效防守，才组织百姓筑了道土墙，也肯定不及这般厚实，更没有这样的高度。不管它是否妨碍你对古代战争的想象，真实的史实就是如此。那时豪强混战，地旷人稀，想想那急于筑起的简陋护墙，也必是将喝士吼，抡起鞭子强令老弱病残的百姓日夜赶修起来的。话说穿了也漏水，这般推测，也许更让人觉得关公不是那么可爱，往事也不是那么令人沉醉。

二

次日清晨，我们按照热心人的指点，从小北门出城五公里，然后一路打听，在一段公路上往复三个来回，才找到一块开阔之地。只见路边打起了钢结构的围子，面向马路立有一块简陋的矮碑，写着“楚纪南故城，”标明国务院确立的重点文物保护单位。但宽敞的场地上空空如也，只有略高于其它部分的一条土丘，另半部分则是工厂不像工厂、乡村不像乡村的星散房子。这块空地就是当年楚国南郢留下的废墟一角，荒凉的矮丘之下沉睡着几十个世纪以前南方最大都会的城垣。

站在这里开阔的空间，你能渐渐闻听到远古楚人陌生的歌调与喧闹的都市之音。

那是个万里无云，暖阳东照的初冬上午，故城遗址空无一人，仍然泛绿的草毯上分布着洛阳铲打出的新孔，还有考古工作者在高处的堆土上刚刚发掘出的规则方坑。看来，故城的发掘已经动工，这种空旷和宁静，反而更能浮现这里的春秋繁华。二十代楚王，四百多年的建都史，城墙周长十五公里，远比后来荆州城的规模大。后来在一个阴沉的傍晚，秦国大将白起率领北军滚滚杀来，这里的楼台连野，钟奏埙扬，以及它激起过天下人向往的富足与喧嚣，就此销声匿迹了。

今日，你问纪南城，很多当地人也连连摇头，即使你写出那个“郢都”，也没有几个人认识。世人差不多已经忘记，在荆州一侧，埋葬着一座辉煌过数百年的雄楚之都，相比之下，后来一直作为江陵县城的荆州却无人不晓。

如前所述，荆州的荣耀不在于它拥有那道铁青色的古城围墙，而是因为它拥有三国战事，并且百讲不厌地“活”在世人的口头上。刘备借荆州，只借不还。整个中国都熟悉这句歇后语。

虽然楚都故城储积的历史远比人们熟悉的荆州往事要长远得多，要丰富得多，但“三国”太令人着迷了，神化的关羽太有魅力了。

三

魏晋时期的史籍记录的关羽，降曹就是降曹，因为他刚愎自用，才以短取败。对他的正面肯定，只是“万人之敌，为世虎臣，”如果综合理解，不过是匹夫之勇。可是，建安烟云散去七八百年之后，天下几经分合进入北宋，边备不固、军事上积弱的朝廷，突然间想到要塑造一个践行和捍卫儒家道统的“螺丝钉”榜样来，于是便有了后来的“关圣”。

关公精神的核心是忠，降曹后反水被渲染成了对原先主子的忠诚不改，正好这个主子因为姓刘而被认为是乱世中的正义化身，加上关羽身上的江湖之义，太适合他们的“包装”条件了。寻遍上下几千年，到哪儿去找这么个人物坯子呵！

东汉年间本无拜把结义的风习，戏剧小说却让他们在春光明媚的桃林相互跪拜，场面庄严，感天动地，有鼻子有眼。关羽的战场经历中并无斩华雄一说，故事却让他挥刀“斩”了，并且是在“温酒”之间，使子虚乌有的英雄壮举又陡具了传奇性。还有刮骨疗毒等等情节，愈是离奇，就愈是脍炙人口。正籍里说关平就是关羽之子，说书人随口一改，说成是他的“义子”，不让所谓圣者接近世间烟火。这一字之变，又使关羽离人世远了一千里，而与神灵靠近了一千里。

论中国人造神的本领，恐怕世界上少有堪比。统治者借用文学艺术如此这般三涂两抹，便让一个“武圣人”崛起在人们的精神世界里。当然，一代代统治集团还没忘记运用帝制权威为其加封。当初刘禅封给关羽的谥号不过是“前将军壮缪侯”，褒扬的是其骁勇义气，并没有神化他。但是，自北宋哲宗开始，几朝帝王争相为关羽头上戴高帽子，乐此不疲。到了清嘉庆朝，关公封号多达二十四字：“仁勇威显护国保民精诚绥靖羽赞宣德忠义神武关圣大帝”，念一遍也叫你累个气喘。

四

来荆州时我留意了一下，发现这个与关羽生平紧密相连的故地，却只传下来一座关公祠，我估计它与其“主人公”实无关联，就压根儿没准备去寻访。孰料，开电瓶车的师傅中途却将一车游客带到了关公祠，原来它只有“一正两侧”三间屋宇，筑在某段城墙之上，可见规模很小。据说是“电瓶车公司”与关公祠达成了协定，凡是他们带上城墙的游人进祠时不必再购门票，而祠方则可收些香火钱。

踏上宽大的石阶，我径直向城墙顶部的平台与垛口走去，经过大殿门前，见里面供奉着关羽神像。我怕手持长香的兜售者纠缠，仅仅以余光瞟了两眼便大步跨过去了，因而并没有记清祠里的关公雕像是何模样。

返回路上，听说当地准备在古城某处街道上修建“关羽故居”。今天的荆州也许意识到，他们更加不能离开关老爷，你听起来也许感到很可笑，可他们却是在想方设法与关公更贴近一些。

千百年来，关云长的庙宇曾经遍及乡里，全国各地数不胜数，仅老北平就有一百多座，早先连清室的大内里也设立了关羽的神位。我的故乡具体到乡镇的行政区划就叫关庙乡，某年去台湾，意外在一个加油站旁也发现了“关庙乡”字样。当今宇内，究竟有多少个大大小小的地方以关帝庙命名，恐也难以计数。

在台湾，据说关帝还兼任着财神一职。说到台岛的关羽崇拜，我想起世纪初年关帝圣像赴台的景象。因为那副看上去并不英伟的木质雕像，是从关羽老家山西运城的关公祖祠被“请”到岛上的，人们格外虔诚，所到之处几乎万人空巷。电视新闻中的画面更令人心跳，由于时代久远而失去光泽、并且不显精致的木雕被高抬着，前来迎接的五万信徒将台北的街道拥塞得水泄不通。

这无论是信仰还是迷信，我们都不能否认文化的力量，而一种并非建立在科学与理性根基上的文化能够具有如此穿透力，只能以时光来解释了，只有千年岁月才能将传说和偶像演化为如此坚韧的精神驱动力。

上世纪末年荆州与沙市合并，长官们定名荆沙市，领导的“平衡艺术”倒是展露得很得意，但荆州却从地理上消失了，曾经有华侨归来为找不到荆州而痛惜。接下来有媒体叹道，这回才是“大意失荆州”。不久，我们又有了“荆州”。

原来，荆州早已是个不可更易的历史标记。

荆州，这个地域符号中承载着太多的文化信息。

暮色四合的时分，惟有巍然城楼挺立在苍穹之中，天幕渐渐迷蒙起来，但飞翘的楼檐还在挥写着古远的意象。

古县衙的青灰色

一座保存完好的古县衙，对于一部纷乱如麻的中国古代史是意味深长的，但那会儿短短的路途并没有容许我思考更多。

第一次走进这座大院，已经快三十年了。内乡县城不大，但街道还不算狭窄，那时已是改革开放之初，沿街都是些看守着箩筐小摊的商贩。我们几个军人穿过杂乱的街道，来到了空荡无人的古县衙。这里成立“县衙纪念馆”是两年后的事情，所以我没法确定当时是否要买门票，因为我是由当地驻军部队的同志陪同而来的。内乡人都叫它“县衙”，我的记忆里就是黑乎乎的大屋子，黑乎乎的大门。

一

县，是中国历史上最稳定的行政区划，尽管它们不能决定朝代更迭和许多重大的历史变迁，但几千年来中国社会经历的许多生活场景却是围绕着这一级行政机构发生的。蒙元王朝曾经以游牧民族的洪水般铁蹄征服过欧亚大陆，但他们入主中原后也无法改变这里的社会结构，这座内乡县衙就是在元代大德八年（一三〇四年）修建的。

这座县衙修建以来的七百年间，共有二百三十多名县官在这里工作和生活过。元、明、清三朝虽然都曾经对它进行过翻修或扩建，但其“中轴对称，坐北面南，左文右武，前衙后邸”的总体格局一直没变。宗法社会极其讲究礼仪定制，全国的县级官署应该都是遵循这种规制建造的，只是曾经分布在中国大地上数以千计的类似建筑早已不复存在，漫漫时光仅仅保留了内乡这座完好的县衙。不过，我们今天在其院落里穿进穿出的这些建筑，与各地现存的许多著名的文物性建筑一样，也是清代增修的产物。

内乡在历史上属于大县，县令曾经按五品高配，县衙规模也比较大。整个建筑占地两万七千多平方米，共有厅堂廨舍二百六十余间，据说是由光绪年间的知县章炳涛主持营建的。

屈指算来，百年时光并不长，但一个世纪的风雨也足以冲刷掉许多历史的痕迹。

我那次前来参观时，整座古衙除了屋子再没有其他实物，大门外一座顶部为飞檐翘角的牌楼也是年久褪色的原样，远没有后来经过大红大绿粉刷的这么光鲜。暖阁屏风上的“海水朝日图”虽依稀可见，但已毫无亮彩。后来经过整饰，鱼鳞似的波浪才有了鲜艳的翠绿色，圆圆的太阳也鲜红耀眼。三尺公案显然是后来配置的，还铺上了蓝色的桌布，粗大的方口笔筒和山子形笔架等一应俱全。这时，再把太师椅后面那醒目的大匾纳入其中，便有了一幅十分熟悉的完整画面。不过在我看来，“明镜高悬”说不定不仅仅是为了威慑前来告状和应诉的百姓，也许还有对从事司法审判的县官本人进行警告的含意。

二

那次我到内乡，是个少雨的时节，只感到一片黑压压的古建筑在灰蒙蒙的天空下更加晦暗。它那黑洞洞的墙壁和门外斑驳的院墙，依然激起过我的许多遐想。

一代代读书人青灯黄卷，甚至皓首穷经，为的就是登科入仕，但其成功者为数寥寥，而所谓成功者中的多数人也不过当上七品县令，坐上这样的大堂。没法说清，这小小衙门中储积过多少代古代士人的人生梦想。

县级衙门也是中国过去最低的一级行政机构，人员不多，这种建制与中国历史上的人口规模和生产力水平是比较相符的。如今一个县城，可以找出好多处这种规模的“衙门”，这在人烟稀少的古代社会是不可想象的。

今人通过小说和影视剧故事所看到的古代县官无非是坐堂审案或饮酒混日，其实，他们不仅是一县之司法长官，也是行政长官，不但要负责全县的断狱息讼、纠纷调解，而且要负责征税纳粮和组织公益事业。因而，小小县衙关联着千家万户，世世代代生活在农耕社会的先祖们虽然脸朝黄土背朝天，日出而作，日入而息，凿井而饮，耕田而食，但他们并非生活在世外桃园，或被征粮派役，或有冤情诉讼，这种官署总会直接或间接地干预和影响他们的生活。

在封建时代封闭的社会形态中，县级政权对一地庶民的生活状况更加具有决定性意义。

从这种衙署阴森的大门延伸开去，便是在中国延续了几千年的农耕社会，

因此，历代君王都没忘记对大小官员进行“爱民如子”之类的谆谆告诫，要他们努力体察民情，体恤民力。可笑的是，历代朝廷从来没有教导他们去怎样了解民情，反而从礼制上不断强化他们的威仪，直到知县这一级最底层的“朝廷命官”。

想想呵，县官每每出衙，那腿刚刚迈出门槛就钻进了早有人掀着门帘的大轿，随后一路锣声，沿途百姓见之纷纷回避肃静，那是何等气派！芝麻官虽小，却在一方百姓面前享尽了威风与荣耀。

按照礼制规定，县官出巡的锣声是“三锣半”，即三声长音加一声短响。这种有品阶的铜锣曾经响遍古老的中华大地，百姓也始终对它感到陌生和敬畏。直到“县父母”时代早已结束了的二十世纪七十年代，我们在信阳某座军营旁的一个小村还听到老人反复告诉我们：“你们别小看俺这个庄儿，县太爷都曾经来过哩！”那语气有种十足的自豪感，虽然他也说不出在清末哪个具体的年代。

县署本是最靠近民众的一级政权，但制度却又决定着它必须与百姓保持距离。如今的内乡县衙已经被包围在新式的楼宇与民居之中，也无法推测县衙当年周边的情景，不过我还是想起了著名县官郑板桥的诗句：“衙斋卧听萧萧竹，疑是民间疾

苦声。”知县一家居住在衙门的后院，郑燮能够在这种高深的衙斋记挂着苦难百姓，实在是出于一个清醒官员的良知。在内乡县衙，当游人穿进三堂时，也可看到一幅颇能感人的楹联：“得一官不荣，失一官不辱，勿说一官无用，地方全靠一官；吃百姓之饭，穿百姓之衣，莫道百姓可欺，自己也是百姓。”这幅语言朴实而寓意深刻的楹联流传很广，可是，没有完备的制度保证，企图以这种文化环境去求得对官员良知的唤醒，其效用是极其有限的。

三

那次考察，给我印象最深的是正堂地上的两块“跪石”，一块较短，为原告位置，几步开外与其平行的另一块则长些，为被告人位置，因为被告往往不止一个。两片石头均为白色，格外醒目。“被告石”已经碎裂，推断是他们遭到杖击时挣扎而导致膝下硬石破裂。

我想到中央电视台在介绍内乡县衙的专题片中演示的一个奇案，石头村人吴泰远出奔波多年，终于挣得百两银子归乡，却在趁着夜色进村的当晚被村里歹人谋杀。县令断定是其妻所为，并将其打入死牢。后来，吴妻之母闯进县衙击鼓鸣冤，才有了案情的重新侦破和真相大白。这个案情的关键之处有一段极易误断的“巧合”，看上去很像个话本奇案，据说是清代末年发生在该县的一个真实故事，曾在当地轰动一时。

当年关押过吴妻的南狱依然完好，中门之侧那洞可怕的黑门就是“鬼门”，只有被判了死罪的囚犯才押进门里面的大狱。从这个案情侦断的起伏里，我们看到了当年县官的可敬之处。

可我总想，多少案子就靠这些“青天大老爷”鸣锣乘轿地威风来去，就靠一番简单的程序性勘察，就靠“老爷们”脑子里的一点儿固有智慧去作种种逻辑推理，能在多大概率上实现案情判断的准确？更为糟糕的是，杖击和其他手段的严刑逼供在封建时代的审判制度里竟然是合法的。内乡这起冤案的反正，与历史上许多奇案的侦破一样，不过是某件简单的实物正好印证了一种常识性分析。

我还私下里假设过，让我回到那种“简单化”时代去做个啥官，也很难做到每次都能侦破和审断正确。甚至包括那些脍炙人口的所谓巧妙断案的传奇故事，我想也不能肯定它们当中没有冤情。可是，每件命案都关涉到一条或数条活着的生命。

几百年间，眼前这扇被称作“死门”的黑狱曾经被强行推进了多少冤魂？

四

县衙与京都相隔千山万水，即使山都不高，也距皇帝很远。从内乡这座县衙看出，历朝帝王很不放心的就是这些官品不高、却管辖着一县百姓的“父母官”。

步入县衙，游人首先看到的是青砖浮雕组成的照壁，正中雕刻着一个叫“犭贪”的怪兽，形似麒麟，是传说中贪婪成性的动物，它强占了大量的金银元宝，还想吞吃天日，其下场可想而知，显然是用来警示官员不要贪赃枉法的。院内立有“公生明，廉生威”的高大牌坊，还有诸如“宽一分，民多受一分赐；取一文，官不值一文钱”劝廉的联语等等。这些警示性的图案和文字唤起了我的想象，跨进阴森的正堂，我就想起朱元璋干过的“剥皮萱草”。某个县官因为贪腐而被处死，然后被剥皮制作成“标本”立于这样的大堂一角，以警戒其后任。没听说内乡出现过这样的县官，但这种恐怖的情景肯定在历史上的县衙里出现过。官衙立起“犭贪”的照壁，据说也是朱元璋的“发明”。

一座官衙到处是廉洁提示，几乎看不到倡导官员提高履职能力的内容，更说明封建吏治长期被贪腐问题所困扰，他们无法走出这个沼泽，只好始终挂记着这个最基本的底线。但是，在交通和信息极端落后的古代，一个小县就是个独立王国，一座官署就是一个“王宫”，仅仅靠官员清廉自守，或者靠监察御史和某个钦差偶尔前来走马观花地巡察一番，是不可能从根本上奏效的。

封建制度这个怪物，让我迈进这种场所总是感触良多。

五

那个秋日的阳光没有改变这里色彩的沉重。墙体是青灰色的，屋瓦是青灰色的，整个建筑是青灰色的，我的整个记忆也是青灰色的。还有它给我透示的大量古代社会信息，仍然是青灰色的。

王朝的子民们就是在官衙这种沉重底色的笼罩下生活着，年复一年，代复一代。

偌大一个县，只有县老爷当年赶考时去过京城，那里的皇宫比咱这儿的衙门还大哩。因为遥远，天下百姓只能在想象中去领略皇城的壮丽和森严。在他们看来，这样的县衙，这样的官署就是一个又一个王朝的象征，就是他们目睹过的最使他们畏惧的地方。

无论多大的县域，很多百姓都曾进过县城，他们从远处打量过县衙的大屋，有人还特意绕到这样的小街，努力以轻松自如的脚步走过县衙，胆子大的还扭头望里面瞅过。当然，有些略显边远的地方，很多乡人一生都不曾到过他们的县城小镇，但衙门里的鼓声锣声吆喝声，以及小街喧闹的市声，依然会波荡到他们那里的山坳，波荡到他们居住的茅舍。

他们用一片布巾缠着发髻，身着宽边对襟短袄，靠一头老牛和犁铧延续着生活。衙门草草地治理着他们的属地，“草民”们也只能草草地生息，除了他们对土地的伺弄是精致的。他们守望着麦地，守望着炊烟，守望着古井老槐和倾斜破败的柴门，守望着简陋而疲惫的日子，直至最后被掩埋进麦地旁的坟场。

如今的县衙早已成了红火的旅游景点，沉闷的厅堂里增置了再现历史场景的各种彩色的蜡人，还有时断时续的模仿性表演，一片笑语喧哗。不知是否有人问过县衙究竟是什么？

县衙就是先祖们能够感受到的头顶上的那片“天”啊！

河南内乡的古县衙，无疑是一处珍贵的历史标本。在我看来，这座没有什么亮色的古代建筑群，更是一幅中国几千年的社会图谱。在它那青灰的底色上，隐现着许多古老而生动的先人生活图案，让我们在一种阔大的历史背景中或清晰或朦胧地回望到一个完整的中国古代社会。

莫高窟三题

彩窟的时光

无边的沙漠越来越紧地围困莫高窟，却使这处宝藏更加神秘。

多少年我向往敦煌，总记得在影视中看过它的某个场景：沙丘、白杨、山道。

莫高窟的这“一角”让我想象过许多次，想象它的全貌，想象那里洞窟的形态，想象它们的分布。越想象越觉得模糊，还越是让我去想象。来到实地才发现，我唯一准确的想象是沙丘的形状。

莫高窟，千里风沙掩埋不了，千年岁月淹没不了。

孤独的沙海，被人席卷而去的宝藏，剩下的是不可移动的洞窟与壁画，听来仍然惊异。从我第一次听说这个地名，一直到我五十几岁，敦煌始终向我透着神奇。

当我们的车辆驶近那道山梁时，我的第一感觉是：自己的想象力太苍白，莫高窟顷刻间失去了它的神秘。

长长的坡梁，坡下一线流水，坡上是大大小小的洞窟。它和许多名胜一样，一旦靠近它，神秘感就消失到熙熙攘攘的游人中了，消失到阳光里了。

然而，敦煌还是使我惊叹。

七百余个彩窟的建筑、绘画艺术并非千篇一律，而是透示着鲜明的时代印记，北凉和北魏的不一样，北周和隋代的也不一样，就是同属唐朝的作品，也可以分辨出哪是初唐，哪是盛唐。十几个朝代，一千多年的历史，神奇，久远，不可预设，不可检验。如此千年接力，几十代人参与一项浩大工程，是什么动力促使历朝历代的祖先这么乐此不疲地开窟呢？

当然不是什么规划和指令，更不是胁迫，也不是帝王圣旨。

唯一的答案，是信仰的力量。

每个参与者都不是为了创造奇迹而来的。假想第一个发起者当年手握铁锨，站在这里的山梁上迎风高喊：让我们在这儿凿出洞穴，一年一年地凿下去，一代一代地凿下去，让后世的子孙为此震撼吧！他的声音全都消失在沙海酷热的风中，好不容易碰见几个路人，也全都警惕地避开：千万别靠近他，这人疯了！

最早来到鸣沙山大泉河谷的和尚乐僔，是这里的第一个开窟者。

没错，他来这里挖下第一锹土，根本不是为了给后世留下什么奇迹，而是因为他打坐时看见对面的三危山发出过万道金光。最早一个商人到他开凿的第一个佛窟里虔诚地跪拜之后，才缓缓登上驼背西去，没想到丝绸之路上那趟艰苦征旅，让这位商人运回的是满满的第一桶金。于是，这里洞壁上的佛像不再是涂抹在泥土上的线条和色彩，而是闪烁着幽光的神灵之力。于是，来这里开凿佛窟的人也渐渐多了起来，洞窟的容积愈来愈大，形状和工艺愈来愈考究，画幅也愈来愈精美。

从那时某个清晨或正午开始的锤凿声，在这道坡梁上几乎没有停歇过，丁丁当当一敲就是十多个世纪。

重庆的大足佛刻，同样是几十代工匠的接力创造。一道山沟雕满了神佛和鬼怪，全是根据具体的山形地势及天然岩状构思雕凿而成，一刀不慎即全盘皆废。因而，一代接一代参与石刻工程的先人，没有一个在这种神圣的使命面前无精打采，他们在前后七百年的雕凿中，没有谁刻错一刀。每一尊雕像都是形体生动，线条流畅，显示出古人精湛的石刻工艺。但是，更令人惊叹的还是这处石刻文化诞生的漫长历程。

无论多么巧妙的艺术，今人都能够继承下来，可先祖们投身一项工程的那种前赴后继，几十年，几百年，甚至更久，现在还有么？以后还会有么？

宗教塑造了人们的精神，精神塑造了非凡的艺术，而把这些艺术化为神奇的，是岁月，是时光。先人为我们留下洞窟和佛像本是让后世前来敬拜的，但不可思议的开凿与雕刻“过程”，使这种创造化作了奇迹。

历史将奇迹留给了我们，留给了今后若干代的子孙；属于创造这项奇迹的无数前辈的，只有他们对神的敬畏，对神的祈求。

建造文化不是为了文化，时光异化了前人的行为与目的。

莫高窟千百尊菩萨与金刚的彩塑，或柔美轻倩，或勇猛刚劲，还有几万平方米幸存下来的壁画，画着含笑自如的菩萨，画着阿娜多姿的仙女，画着凌空翱翔的飞天。然而，那种神话的天空，只属于那些潜心于敦煌艺术的学者，只属于那些静静地仰望过飞天的艺术家，更多的游人是在导游们混作一团的喇叭声里一窟紧接一窟地完成游程的。

按照规定，每批游客只能看几个洞窟，即使如此，很多人也认为它们千篇一律，大红大绿，色彩强烈，不讲究空白美感，每一寸洞壁都被布得满满的，视觉已感疲劳。即使如此，因为都是千里迢迢而来，大家还是希望能够多看几窟，但我认为，如我这般匆匆来去的普通游客，多看与少看几乎没什么区别。

前面说过，古人不是为后世观光而凿建的。

三探第十七窟

敦煌历经千年开凿的洞窟，本身就是一部宏大的文化传奇。没想到一个世纪之前，这里又冒出一窟密藏了千年的典籍，这使莫高窟更富传奇性。

如今，为天下游客储藏过无尽神秘感的那间小石室，早已空空如也，可我仍然侧着头往里面看了三遍。第一遍：只见大致光滑的室壁，略显坑洼的地面，一片纸屑一粒石块也没有；第二遍，仍然如此；第三遍，是在我决定离开时，禁不住再次探进了脑袋。

这间石窟很小，后来被编为第十七窟。它没有面对外天的正门，只有走进第十六窟的甬道，才能从一个小门看到这间小窟。小门短而窄，约莫半人高，并且远远高出地面，很不正规。因此，可以把藏经窟看作第十六窟的侧室或“耳室”。

查阅资料得知，此室内高不过一米六，宽约两米七，原为唐代一个洪姓和尚的禅室。九百多年前的某个日子，莫高窟的一群僧人脚步忙乱地往这间禅屋搬来了成捆的书籍和文档，那是寺院长期保存的古老经文、绣像、各类经典和日常文牍。当时的气氛紧张而神秘，大家极少说话，但配合得相当默契。他们来不及将太多的书籍文档码放得那么整齐，可他们必须把一间小屋装填得满满当当才能装完。等所有的资料全部入室之后，他们才小心翼翼地封闭窟门，再抹上颜色一样的泥皮，最后还在墙面绘上了壁画。大家仔细检查了几遍，认为没留下任何破绽，才长舒了一口气。

然而，一个天大的秘密在大漠深处的内窟密封了十来个世纪，最后竟被一根细草给捅穿了。

道士王圆箓花了一两年工夫清除十六号佛窟的泥沙，随后又雇了个杨姓贫士前来抄写经文。杨某认为刚刚清理过的佛窟整洁清凉，便将桌案搬到此处抄写，不时还吸点旱烟解乏。为了方便，杨某将燃烟的芨芨草插入墙缝，谁知有次越插越深，直至将一根长长的草杆插到尽头还没有探到缝底。再用手敲，壁内发出空响。他颇感奇怪，赶紧报告了王道士，接着便有了中国历史上的一次惊天发现。

那天，准确日期是一九〇〇年五月二十六日。

因为是佛门圣地，因为其中藏有唐经万卷，王圆箓的墓志在叙述到破壁之时，特意写了“仿佛有光”。对此，王道士生前还有更玄奇的描绘，说“忽有天炮响震，忽然山裂一缝。”显然，这些都是为了强化神灵色彩的渲染，没人相信那些在黑暗中久闭的书籍和画卷能够放出光芒，能够发出震天的响声。

我的这次“考察”，离第十七窟的墙根被撬出一个裂口的那个日子，已经一百多年了。

有人计算过，藏经洞的空间仅仅十九个立方。我曾想，如果那间小窟秘藏的是谷物，它对一寺僧人算不了什么；如果秘藏的是一室金银，也改变不了什么。敦煌十七窟裸露出来的却是满满一洞窟文字，一洞窟经卷文献，这是无法以容积衡量的文化宝藏。

村人在路旁的野柳下掘出一坛元宝，也会在三乡五里引发轰动。而藏经洞的发现，却让整个世界惊讶了一百年，也让一个民族为此痛苦了一百年。

先人将宝藏密置于暗窟，也埋藏了许多个不可预测的结局，王圆箓那天侧下身子伸手一掏，就掏出了一个怪异的文化事件。显然，这个结局不是当年那些藏好典籍之后又在窟外反复打量，唯恐有一点疏漏的僧人所希望的结局，这个结局过于荒诞，或早一些或晚一些或许就不是这样，可它是天意决定的，已经被历史暗地久候了近千年，等待的就是那个黄沙弥漫、昏沉晦暗的日子。

佛门孤道

在去莫高窟的路上，我一直在思索一个人，肯定是王圆箓了。

王圆箓，是伴着敦煌奇迹而名闻天下的一个道士，湖北麻城人。几十年前我读到的一篇文章说，他是清末的一个士兵，随军队辗转到了西北。所以，很多次我想象一个湖北老乡怎样跑到渺无人迹的荒漠上去了，又怎样在那个地方孤独地生息，又怎样发现了惊世奇迹。后来，又看到一些资料介绍，说他年少逃荒来到肃州一带，光绪初年被征为兵勇，退役后在当地出家为道，道号法真。还有人说他出生于陕西，因逃荒谋生才流落到此。他出身贫寒，以道士为职，这一点是没有争议的。

可以断定，如果不是他经历了那次敦煌发现，世上不一定留有“王圆箓”三个字组合的这个人名，更多的人也就不会因此接触到这个偏僻的“箓”字。

大约在一八九二年，鸣沙山下延续了千余年的斧凿声已经平息许久，千佛洞沙掩土罩，香火全绝，据说已荒芜了一百多年。这年，一个满身沙尘的道士穿过重重大漠赶到这里，死寂的山谷才开始有了几许生机。

道家与佛门互不相通，甚至互不相容。但这位已进入中年的道家弟子却认定了这个佛门胜地，他揉了揉未被灰沙敷住的眼睛，对着一排排宏伟而破败的洞窟凝视良久，突然朝着山梁惊呼了一声：“西方极乐世界，乃在斯乎！”

他的口音中带着浓重的方言尾声，无论饱含着多少豪情和力量，都被消音效果极强的沙洲吞噬了。但这种命运的选择是无需豪言壮语的，他决定献身千佛洞的打理与复兴，是他发自心底的意愿。

王圆箓在这里夜以继日地忙碌起来，一晃数年，后来他还募集了一些钱，他首先要把佛窟从废墟里清理出来。所以，也有人说他是在清除十六号窟的积沙时，无意间铲破藏经洞的。

说他是为了吸引香火糊他一张嘴，或许不错，说他为了一种担当而献身千年佛寺，也不算过分。然而，就像他不曾料到自己如鸠占鹊巢一般以道伺佛那样，谁也没有料到，命运会阴差阳错地将这个灰头狗脸的道士推进一次文化浩劫的惊天旋涡之中。

王道士留给世界的唯一照片，可能是斯坦因给他拍摄的。他叉腿而立，身旁是一根木头廊柱，身后是灰乎乎的细格木窗。他灰色的帽子和灰色的道袍，加上矮小的身材和呆滞的表情，透示出那时覆盖着灰沙的莫高窟，透示出他远离尘世的灰土般的孤独生活，透示出一个凋零破败、早已丧失生气的灰蒙蒙的封建末世。

莫高窟宝藏重见天日，激起世人的神奇，惊讶，遗憾，咒骂，整个民族为此痛心疾首。直至今日，还有许多学者和游人咬着牙根骂他是敦煌的罪人，是民族悲剧中的可耻小丑。

王圆箓毕竟是个初通文墨的人，虽然他无法预测到这次发现的巨大文化价值，但他能够意识到这是一笔非同一般的文化财富，应该归属国家。因而，事先他压根儿没有想到变卖，而是请求官方处置。他顶着炽热的太阳徒步五十里，赶到县城禀报敦煌县令严泽。可他怀着对佛洞发现的惊喜与激动，郑重地在县太爷面前展开两卷经文时，没想到不学无术的严知县乜斜了一眼案几上变色的经卷，对眼前这个穷酸道人和他讲述的发现毫无兴趣。王圆箓本来被汗透几遍的内衣凉湿胸背，后来连五脏六腑都感到寒飕飕的，只得悻悻告退。

转眼两年过去，敦煌换了位名叫汪宗翰的知县，听说满腹经纶，王圆箓再次兴致勃勃地赶去禀报。这回，汪知县不像他的前任那样无视一窟古籍，而是立即带了几个属僚驱马前来。他往自己包袱里塞了几卷经文之后，仅仅甩给王道士一句话：就地封存，好好看管。

在久等不见汪知县的“下文”以后，王圆箓决计去肃州报官。于是，他备了一头毛驴，拣了两箱经卷，一路风餐露宿，兼程八百里赶到酒泉，终于见到了道台大人廷栋。很多资料介绍，廷栋也算个有学问的官员，可他只说经卷上的字没他写得好，至于如何处理这批文物，却不置一辞。

再后来的历史众所周知，甘肃省府过问莫高窟经卷，说是筹不出六千两银子的运费，下令敦煌就地保存。这样的决定与县令严泽的敷衍塞责有什么两样？敦煌到兰州路途遥远，人扛马驮当然需要一笔钱，但是否需要那么多白银，只能就教于相关专家了。世人皆知的是，一个西方探险家仅凭一人之力，第一次就卷走了莫高窟二十九箱文物，并且是万里迢迢，并且是飘洋过海，却丝毫无损地运到了伦敦的大英博物馆。

据说斯坦因是雇佣牛车运走那批装满经卷的木箱的，有位诗人曾经想象这个蓝眼棕发的英国探险家在招呼车队起程时，还回头望过一眼敦煌凄艳的晚霞。这种想象注入了诗人情感，并且带有文学色彩，但却不够牢靠。因为不可能有人出来阻拦他们，车队用不着摸黑赶路，斯坦因带着牛车上路的时刻更有可能是早上。不过，那会儿所谓大清国的早霞也是让人感到凄惶的，只是那位得意的洋人无法理解。

得到甘肃省府那道搪塞的指令，已是藏经洞被撬开的第四年了。

莫高窟发现宝藏，据说后来王圆箓还上报过朝廷，其结果自然是石沉大海。行将就木的腐朽王朝不会理睬这一屋子陈年黄纸，各级官员关注的也不是什么文化遗产，很多人甚至嘲笑它们的价值。我一直在想，假如第十七窟裸露出来的是一库金灿灿的黄金或白花花的银两，肯定不会经历这般遭遇。

以上叙述的王圆箓为保护莫高窟文物方面的努力即使全部失实，也不可将敦煌的这笔“天账”算在他身上。有一个时序的准确记载，斯坦因第一次来到莫高窟，是一九〇七年五月。王道士紧紧地看守这批巨大数量的文物已经整整七年了，可洋人到来时他还是戒备的，开始是避而不见，后来任凭其软缠硬磨都不为所动，直到斯坦因谎称自己崇拜唐玄奘，才把老道说动。王圆箓的这处思想“转折”，是许多史笔认同的历史情节。

如果从字眼上设个“脑筋急转弯”，敦煌发现真的是“震动了世界”，因为中国人表现的是久久的麻木与迟钝。英国人来了，法国人来了，汉学家保罗·伯希和带着他掠取的六千多件写本到北京装裱，还在六国饭店展出过这部分经卷。可以说，多少年只有闻讯窜来的西方人真正在意敦煌宝物，国内从县到省，直到朝廷，整个大清国都无人记挂莫高窟的国宝。西方探险家为敦煌几近发狂，才促使清廷下决心将劫余文物调运京城。此时，莫高窟期盼了整整十年。

莫高窟文献的物质载体不过是一堆故纸，却无意间对一个王朝病入膏肓的肌体作了一次全面检测，上上下下一整套庞大机构，面对几车故纸竟然如此无能为力。如今一个世纪过去了，为什么还要让一个孤单老道来为那段“伤心史”承担罪责？尽管他是那场悲剧中最直接的当事人，他无权处置国宝级文物，可他也无力看护。无论怎样，将宝物变卖是一种罪错，但他不作变卖，还能维持多久？

王圆箓绝对属于当时中国社会底层的一员，尽管他在莫高窟的行为已经远远超越了一个普通人的素质。但论其出身，论其文化，论其职业，都无法与这个巨大的文化事件相对称。

敦煌悲剧绝不是一个自生自灭的低等神职人员的耻辱，而是封建国家的无能和制度的羞耻。有人说起莫高窟事件，总要想到十年浩劫。文革荒诞至极，由于自上而下地授意鼓动，所谓造反派砸毁了一些文物，但文革中一些重大考古发现都得到了有效保护，却是不争的事实。如长沙的马王堆，西安的兵马俑，河北的满城汉墓，湖北的擂鼓墩编钟和凤凰山汉墓，等等。那时因为政治高压，百姓淳厚，没有人胆敢染指国家文物。河北发掘中山靖王之墓，正值文革初期，据说一个军代表想获取一块古砖都不敢开口。而所谓盛世又如何，全国幸存的历代古墓每年以二十万座的速度被盗掘，“要致富，挖古墓”早已成为某些地方疯狂者的共识，盗墓的凿击声响遍神州大地，连数以吨计的帝后石棺椁也被偷运到了美国。湖北荆门一座战国古墓被盗出的一具完好古尸，竟被盗墓贼扔进粪缸毁掉了。更让许多人痛心疾首的是，国家设置那么高的衙门，安排那么多的专家，花费那么多的俸禄，却使祖辈留下的国宝级文物接连损毁。一个缺乏对民族负责、对国家负责、对历史负责的体制，仅仅靠良知是无法保证一切的。

莫高窟让一个民族纠结了许久，如果从百年之前社会颓败的角度考虑，我们应该看到敦煌文物终究得到了妥善保护。数万经卷，留在国内的多有散佚，尤其是在运送北京的途中，几乎是每到一处都被雁过拔毛，大批文物或明或暗地流入沿途达官贵人之手，直到文革抄家还能抄出成捆的敦煌经卷，而当年被洋人骗购出境的却无一散失和损坏，至今都完好地珍藏在国家级的博物馆或图书馆。如同一群孩子，自己无力抚养照管，不幸被人贩子哄拐而去，但却都得到了善待，可谓不幸中之大幸。

还是来说王圆箓，假如我们处于那个时代，也能有发现巨大宝藏的幸遇，我们的内心念想，我们的所作所为，能否赶得上这个默默厮守在大漠中的这个卑微野道？

还是假如，假如换一种时代环境，王圆箓应该是被历史歌赞的文化功臣。上世纪七十年代初期，陕西潼关一个杨姓乡民在自家屋内掘井，无意间掘出了“世界第八奇迹”。出于乡人的纯朴和当时闭关锁国的政治环境，通过层层上报而成功保护了这次重大发现。事后，县里奖励了三十块钱，平摊给杨家七角二分，他亦无怨。也许是大家认为谁住在那里都会掏出兵马俑来，他也是这么认识的。可美国人不这么看，克林顿前来参观时，突然提出要见见这个世界奇迹的“发现者”，还要他签名留念。可是，被紧急召到现场的老杨紧张得无法写出字来，只好在克林顿的本子上画了个圈。这位总统还不失幽默地说，你画圈就能画出奇迹，哪天也请你到美国去画圈。大概是从那以后，人们就不敢漠视这个发现过宝藏的人。据说当地富裕起来的村民在“翻身不忘共产党，幸福全靠秦始皇”的门联上还加了横批：“感谢老杨。”乡人的幽默多少也体现了一点时代的进步。

不过，更多的中国人还是爱“认理”，至今看到的只是王圆箓发现藏经洞的偶然性，却没有看到其必然性。如果他只是一个过客，如果他不是如此倾情于莫高窟，他不可能得到这种历史性的人生机会。只是，这次巨大发现，不但没有改变王道士的命运，反而导致了他的人生以悲剧告终。

王圆箓在敦煌佛窟阴差阳错地走完了自己的生命历程，弟子将其就地安葬在佛洞门前小河边的白杨林中。那座著名的道士塔颇具藏传佛教的建筑风格，圆体上耸着尖顶，几分洋气，几分气派，印证着这个饱受唾骂的佛门孤道阴差阳错的一生。

悲叹呵，指责呵，悔恨呵，一切怪诞都源于怪诞的时代！

月是故乡明

一

这是一个深秋的上午，我们的车轮在七弯八绕的山间公路上没有停歇过。

简而言之，是为了找到“李白”，找到那片已经照遍世界的月光。

寿山，我小时候是常听着这个地名长大的，像大贵山、花山、中华山等许多听起来熟悉的家乡山峦一样，未等我的足迹到达，我就离开了故土。

多年之后，读了那篇《代寿山答孟少府移文书》，我才知道寿山是文化名山，才将故乡的山水与古老的诗河联系起来，与灿烂的民族文化联系起来，与自己深深敬畏的中国历史联系起来。

我还突然感到，过去在我看来有些苍白而平淡的故乡并不贫穷，也不偏僻，它不但没有远离悠久历史的文化航道，而且这座在一般地图上找不到标注的小小山岭，还向我透射出了遥远的光华。

很多史料说寿山属于故乡的邻县安陆，其实，它在我的故乡、今天的湖北广水市，离我的老家不到二十公里。这里的山坡上是成林的松树和深密的茅草，很多松树并不高大，枝干也多有曲拐。我老家的丘陵上虽然没有这么大的群山和丛林，但对寿山却毫不陌生。

我的故乡在历史上一直称作应山县，在李白“酒隐安陆”的唐代，这里曾经辖于安州。寿山不大，但地跨三乡，方圆也有十多公里，并且与安陆接壤，是诗人当年常来隐居读书的地方。很早就有专家考证出，唐诗中的名篇《静夜思》诞生于此。

是李白来到楚地才有了他在安州的婚姻，还是为了这次婚姻他才来到楚地，这个历史的谜底永远不可打捞了。

有人说李白仗剑出川漫游江夏等地，是因为向往云梦大泽才去了安州，才有机缘做了相门高婿。另有一种说法，是远在扬州的孟少府把李白引入安陆的，那时扬州和安州都属于淮南道。李白和孟少府是好友，因孟的祖辈不断有人在朝为官，所以又与退居安陆的宰相许圉师家是世交，就促成了他与许相孙女的这桩婚事。

李白的到来，为安州，为我故乡的山水，乃至广阔楚地增添了不可磨灭的文化光焰，但这个历史话题无论具有多么重要的文化意义，都只能说缘于一种巧遇。如同无数世人的姻缘一样，后来的文化大师当初入赘到此，也肯定是出于某个意外因素。

诗人为何选择安州？为何在寿山有了“床前明月光”？这些问题早已变得不重要了，重要的是他在这块土地上留下的文化创造。

二

《静夜思》简洁明快，没有奇特新颖的想象，更没有精工华美的辞藻，但意蕴丰富，诗韵深长。一首仅仅二十个字的短诗出现多处重复，这在唐诗中也是不多见的。

不难想象，这首浑然无迹的短诗，与李白好些脍炙人口的诗篇一样，是在某个特定的时刻脱口而出的。

任凭车辆一路颠簸穿越重重沟壑，我脑子里反复不断地回放着这座山间那天夜晚的山影与月色。

那是个说不清具体日期的明月之夜，当月光在这里山山岭岭撒满清辉的那个午夜时分，一首旷世名作悄然诞生了。

哦，闪耀在中国文学天空的那片皎洁月光，很可能是秋月，很可能就在这样的季节。

那天，从府上送冬衣和菜蔬来的差奴早早地回城去了，元丹丘也很久没有到这里的别业与他痛饮，负责伺候他的两名家仆亦各自就寝了。因而，那个秋深月白之夜，山中的庭院格外寂寥。

宵深夜寒的时辰，月色如水，浸染了床前的地面。这时，原本有些疲倦的诗人一觉醒来，忽见卧室清冷的白色，一时没有反应过来，竟以为是白皑皑的霜痕。可他定神之后稍一抬头，只见窗外黑森森的林子之上，一轮娟娟素月高悬空中。

此时，隔壁偏室的书童仍在熟睡。他独自掖被斜坐，任凭一阵孤独感袭来。

年轻诗人辞亲远行，浪游千里，如此日复一日，年复一年。在这种只有明月为伴的深夜，他想起了自己的家乡，想起了曾经与他朝夕相处的亲人，想起了那里的山川河流与树荫村落，想起了少年时代那种无忧无虑的时光。

《静夜思》的问世过程，应该是和诗作本身一样很好理解的。没想到千余年后，有人将其中的“床”说成是从胡人那里引来的坐具。这个关键的解释如果能够成立，就会带来一系列的疑问。

月亮升起到一定的高度后，才从某个角度穿过窗户，照到床边。诗人是躺在卧榻上的，开始是熟睡的。将地面的月色误以为是窗外的霜露，是突如其来的误判。因此，他不可能是一直坐在房子里的，只有在短梦初回的迷离恍惚之际，才可能造成那样一刹那的错觉。

从“少时不识月，呼作白玉盘，”到人们传说他捉月沉江而死，月亮紧紧地伴随了李白一生。

古今中外没有谁对月色像他那样敏感，那样痴迷，没有哪个诗人像他那样动情地爱恋月光，礼赞月亮，那样丰富地反映出月光对于我们精神情绪的密切关联。

月球所以发光是由于太阳光芒的反射，是自然天象。它作用于我们的精神活动，则需要我们自身的文化素质作为前提。

月色触发的情怀往往是一种精神领域的文化表达。

李白平日到处邀友唤酒，千金散尽，醉即高卧，没有多少怀旧情绪。但寿山的皎洁朗月却引发了他的乡愁，他借助月色抒发了怀乡愁绪，一吟就不同凡响。

三

月亮是距离我们地球最近的一个天体，每个人都非常熟悉，看上去也很简单，就那么个时圆时缺的东西。但这个神秘天体的出现，改变了整个人类的夜晚。

今人不见古时月，今月曾经照古人。可是，今人站在现代阳台上看到的月亮，与古时从宫阙的雕花窗棂望见的月亮是不同的；即便是同一时刻，在村口纳凉的夜晚与在繁华闹市的落地窗前望到的月亮也是不同的。还有，即使是在同一个地点，你看见高悬在高压线塔上的明月，与隐约远山缀在山口上的一弯新月，也是大不一样的。

某年访欧，只见冰岛的月亮如脸盆底那么大，圆而晶亮，显然不是故乡的月亮，更不是李白诗中的月亮，中国从来没有那么大的月亮。我站在雷克雅未克旅馆外的空地上仰望许久，那轮大大的月亮和我彼此都很生疏。

西方人也爱月色，可他们不像中国古代的诗人这样，见到明月就如痴如醉。

没法说清是哪年哪月哪天，造物主为我们的太阳系设计了一颗恒星和八个行星。它已经造就过几万、几亿乃至无数个这样的星系，那天它在完成了太阳系的捏塑之后，鬼知道它为何没事干似的，又往地球边上扔来一团小泥土，于是几经旋转，很快就成了我们后来不可缺少的月球。

多少亿年了，这些大大小小的星体按照造物主预设的轨道分秒不差地各自运行着，而我们这些大地上的小小生灵，看到一个红彤彤的圆球从东方的地平线上冉冉而出时，就会焕发出一阵阵畅快与活力；看到月明如素的夜空，就会萌发出某种诗意甚至是愁绪。

这一切，对于我们的星系来说，即便少一个行星，即便地球没有它这个卫星，太阳还将是这般极其有规律地晨起暮落。但对于我们人类来说，太阳和月亮不但不可缺少，而且还不得有什么改变。否则，我们的生活就会出现混乱，更不会有日升日坠的瑰玮壮观和月光洒地的寂寞与愁欢。

还有，如果世上少了这个晶亮而神秘的物体，中国的诗词、乃至我们的整个文学将会变得色泽黯淡。

四

寿山海拔四百四十多米，不高也不低，不是那种人迹罕至的深川老林。李白所以能够静心在这里读书，是因为新婚的闲适使他安静了下来，是因为这里青山滴翠，蔚然深秀，山中建有许家的避暑别业。更为重要的，是寿山不但十分偏静，而且距离安州城并不算远。

胸怀远大抱负和锦绣诗章的李白，很少这么平静地读书，数月，数年，一盏如豆的青灯相伴了他许多个宁静之夜。

初进寿山的李白不及“而立”，悲歌自怜的人生尚未开始。他那会儿正是心雄万夫，满怀政治理想，并且充满信心，是不安于此的。表面上看去，他隐居在山中一心研读，实则无时不在盼着入世出仕。因而，好友一句调侃式的提醒，便触发了他的满腹情志。

从《代寿山答孟少府移文书》一文判断，因为孟少府对寿山和李白在山中静读的“近况”比较熟悉，才有了他对李白前程表示关心的一篇略带调侃的“移文”，继而有了李白的这篇书信。所以，我更认同另一种解释，姓孟的“少府”很可能就在安州或附近的某个县城做官。

孟少府连名字都没有留下，但他为文学的大唐促成了一段灿亮的历史，也为寿山催生了传世名篇，当然这是另一个话题。

一路上，陪我寻访的家乡市文化局局长余银功先生，虽然和我不时地聊些相关不相关的话题，但我总是隐隐有种怅然若失的感觉，因为李白早已不在这里了。

他离开寿山，离开安州，西去长安，又远赴齐鲁，再流连泾川，往返峡江。走到哪里他都以诗酒为伴，忘记了安州，忘记了寿山，忘记了这里的山岳丛林，忘记了这里的绿柳池塘，甚至忘记了安州的妻儿，再也不曾回到过让他充满甜蜜、平静、惆怅、愤懑和梦想的这片土地。

我查阅过多处资料，关于李白的寿山隐读，几乎都是不“主张”他带了新婚之妻的。我也从来不认为他有妻子相伴进山，特别是月光触动了他乡愁的那天深夜，没有携妻的可能性更大。

我说过，李白的性情中少了些儿女情长，无论以古时还是今日的标准衡量，像他这般浪游天下的诗人，都称不上一个好丈夫、好父亲。

诗+酒+明月，几乎等于李白的一生。他走到哪里，都会以诗的双眼看到明月，高悬的浮月也会以一种文学的光华照见诗人。

一千多年前的那个夜晚，寿山的清月伴着朦胧的山影，撩动了李白内心深处的那分情感。诗人久久沉浸在月光里，也给了那轮山月以永恒的诗意。

那片月色照射过古老的书屋，照射过现代宽敞的教室，一直照射到今天国外的很多课堂。

在中国历代诗词的千万处明月中，《静夜思》里的那轮高月是最为明亮的，也是最为著名的一片月色。

古老的月光穿透了最坚固的漫漫岁月，那片曾经激起李白乡愁的月色，至今还是那样明丽，那样动人情怀，它曾许多次引发我对故乡的无限思绪。

我坚信，被那片月色照亮的山冲，那天夜晚的斑驳树影，就在我们迂回寻找的这座山里。

中午，当地乡政府为我们准备了简单的酒饭，有人仍说某个地方还残留着当年的瓦砾和水井，只是我们没有到达。

我对余局长和乡政府的干部说，寻找一个离古代驿路不远的地方，可通马车，能够延伸到密林之中，并且背阴朝阳，附近必须有固定的水源。那里曾经有隐现的亭阁，那里就是唐时许家相府的山庄，就是李白来寿山读书的地方。

我还建议他们在那儿建立一个标志，以纪念那片曾经伴着诗人愁眠的月色，纪念历史上最具诗意的月华，同时也标示中国历史文化几千年间在故乡的土地上擦抹的最有亮色的一道印痕。

月是故乡明呵，我的故乡！

辨识泰山

泰山不是一座山，游人也不是去登山。

一

在弥漫着兴奋说笑声的车厢里，我仰靠在豪华大巴的座椅上，任车辆在攀高的公路上左弯右拐地急驰，我依然能够进入似睡似醒的冥幻状态，窗外的奇峰深壑真真假假地在眼前掠过，那个怪怪的问题也不时在脑子里掠过。

停车场到了，没人打听这里的海拔。每一步都按照预想进行，接下来是排队乘坐索道，我不知道自己是怎样被工作人员助推着跨进吊箱的。粗大的索绳刚刚被拉出空中，吊箱便在颤抖中升高前移，有些恐高的我这会儿才算清醒过来。

很快，我们到了一片山巅平场。可以说“登山”完成了，也可以说“登山”从这里开始。设计者有意识地留下几段通往最高峰的石阶，让游人来象征性地体验脚力攀登。

现代旅游都向往名山巨岳，但又不愿意攀越，不知道这样的游历能够收获到什么？峨嵋、华山等好多地方，都是这样完成的，去了，游了，看了，也不甚了了。可泰山不一样，每个中国人都很熟悉，又都很陌生，无论他是否来过。

我虽然是第一次登临，但此前却“来”过许多次，只是无法看清它的容颜。

这次好不容易走近了它，我想认识它，一定！

二

有眼不识泰山、泰山压顶不弯腰、责任重于泰山。云云。在中国，没有哪处山岳像它那样频繁地融入人们的语汇，并且大多是作为庄严、尊贵和威权的象征。

一路上，我总想到有位老杂文家对泰山的称谓：矮矬子！因为五岳之中泰山最低，他愤恨的是封建皇权不顾事实而对泰山作了无限拔高。

每个游客都会想到泰山的与众不同，就是历代帝王亲临泰山封禅，使它逐渐有了一座座紫墙建筑，有了涂抹着浓厚帝制色彩的历史和文化，有了空前绝后的至尊桂冠。五岳之伯，呼吸宇宙，罄其极雄、极伟、极贵之辞，对泰山极尽赞颂。

过去几千年间的陆路交通，无论古人怎样描绘，相对于今天现代化的高速公路和铁路，他们驱赶着马车，所走过的不过是稀疏地覆盖在大地上的几道羊肠小径。但史籍有记的为数不多的圣驾远行场面，泰山独享半数以上，那都是不难推想的最为壮观的行进场景。

汉唐时期，从京都长安到齐鲁泰山，尽管随行队伍脚蹬的是棉布鞋靴，每天要穿越飞扬的尘土或深滑的泥泞，但长长的封禅大军首尾不见，前头华盖飘耸，文武百官紧随其后，千乘万骑，车辚马啸，一路旌旗招展，浩浩荡荡。队伍行进到哪里，哪里的空气就会凝固起来。

有汉之前，秦始皇到过泰山，他是到泰山封禅的肇始者。当年他率领这样的队伍轰轰烈烈地开出咸阳森严的城门，一路上，天下百姓无人敢于正视。史家记录项羽和刘邦这般豪杰当初曾目睹过这种阵势，但也只能趴在山旮旯里偷窥，尽管这种威严没让他们心惊肉跳，却也使他们感慨万端。皇帝亲临泰山，其阵列肯定比他们所谓的亲征去应对敌军要更加讲究，更加齐备，更加注重威仪，连每次挑选出来的上千马匹也都是最雄骏的。因而，皇帝封禅也是历史上规格最高、最为壮观的阵列，当然也是最为耗费、最没有实际效用的征旅。

北宋王朝，都城定在今天的河南开封，皇帝去泰山要比西安省去一半的路程，但在交通极端落后的古代，这仍然是一次漫长的远行。在契丹面前忍气吞声一再退让的真宗头脑发热，不惜假托祥瑞也要往自己脸上贴金，他的队伍历经千里跋涉，十七天之后从到达泰山，到封禅活动结束返回汴京耗时共四十七天。也许他不累，但整个朝廷都累了，全天下人也累了。

三

皇帝要到泰山举行国家大典，朝廷上下那种忙碌气氛我们不难想象，古人为此付出的艰辛也不难想象。可是，西岳华山、北岳恒山距离长安那么近，为什么古人偏偏选定路途遥远的泰山？我问过自己，也问过史籍。尽管泰山封禅的历史可以写出一部厚厚的书来，但说到这个问题时，专家们都未免有些“浮皮潦草”，只说泰山东临大海，是太阳升起的方位，象征着生命的源头。因此，有人进而将泰山说成是“方处万物之始”。我想，恐怕更为重要的是由于秦始皇的开先河作用，后世帝王才把它作为神山。做梦总是娶媳妇的光棍汉董永们只能看到一株老槐显神，而一国之君指认的灵物当然不可小器，于是便有了这座神山。至于史书说早在秦之前已有七十二位贤君登临泰山，恐怕只能当作传说，如果将其作真，那得他们全都住在泰山半腰之间。

自秦至清，史籍上确切记载的到泰山封禅祭祀的皇帝共有十二位，这个比例与两千年间登过极位的帝王人数很不相称。据说，皇帝封禅必须有突出的治国功绩，必须天赐祥瑞。其实这些都不是约束皇帝封禅的条件，诸如天下安宁，莺歌燕舞，百姓安居乐业的“大好形势”，哪个皇帝都可以自我评估出来，至于编造几个鬼都不信的所谓祥瑞由头，更是易如反掌。我相信多半皇帝都有“泰山情结”，只是千里跋涉不易，攀上顶端太难，更早的时代别说没有石阶，连最简陋的山道都很难说有啊。

在回程的索道上，我从某个角度遥望到了泰山的梯级小路，有些地方似乎是九十度往上延伸，确似云梯悬空，路虽狭长，却整齐规则，很富节奏感。在索道未建之前，那是登山的通道，据说沿途有许多石刻，许多景观，许多传说，而我倒是很想体验一下攀越那种“云梯”的感受，只是索道改变了人们登山的意义。就那么短暂的一瞥，我还想到在这道云梯建起之前，连吃酒进汤都不曾淌过大汗的皇帝大臣们是怎样到达山顶的？再骠壮的马匹也无法上来，一切依赖人力背扛抬运，包括这些尊贵笨拙且柔软无力的活躯体。

古人没有今人幸运，现代交通愈来愈便捷，到处开会，到处旅游。历史上屈指可数的几个国君爬到泰山顶上封禅，那可能是朝廷在深宫之外召开的仅有的几次“大会”，他们领教过的大山恐怕就是上过泰山了。那次，汉武帝来到峰顶，极目四野，无比感慨：“高矣！极矣！大矣！特矣！壮矣！赫矣！骇矣！惑矣！”

深居简出的皇帝驾临如此绝顶，引发多少感慨，我们都没有理由苛责。今人是靠准确的海拔测量数据获知众多山岳孰高孰低的，否则我们也只能像先祖们那样凭感觉判断。

四

今天有人对泰山较真，当然不是冲着这座大山的

大地上的自然物体中，泰山是被历代帝王使用得最多的一个工具，也是形体规模最大的一个工具，其时间跨度之长，典礼之盛，都堪称空前绝后。

不过，泰山头上的夺人光芒到明朝建立之后，有过一个时期的黯淡。朱元璋与陈友谅在庐山脚下的鄱阳湖一战，转败为

胜，从而夺取天下，完成了从一个赤贫农民到开国皇帝的惊世历程。朱元璋坐了二十多年龙椅，忙过了立国以来的诸多要务之后，想到这位强劲的对手却长眠在武昌山下一座野冢之中。他或许想过，那次水战假如是对方得手，天下虽然还是这个天下，但属于他“朱重八”的却只有供他藏尸的处于某个角落的一抔荒土，像后来的陈友谅一样。可是，那场水战的转机只在瞬息之间，往事不堪回首，惊出一身冷汗的胜利者忽然记起那个云僧周颠，记起鄱阳湖边的匡庐大山，不由将他那次大获全胜归功于这座大山的神力。

从那个深夜皇上的一次惊心回忆开始，庐山的荣耀不言而喻，一座清冷的山岭迅速被政治化，新王朝还别出心裁地将其晋升为“岳”。不久，庐山距离新都北京太远，皇帝不便亲临祭拜，使它作为明帝国的圣山并没有留下多少实迹，除了其核心场所天池寺屡屡得到增修之外，明朝历代朝廷对庐山的尊崇大多体现在文字上或口头上。比如，不断称其上空有蛟龙显舞，如此反复渲染竟达十三次之多。

明王朝崩溃之后，笼罩在庐山头上几百年的政治光环渐渐消失在天风流云之中，及至现在，庐山那段荣任圣山的光辉“履历”已鲜为人知。人们普遍知晓的是它的雄峻秀美，是李白在那里留下的“飞流直下三千尺”的壮美夸张，是它伴着领袖诗词而家喻户晓的葱茏四百旋的险峻盘山路，是当代伟人坐在藤椅上遥看庐山云空的那张著名图片让人联想到这座名山生发的政治烟云。峰峦之间弥散的不再是隐隐古刹的梵钟清音，而是大厅里震响的权力暴怒和不容分辩的强制话语。牯牛岭上滚滚翻动的云河雾流，浓荫中悄然坐落的一幢幢典雅别墅，还有会场空气的凝固和恶化，还有高层冤案和全国性大饥荒，与当初大明天子感念的祥云庇佑之类的圣灵毫无关联，也毫无相似之处。

其实，朱明王朝奉庐山为神灵，原本也是出于一种老套的政治思路和教化手段。朱元璋一再宣称在他大战陈友谅及获取大统之后，多次得到仙僧指点，而这个新生政权的最大恩人却回归竹林，隐于匡庐了。所以，他要为其亲操御笔，在庐山立碑建亭，以致兴师动众经时累年高筑九十九盘山道，以运送那块御制石碑。可是，曾经在风起云涌之际以其雄才大略为他作过指点，千真万确地助他开国，又助他立国的高人刘基，最后却死于非命，抱憾而终。

一代又一代帝王热衷于泰山封禅，名曰为苍生祈福，实则向天下宣示皇权，往自己脸上贴金。如今，帝制终结一个世纪了，皇权天授的理念也早已被颠覆了，但一个在神山面前跪久了的族群却似乎难以那么快速地、强健地站立起来，有些游人仍然仰望着它的所谓神圣而来，甚至有人将其誉为民族精神的象征。虽然这样改头换面是出于无意，但却陷入了另一种滑稽。如果硬要将一座山岳与民族精神挂钩，那就肯定轮不着泰山。在南岳衡山，当年国民政府建有中国最大规模的抗战烈士陵园，其中祭供着张自忠、赵登禹、佟麟阁、郝梦龄等五十余名为抗日殉国的将领灵位，葬有数以千计的将士遗骨，被冠称“抗日阵亡将士总神位”。名山忠骨，在历史的章节里是涂抹不掉的。那里的享堂神殿，那里的石墙碧瓦，那里渗着血迹与泪痕的尖塔玉碑，以及整个南岳的青木绿篱，都会向我们诠释什么是民族精神。

五

登顶的路程不算吃力，但也不很轻松，我随着形形色色的游人彳亍而上。我没有兴趣去观察间隔出现的这庙那阁，也没有时间去细读那些滥如补丁的碑文和石刻。从顶峰上的石垒小院里出来，忽见侧面山岭有片开阔之地，那儿天风悠悠，一块块卧石如牛，早有三三俩俩的游人于石上小憩，这是泰山上唯一的一处能够让人放飞心情的景观。我赶去之后，才发现脚下云掩雾罩，无法领略“一览众山小”的壮阔了。听人介绍，这儿是泰山看日出的地方。

一路归程，让我们目不暇接的还是那些空洞的文字涂抹，说不清有几处御笔，更说不清有多少达官显贵的得意涂鸦。当地的干部再三向我介绍说，泰山是一座文化山，我想，不如说它是座“政治山”。几千年中，所以让它气喘吁吁的背负所谓神圣使命，除了它独特的地理位置，还或许与其石质有关。泰山石是制作园林景观的理想材料，也很适宜于人工刻凿。我想，假如它不具备这种地质特点，也许它就不会被凿得千孔百疮，也许历史就不会让它背负起如此沉重的“报废文化”。

当然，历史需要这么一个古怪的角色。它被人绑架登场，又被强行纹身，一次次粉墨亮相，一次次重复表演。我突然感到了泰山的可悲。

吊箱在空中滑行时，我还是看到了它群峰错峙的壮美风光，想象过它在苍冥天穹下高峻嵯峨的雄姿，也曾在图片上见过泰山一些山体上苍枝翠叶披展的古朴优美，还有一些裸露的岩石如健壮的肌块。泰山原本是俊朗英气、青春可人的，原本是一处可爱可近的清秀山水，却被折腾得苍衰老迈，了无生气。

如今，游人乘坐高悬的索道直达大山的肩头，它能够展示给我们的只是一个“头颅”。而在它的顶部，聚集着古老的楼台亭坊，还新建了几所看似古色古香的宾馆，该有与不该有的建筑几乎挤满了游人所能目及的空间。

那一刻，我越打量，越觉得泰山像个被层层缠裹的病夫。

泰山伤痕累累地带给今天的许多古董、故事和历史痕迹，由于浸透过漫长的时光，使人们无法否认它们的文化价值。但是，无论是从自然审美的视角，还是从文化演变的视角看，泰山在其几十个世纪的所谓荣耀历史中堆积起来的不过是一处深蕴着悲剧意义的荒诞文化。

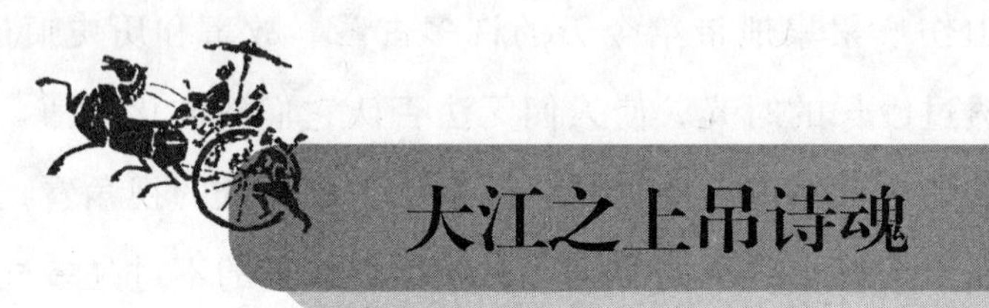

大江之上吊诗魂

一

因为行程紧张，许多景点不得不省略，但我们顺江而行，李白墓是不可绕开的。

次日，我们从当涂县城赶往李白墓地。

去过好多处这样的名胜之地，都没有弄清它们的具体方位。对于李白，就更没有必要了，全中国都知道他在哪里，何况当涂的乡亲。

直到我归来许久，一次查阅资料时意外得知，那地方早已叫太白乡太白村了。并且，李白陵园的坐落之处就叫青山。我想，中国几千年就出了这么一个李白，有他睡在这儿，不是青山，也会万年长青。

文化伟人是永恒的，比许多山川河流更具地标价值。

通往李白墓的道路破旧不堪，车辆在尘土中穿行。好不容易来到墓园，一切似在料想之中，祠堂享殿、亭台阁榭、荷塘小桥，规模不算很大，但也一应俱全。

不过，这儿的山水风光对于大诗人来说，却是最舒适、最有意境的长眠之地。四周群峦迭翠，绿树繁枝，地上碧草如茵。只要你靠近墓园，就会让你感到清幽，就会让你心情平静。

诗人如其生前那样，还是那么孤傲放达。

他头枕青山，高卧大江之上，一个人静听着昼夜不息的滔滔江水，他拥有苍松翠柏，拥有两岸秀色，拥有他一辈子没有看够的这片江南风光。

王公贵族生前贪得无厌，死后还要将大量的财富带到地下，诗人只需要风景和诗意就够了。这是他生前曾经赞美过的好所在，但到后来才由地方官联络其子孙移葬于此。

最初，白居易来过，杜荀鹤来过，贾岛也来过。以苦吟著称的晚唐诗人贾岛，时已六十有四，不远千里前来拜谒李白，竟不幸客死于此。

如今我也来了，但千百年来像我这样的普通祭拜者是无以计数的。

二

伫立他的墓堆前面，我越发感到无法说清躺在里面的是个怎样的人物。媒体曾经炒作过某个明星要出饰李白，我说，李白可不是谁想演就能演好的。

他那千古独步的内心世界，已经向世人敞开一千余年了，但向其靠近却不是那么容易。

据说，李白死后五十多年才被迁葬，那会儿早已是一堆白骨了。想想坟茔中的这堆遗骨，其实并没有什么独特之处，历朝历代反复修缮这座墓园，为的是供奉一个非凡灵魂。

这是个狂傲的灵魂，也是个不安的灵魂。

在古代道路简陋、甚至许多地方压根儿没有道路的条件下，他依靠双腿和笨重的代步工具，缓慢地走遍了大半个中国。很难估算，他一生有多少时间被他抛在了颠簸的马车上和布满荆棘的丛林里。

至此，他已疲惫到了极限，留下他的千万处足迹和说不尽的故事，留下他的狂歌高吟在千山万壑中回响，他匆忙地躺下了。同时，他也留下了无尽的遗憾让世人痛惜。

然而，说到李白的怀才不遇，我们尽可以痛斥封建王朝的病态。但不知是否有人想过，李白一生不甘于草泽，总想身居枢要，经邦济世，创回天伟业，建不世之功，可他在政治上耽于幻想，加上他的那种浪漫性情，究竟给他一个什么样的政治环境，他才能够一展抱负？

事实上，能够容忍李白、并帮他实现其理想化政治抱负的社会，一直没有出现。

这正是伟大诗人的悲哀，也是他伟大境界的另一面展露。

在他和杜甫的那种时代，致力于文学创造的许多成功之士，都是宦海中的搏击者，而李杜这般最灿亮的星斗，却屡屡失意于官场。如果从另一个角度看，李杜二人也有他们的得意之处，他们无须经过科举通道，而以自己的非凡才华受到朝廷赏识，并直接得到最高权力的允诺。试问，世间之人熙熙攘攘，能有多少人享有这等殊荣？

因而古往今来，也只有那个朝代，出了那么个李白，在那个奉旨赴京的时刻，才能够朗朗吟唱“仰天大笑出门去，我等岂是蓬蒿人！”

再把话题反过来，这些，除了个人才华，还不能不承认是时代带给了他们幸遇。

一介布衣，仅仅写了些诗歌被人夸奖，就被当朝帝王直接召唤入朝。至于他们的作品流传百世，受人景仰，毕竟是几多年之后的事情，不可能构成朝廷启用他们的因素。尤其是像李白这样一个狂放不羁的诗人，假如置于后来的某个时代，别说是中央政府录用，就是能否让他活在世上恐怕都是问题。

天地为诗歌而生李白，但他只属于大唐时代，属于他生活的那个帝号纪年的开元、天宝年代，而不属于后来、今天乃至明天的某个世纪。

然而，所谓封建盛世，只是一种相对的理想与繁荣，但这也不过是历史的偶遇，是不可预期的社会局面，所以它决非封建制度的必然，更不能将其引为这种制度的光荣。况且，那会儿的朝廷仍然有奸佞当道，皇帝因为一个肥胖女人闹出了天大的笑话，也招致了天大的祸害，开元盛世转眼即逝，但它对文学的贡献却令人怀念。

面对眼前的大茔，又使我情不自禁地回望中国文学那个群星并起的灿烂时代：李白诞生了，杜甫诞生了，一大批诗人诞生了！

三

如果说其他文学巨星陨落在某个地方带有一定偶然性因素的话，那么，李白殁于长江之畔的这片风光绮丽的地方，是有很大必然性的。

他太钟情于这地方了，一生四次游历皖南，最后一次在他被流放夜郎途遇大赦之后，他选择了顺江而下，再次回到了他难舍的诗一般的土地。

不过，“世外桃源”并没有为他解决衣食之忧，天下也乱世未定，年逾六旬、并且贫病交加的诗人不得不远走投军，以寻求生活出路。但终因身体难支，半途自金陵而返，被永远留在了这里，让这里的土地承载了一个特殊的文学使命。

一个采石矶，就曾经让他魂牵梦萦。

位于马鞍山的采石矶，曾经是李白多次光顾的一处大江胜景，他在此留有众多诗篇。

如今整个山矶都被辟作了一座公园，从山下的李白纪念堂到山顶的太白楼，还有在丛林中蜿蜒穿设的石级山道，甚至包括这里的树木和花草，都在向游人烘托诗的气氛，都在争相讲述这个传奇般的古代诗人。

我攀上翠螺山南麓，好像是在接近山顶的石阶一侧，看到了李白的衣冠冢。这是一座圆笼屉状的坟堆，四周以石栏圈围，顶部露出的土壤里长满了深深的灌木。坟前的汉白玉墓碑和坟堆上的围石，看上去还很白洁。原来，李白衣冠冢在马鞍山的采石镇，古已有之，光绪年间因为建造学校而迁移，这里的“新坟”是上世纪七十年代初再次迁移至此的。按其说法，本来就是个“衣冠冢”，如此几经转移，还有一点诗仙太白的影子吗？可它的意义不在于此。

这座空空如也的精致土堆，依然是这个城市值得示人的历史和文化，依然是这个城市的财富和骄傲。

“李白”的含金量多高啊！

李白死后，所以闹出个衣冠冢来，故事也正在这采石矶山下。相传当年李白溺死江中时，身着宫锦官袍，其衣冠被渔人捞起后葬于此地。

我们几代人都读过一篇“猴子捞月”的课文，那个寓言讲述猴儿们出于责任感而奋勇地打捞月亮，还赞扬了它们的勇敢机智和团结精神。但是，每个孩子也许都在心里笑过猴子的愚蠢。其实，真正“愚蠢”的是我们这些读者，因为故事的创作者没让一个猴子看天。他只要说有个猴子抬头一看，月亮还挂在空中呢！他的故事就没法再编下去了。

诗人李白醉酒后跃入江中捞月，这故事要比“猴子”更早，竟然还有人信过。包括历史上的一些著名诗人，他们为此还写过挽歌般的诗篇，甚至还有人发挥文学想象，将故事演绎为李白泛舟捞月，骑鲸升天。

不知是否有人考证过这是哪朝哪代马鞍山人的创造，他们运用的正是诗仙的浪漫主义文学手法，当然不会有孩子们嘲笑猴子的那种不敬，只是这个“玩笑”开得有点大。

传说中的李白捞月处，就在采石矶头的江水之中，我一定要找到那个地方。前面，很快看见一尊新塑的白色不锈钢雕像，诗人展袖欲飞，极尽抽象和夸张。就是这里了，但李白投江处据说还在更下面一个叫联璧台的临水矶头，那矶头突兀江中，十分狭窄，而且更陡更险。不知什么年代，人们在那里建起了类如悬空寺的小小亭阁，还有一条沿江栈道穿亭而过。栈道接近于滚滚江水，故设置了坚实的金属护栏。

站在护栏内，只见脚下江流湍急，深不可测。当初诗仙即便到了半疯半癫的醉态，也会被这儿的激流所惊醒。再说，依这里的水势，很难照出一轮如诗的月亮。

死亡没有浪漫，包括我们最浪漫的诗人。

四

李白是病亡的，临死未忘向李阳冰托付他的文稿，这是唯一没有被他挥洒掉的财富，也是可以储藏万年的文化宝藏。

说到当涂县令，至今还有不少人对李白这个“族叔”耿耿于怀，其实，这是个不必当真的“历史之谜”。李阳冰在他为李白诗集《草堂集》撰写的序言里，表达过他对诗坛巨星的崇仰，但丝毫没有什么“族亲”的痕迹。

李阳冰并非是小小县官为李白当了一回“雷锋”而伴着大诗人名垂青史，恰恰相反，他是因为帮助了李白，而使很多后人只知道有个“族叔”李阳冰，却不知道唐代还有个杰出的文字学家和书法家李阳冰。

如果不是这个学者的李阳冰和艺术的李阳冰，他即便真是李白的族亲又会如何。

一个著名学者不但在诗人生命的晚期给了他极为重要的生活关怀，为他送终理丧，而且还为他刊印了全部诗稿，除了文化良知、艺术远见和历史责任，不可能再有别的解释。

或许是李白这棵树荫太大，能够为人遮荫，也容易将人遮盖；或许是李县令为李白料理后事的意义，要远大于他自己的艺术创造。

无论怎样，中国文学史不能轻视这次“枕上授简”的历史情节。

李阳冰为这里挽留了千秋诗魂，不仅功在一方山水，而且功在他所逢遇的伟大文学时代，功在诗国，功在万世。

黄州再谒东坡雕像

我又来了，在这满天秋碧的日子。

说不清自己是第几次来到这座赭红的鼻状矶头，说不清我是多少代景仰这位先贤的后世子孙，更说不清我是第几个到东坡赤壁来感受圣者心灵的学子。

一

我是来看苏东坡的。

在我的心目中，在许多人的心目中，黄州只有滚滚江水边这片青松与修竹掩映的江矶兀立于小城一侧，兀立于如烟波一般浩渺的文化时空里；

在我的心目中，在许多人的心目中，黄州只有苏轼屹立在这里，屹立在历史的苍穹之下。

江上的霞晖刚刚散去，东坡先生漫步走下矶头，几分悠闲，几分沉思。他仍然站在坡下的那片开阔地上，展望万里长天，展望远方烟树历历的江南原野，任身旁的长河滔滔而去，任三三俩俩的人群从公园穿过。无垠江山，朗朗怀抱，今日黄州的秋空，依然能让他产生无限怀想。

是的，先生没有离开过黄州。他把自己最好的创造年华留在了黄州，他把最有影响力的作品留在了黄州，他把宠辱不惊的人生境界和生命表现留在了黄州。

不曾有过干戈扰攘的著名战事，不曾有过或虚或实的传说故事，黄州的悠远，黄州的名望，是靠文化构筑起来的。说得具体些，是在九百七十多年前的那个风雨如磐的日子，一个近似囚犯的人被押解到这里，在这里留下了几纸文字之后，就把这座小城高高地垫起，让世人刮目相看了。

如今，不闻低吟高诵之声，横笛漫吹的悠扬也已渐渐远去，但有苏轼伫立在这里。无论是秋色中的黄州，还是春阳下的黄州，见到苏公，都能让人遐想翩翩。

二

不过，三十年前那个和煦的春日，我头一回到赤壁，并不是来看苏轼的。那时没有他在门前迎候，这里也不见游人。只知道他曾在这里写过不朽的华章，只是为他诗文里所描述的那种古远的壮美。

还有，一个来自大都市军营里的小伙子，在这座临江小城感受到了温和的江风和阳光，感受到了江天一色的茫茫大气。并且，还偶然遇到一位少女拎着她的平口布鞋，赤足漫行在郊外雨后的泥土上，在我们与她迎面而过时，她竟投给我们一脸清纯的微笑，使我感受到了整个黄州城的殷殷笑容。

所以，我来了。战友特意为我借了部外壳斑驳的老相机，来照我那身简陋的戎装，来照赤壁的亭栏，来照黄州的春天。

虽然那时我没有把千年文化的气息与现代小城的春意融合在一起，也无意于赤壁矶上绿树红墙衬映出的瑰丽典雅，更领略不到伟大文学创造的庄严,但我还是能够隐隐约约地意识到，是因为有了苏东坡，才有了现在这个历史的黄州，才有了现在这个文化的黄州。

三

那是一个让人永远无法悟透的文化话题，本是一场人生悲剧，却导致了一次生命意义的至高升华。在我们今天为宋词、为唐宋散文这些巨大文化财富而备感骄傲的同时，只能庆幸当年的黄州，不是今天人们印象中的这座大江似练、山水如绘的美丽城市。否则，上苍就不会将那次重大的文学孵化选定在这里。

黄州有幸。当年，这处在人们看来十分偏僻的蛮夷之地，却意外地迎来了才华盖世的词人；加上它临江的地理位置，还有个与赤壁鏖战之地同名的矶头，使词人想到了历史上那场著名的激战，使这座平淡无奇的小小江矶得以峥嵘出世，使千万年安然流淌的江水在文字的画卷中显得乱石穿空，惊涛拍岸，使这座城池肩负起了一次重大的文化使命。

词人有幸。作为悲剧的主角，乌台诗案带给他的政治挫折是惨重的。刚刚与死神擦肩而过的苏轼来到黄州，无疑是走进了他那宦海人生的巨大落差。是黄州尊贤敬德的淳朴民风抚慰了他遭受过重创的心灵，是黄州壮丽的山水激发了他的才情。尽管人生厄运和功名未成难免使他感伤，但他得以在这个小小平台上一览辽阔江山，走向情动千古的高远之境，以江海豪情卓然独步，为中国文化史写下了极其精妙的一页。

古往今来，每一个追求文化高度的汉语言书写者，无不苦思冥索地探寻过方块汉字的最佳组合之奥秘。而当年词人泛舟江波之上，借着如纱如洒的月色，与人把盏谈笑，随之挥毫写下了令天下人可望而不可及的旷世之作。那样的夜晚，词人一家或寄居于小小寺庙，或局缩于简陋茅庐，忘却了自己身处逆境的他，在这夜阑人静之时，还端坐窗前，秉烛研墨，其神情之从容，其笔锋之流畅，犹如天授。

天地广袤，山水无数，为何黄州能够诞生出震古烁今的文学作品，造就出一代文化奇人，这里的山水蕴藏着怎样的灵性，东坡先生曾在这里受到了怎样的灵感支配，才完成那样绝妙的文字组合的？这种问题也许有些玄虚，但并不一定是个可笑的话题。否则，就不会有那么多学人向往黄州，他们除了游览名胜，还希望从这里寻访到什么，感悟到什么。或许，这就是文化的魅力所在，这就是文化名胜对寻访者的诱惑所在。

优秀的文化成果，几乎不可刻意培植。苏轼被贬谪而来，本是历史对道义和文化的一次暴虐践踏，本是命运对他的一次极不负责任的安排，但他却在这种艰困和屈辱的遭遇中，实现了一次被历史大书其功的文化突破。惊世之作如此出现，除了神灵相助之功，似乎没有谁能够作出符合现实规律、并且令人信服的解答。

四

江水依旧静静地奔涌东去，赤壁依旧静静地守望着脚下的大江。只是那一块块略有残损的留有苏轼手迹的书画碑刻，被嵌入了室内新修的亭墙，只是那红色的坡体上新植了翠绿的蕉叶，还有那尊通体洁白的文豪雕像，也是后来塑起的。

可我每次到黄州，还是要来赤壁一游，尽管我没有能力来破解杰出文化的诞生之谜，连苏轼谪居黄州五年的经历也缺乏研读，甚至不清楚自己一次次反复而来有什么实际意义。

然而，每次前来，我总要在这位先贤面前久久凝望，看他峨冠博带的衣饰，看他并不伟岸的身躯，看他自然平静的表情，看他穿透岁月的眼神。文化伟人生荣死哀，不像帝王将相那样，活着没有人敢靠近，死后没有人愿意靠近。一代代后人读着先贤的作品，总像他们还活着，不管他们离自己多么遥远。

这回，我再一次走近苏轼像前，再一次屏住气息地仰望，再一次留影纪念。可我似乎突然感到，他那双平和远眺的眼睛却让人震撼，正是那种雄视百代的目光。

原来，自己无法走近他。

革命，高擎着火炬

一

一八四〇年开始的中国社会转型，是围绕一个重大理念展开的。

封建帝制将国家权力家族化，其核心实质是君主世袭，皇位的继承人几乎没有选择余地。历代登过大位的老老少少几百人中，大多数不是庸才就是歪种，还有大批短命鬼。就是皇帝们一些日常性的喜怒哀乐，也不知导致了多少人死于非命。若能碰上一个稍具清醒头脑和有所作为的帝王，也是一种没有任何保障的意外幸遇，人们却感激涕零，将其歌颂为千秋圣君。所以，皇帝不过是个独特的职业，很神圣也很简单，简单得连襁褓里的乳仔都可以充当。东汉殇帝刘隆出生刚满一百天，就嘴含着母亲的乳头被抱上大位，八个月后，不满周岁的“圣上”还是在母亲怀里一蹬腿一白眼死了。这个即位年龄最小、寿命最短的刘隆只是创造了“帝王之最”，如此“年轻化”的皇帝还可从史书中拎出一长串来。

帝制尽管荒诞，但中国缺这缺那，从来没缺过皇上，一个皇帝高坐在金銮殿上，朝野间想做皇帝的人一万个都不止，只是他们绝大多数人没有胆量也没有机会表露出来。因而，历代王朝深墙大内不乏烛影斧声，矫诏篡旨，血溅玉栏。除了这种无休无止的血腥争夺，荒唐帝制还导致了无数次大大小小的“蚁战”。一支支文盲与莽汉组成的军队被豪雄们驱使着，在一阵阵血光喷溅之后，他们成排成队地倒在了冰雪里或泥水中。这样，一杀数年甚至数十年，直杀得白骨遍野，万里萧条，将社会再一次拉回到过去那个“原点”上，然后丝毫不差地从头重复过去的一切。也就是说，他们用生命帮助中国封建史极其成功地完成了它的一个个轮回，他们用死亡注解了一次次惨烈战事古老不变的意义，或者说那样的阵亡总是重复着以前的意义，也就是没有意义。

到了晚清时代，一层薄薄的窗户纸被彻底捅破，一向靠自我神化、自我吹诩的帝制理论遭到了史无前例的动摇。

鸦片战争之后，思考这个问题的人越来越多。这么多的人来这般关注和思考民族的命运，任何一个时代都不曾有过，也不可能有过。大家不再像以往那样，满腔忧愤地对着苍天发问，而是理性地拷问着古老的历史，而是直逼“君权神授”这个靠寒枪冷刀护卫了一个又一个世纪的理论核心。

不允许辩驳的理论不但不是真理，而且可以断定是谎言！

帝制原本是建立在荒诞神话基础上的。上苍从来没有将广袤天下交给哪一家一姓，只有破掉真命天子这个真正的弥天大谎，中国社会才能脱胎换骨！

二

中国的思想者终于能够突破“帝制原理”，第一次脚踩着封建儒教来认识世界，来思考中国的未来，思考人民为谁活着，思考人民怎样才能正确地活着，思考政府与百姓到底是一种什么关系，思考中华民族怎样才能在这个弱肉强食的世界实现复兴。

当宪政道路成为世界发展的潮流时，人们渐渐认识到民主、法治、人权和宪政，才是人类社会政治文明的崇高理想。西方的宪政制度让世人开了眼界，给了中国有识之士以极大的震撼。

苦闷，彷徨，几代人本能地反抗和痛苦求索，终于寻找到了一条光明坦途。孙中山作为政治家的高伟之处，正是他坚定地倡导民主共和，极力弘扬世界在政治文明建设上的最高成就，并倾其毕生精力去实现这一伟大理想。

辛亥年那场奇异的革命，是信念的胜利，而不是武力的胜利。

多少年来，我们一些理论家进行政治说教时，总是把这场伟大革命定性为资产阶级革命。其实，无论是富人的革命还是穷人的革命，最终还得看为谁革命，还得看老百姓能否决定自己是人还是奴隶。理论不仅是灰色的，而且时常叫人犯困，犯呆，犯傻。一个理论如果总是以涂抹、歪曲和否定他人为前提，未必就是真理。

辛亥革命几乎在一夜之间颠覆了一个古老而庞大的王朝，未能形成一个在乱世中领军征杀、叱咤风云的领袖人物和豪雄群体，所以他们也不存在像以往的起义军夺取天下之后怎样论功行赏，怎样“排排坐”瓜分胜利果实。我们还应该给这种“反常现象”一个形象的实质性解释：以前的造反，每个人骨子里都愿意做皇帝，而这次革命就是推翻皇帝。

三

广东出版界的朋友听说我要写辛亥革命，再三邀请我去中山故里看看，去广州看看。在一路呼啸的“高铁”车厢里，我很久保持着半躺的姿势在思索这场革命的发动者和引导者，思索这场革命的又一个“例外”。

我要在那个燥热的下午赶到黄花岗，是因为我到了广州就一定要来凭吊这里的烈士，还要到这块散落着榕树、木棉和蕉叶的山冲寻访先烈的理想和情怀。方形墓基前面，是由三个并列拱门和七十二块磨石构成的一座高矗的牌坊，名曰“纪功坊”，牌坊顶端雕塑着自由女神像。当我穿过两侧林立的花木碑石，从宽阔的墓道走近那座带有浓厚的文艺复兴艺术风格的雕塑时，依然感到一种震撼。一次全新的革命，先烈们正是怀着全新的社会憧憬展开的。

我想起过去几十年有些出版物唯恐犯忌，便闪烁其词地将其说成是“自由神像”，其中的悲哀当然不应属于已经为后世献出了一切的先烈。他们的灵魂还在簇拥着这座雕像，多雨的南方虽然使她的表面早已发黑，但她头顶的冠冕依然金光四射，她依然坚定地高擎着火炬，高擎着希望。

英雄是时势造就的。我总想到一九一一年春节即将到来的一天赶往武昌蛇山奥略楼的那批青年军人的匆匆身影，文学社就是那天在这座临江的楼阁上成立的。这个名字听起来过于温雅的团体，似乎是一群赏玩诗歌散文的文学爱好者，可它却是一个青年军人组织，为了便于隐蔽，他们有意淡化革命色彩，将原来的振武学社改作了这么个称呼，否则它就是世界上最伟大的文学社团了。湖北的共进会也没成立多少时光，会长也换了几任，他们与文学社联手已经是当年五月的事情，就是这么两个秘密的地下组织，就是那么几个年轻人，领导了中国历史上最巨大的事变。由于他们早就对起义战斗作过周密的预设，保证了暴动在自发情势下的发展成功。他们谋划了革命，却没有谋划过自己。

四

首义战斗因为事起仓促，既定的领导起义的几个头面人物一个也不在现场，孙武被炸伤，刘公生病，蒋翊武在逃，刘复基被杀，刘英远在外县，连个“最小”领导人都没有。当熊秉坤带领工程营起义队伍冲到楚望台时，因熊秉坤军阶太低，短短一会儿功夫没有形成指挥地位，群龙无首的士兵就推出在军械库当值的左队队官吴兆麟为临时总指挥。这个吴队官也是八镇工程营的，相当于连级军官。就是这么个小小队官，来不及作任何考虑就接下了突如其来的大任，他首先对起义部队作出了不得滥杀和服从命令两项约法，随后果断镇定地进行战斗部署，指挥炮队向湖广总督署发起攻击，直至拿下全城。

当初夜黑人众，军情如火，推举吴兆麟出马的这个“提名权”到底属于哪位英杰，恐怕已经是个永远无法解开的历史之谜了。后来有的亲历者说，工程营冲上来时，吴兆麟和那些守库的人骇得要死，当大家提出让他出面指挥，他竟“呆若木鸡，不能言语。”关于那个夜晚的回忆，孰是孰非没法确定。吴兆麟加入过日知会，属于革命队伍的一分子，可他同样年青，也没有经历过战火硝烟，临危受此大任，不排除他因事起突然而一时手足失措。但他后来的表现，却证实了士兵们没有看错。武汉光复后，他出任湖北军政府参谋部部长和民军战时总司令，负责组织阳夏保卫战和筹备北伐。

五

武昌义举成功，革命党人必须迅速建立起自己的政权，都督人选成了焦点，没想到这事却让他们犯难了。举事之前，两个革命团体曾经推举共进会会长刘公为总理，这实际上就是为事后军政府准备的领导人。但那些日子刘公因一直患病而隐匿到友人寓所，未能参与起义，所以，当有人提出让他担任都督时，被其推辞。

瞬息万变的局势不容这些年轻的造反者从容磋商，他们必须尽快推出胜利后的领袖人物。于是，便有了黎元洪这个从未打算投身革命，并且军阶也不高的新军第二十一混成协统领被推上历史的最前台，直让变幻不定的光影将他投射得明暗难分，模糊不辨。多少年来，黎都督成了一个捡了天大便宜，并没有什么作为的历史幸运者。所以，他从黎都督到三任副总统、两任大总统，几代乡亲不知道他这个“武汉人”在这一段段意外的人生历程中为中国做了些什么好事。

黎元洪病逝后，国民政府为这位民国总统举行过隆重的国葬，天津殡殓，北京追悼，武汉安葬，历时八年之久。最让世人瞩目的是一九三五年十一月二十四日大武汉为他送殡的场面，那天全国半旗低垂，停止一切娱乐活动，静观江城数万乡亲黑纱素幡延绵数里的送殡仪式。可转眼几十度春长秋枯，民国史上这等罕见的盛大哀荣也被不舍昼夜的长江汉水冲刷一空，就连武昌卓刀泉周边的居民也不知道在他们身边长眠着一位近代中国的显赫人物，很多人甚至没听说过那儿苍松灌木浓映的某处山麓有座以大理石镶嵌的现代大墓。因为文革期间红卫兵捣毁了这里高大的墓墙和长达十余米的墓道，并掘开他的墓室，撬开棺椁，将其暴尸于“荡涤一切污泥浊水”的红色秋风之中。浩劫结束后，地方政府在原先墓址旁边为他重建了新墓，但随他下葬的那件蓝色帅服被陈列到了博物馆，虽然污渍斑斑，却成了具有特殊经历的文物。

黎大总统身后的大荣大臭，皆因为他那种稀奇的“胜出”和巨大的人生反差。一个意识深处都扒不出丁点儿革命影子的人，硬是被推上了革命领袖的位置，所以，民国在大陆消亡之后，他不断被妖魔化，成了一个极不光彩的反面人物。

武昌起义爆发时，黎元洪在湖北军界是仅次于张彪的第二号人物，相当于一个旅长，年已四十八岁，五短身材，头圆颈粗，腮帮上隆起的鼓肉挤去了他青春时代的大眼、浓眉和挺拔的鼻梁，两撮八字胡也遮蔽了他棱角分明的嘴唇。这副“块头”与袁世凯不但相似，而且斤两上估计也不相上下，但各自表情所包含的个性和内容却大不相同。肥圆的袁世凯，一看就是机灵和奸诈，而黎元洪的胖脸上显露的却是敦厚、忧郁和疲倦。两个不同性情、不同心思的人，从不同的途径走到了时代的风口浪尖，他们的根本表现和根本追求是不同的，历史对他们的结论也应该是截然不同的。黎元洪被起义官兵摁住头颅强行架上都督宝座，他还是顺从了革命，在大混乱的风暴里没有迷失自己，特别是袁世凯称帝后封了他这个副总统为“武义亲王”，他坚辞不就，袁氏派心腹将所谓册封圣旨送到他府上长跪不起，遭他一番痛骂，又通过邮政寄来，仍然被他严辞拒绝。

一个充其量不过是具备了做人的基本品质，比较厚道，不曾克扣军饷，没有凶残地扑杀进步力量的旧军官，一旦被裹挟到革命的道途，也能顺应时势，坚定地不与倒行逆施者同流合污，进而成为革命的先行者和共和元勋，可见革命潮流是怎样地不可逆转，扳倒帝制已成为全社会的共同愿望。

六

其实，黎元洪的人生道路并不算多么复杂，只是他人生最大的转折中实在没有丝毫亮色，因而他留给人们最生动的记忆，就是被部属从“床底下”拖出来逼上都督之大位。有人说是几个官兵从他自己寓所的床底把他搜出来的，有人说是从他姨太太的床下拖出来的，也有人说他藏在副官家的蚊帐后面。冒死反叛的革命者为了争取到这样一个领袖，确实费了一番周折。他们还派人去了他黄陂老家，最后是从一个伙夫口中获知他藏身于某个管带家里。有的文章说官兵寻找到他藏身的房间，听见床下发出紧张的呼吸声响，他们连看都没看，就伸手去抓住他的双脚拉扯了出来。大家见他头戴瓜顶帽，身着长袍马褂，沾满了灰尘的身子还在筛糠似地颤抖着。这些想象，显然加深了这位革命都督的“床底”色彩。

黎协统被带到革命队伍的营地时，说不清是贵宾还是俘虏，部下吴兆麟慌忙组织部队列队欢迎，没想到他却摆出官长的架势，以严肃口吻训诫大家说，革命是要杀头的，不要拿自己的身家性命开玩笑，并劝大家归队回营，还说他负责保大家无事。没等他说完，一名叫马荣的士兵已按捺不住，挥刀上来要砍他，吓得他没敢再啰嗦一句。当他被官兵们又拖又拽地送到咨议局大楼会议厅时，众人“恭候”已久，一阵稀落的掌声算是通过了他这位武昌军政府的最高领导人。

武昌军政府正式宣告成立之前，同盟会员李西屏将拟就的安民文告送到黎元洪桌前请他签发，他几乎瑟缩到了桌下，连呼请勿害我！请勿害我！李西屏见他胆小如鼠，气得拔出手枪要顶上他的脑门，他仍然不肯提笔。李西屏无奈，只好抓起笔来代他写了一个“黎”字，周围众人皆鼓掌称善。这件事也有不少人回忆过，大同小异。刀枪威逼，好言劝诱，可怜又可敬的革命党人为了规劝黎元洪走上革命之路，颇如马戏团驯兽那般耐心。

还有多位亲历者回忆过他们对黎元洪的劝促，无论真实的历史细节如何，这个辛亥大人物初始肯定是经历了犹豫和推辞等思想转化的，并且这个过程很短。第三天，黎元洪就与他脑后的那条“尾巴”两断了，也与过去那个并不光鲜的清朝军人两断了。

黎元洪隐匿不出，本来是害怕被乱枪打死或被愤怒的叛军处决，很多人却将其理解为躲避革命高位，这就使神圣的革命进一步蒙上了几分滑稽和游戏的色彩，每每想到这个“离奇”

的革命情节，心底总会为那些热血战士、为一代勇于献身的“吾党同志”而涌起几分无以形容的酸涩。

十月十六日，北军将至，大战在即。武昌阅马场祭坛高筑，刀枪剑戟林立四周，台上供奉着旗剑分列的黄帝神位。这种营造虽然充满着封建式的神灵气氛，但依然庄严肃穆，千军万马静候着黎都督驾临。只见他身着崭新军服，跨马执辔，在军政府众多要人簇拥下来到台前，再缓缓下鞍登上祭坛，走向黄帝神位高声宣读祭文。随后，他又从颇有人望的革命长者谭人凤手中接过旗剑，向全场将士宣誓，表明实心拥护革命，坚决推翻满清统治，引得广场欢声雷动。那天上午，新任都督面色红润，显得神清气爽。可是，古往今来这样的祭典，都是为了鼓舞士气，而革命党人组织这场隆重集会，还有一个重要目的，就是为了鼓舞他们的统帅。

在讲究人事资历的中国社会，革命者需要的是他的声望和影响力，并不指望他来拿多大主意和指手画脚。在没有官长参与的情况下，一群青年士兵照样干成了惊天大事。

与黎元洪出任的历史角色相比，一个小小“旅长”也远不够分量，但变革关头从来不是四平八稳，历史有时就是这么吊诡。

是谁最先提议让二十一混成协的这位统领出来主持革命大计的，是总指挥吴兆麟，是咨议局长汤化龙，还是共进会和文学社那帮年青骨干早在运筹暴动时就考虑过他？这个谜团更叫人莫衷一是。不过，这个关键细节别说对于一部民国史，就是对于这位风云领袖的人生定论，也显得无关紧要。

革命不是赌局，但它同样可能付出万劫不复的代价。首义战士们不可笑，“床下都督”也不可笑，可笑的是我们自己没有领略到这场革命的高伟境界，将中国读者烂熟于心的那些造反尚未成功、反叛阵营内部已展开残酷绞杀的往事，来度量这场以全新理念酿成的全新革命。

七

再往上延伸到最高领袖，孙中山也毫无准备。

武昌起义爆发时孙中山还在美国科罗拉多州一个叫丹佛的城市演说募款，第三天早上当他捧起报纸看到起义成功的消息时，这位刚刚步入中年的革命家是怎样一副表情，不是我这支拙笨的笔所能描绘出来的。直到十二月二十五日，孙中山才从海外辗转抵达上海，这时，距武昌起义已经四十多天了。

早在一八九五年十月，兴中会在香港推选该会“总办”，这个领导人同时也是为起义胜利后临时政府准备的总统。会上出现两派对立，孙中山从革命大业着眼，主动让杨衢云当选，从而避免了内讧。民国建立时，有人再三提议让他的哥哥孙眉出任广东都督，却遭到了他的断然拒绝，说“人地不宜，只能坏事，”而他的兄长对于这个伟大革命者的成长和事业具有怎样的意义是众所周知的。相反，他启用了某些一再反对自己的人到临时政府担任要职。

文艺复兴之后的西方世界，人们是以探寻真理为智慧的。孙中山不愧为革命导师，他不但以崇高的人格魅力照亮了革命的历史进程，而且始终站在政治理想的时代顶端引领中国的民族自救运动。相形之下，那些虎视眈眈的乱世豪雄向来把心思使在诡诈的计谋上。

孙中山在制度设计上的公而无私和远见卓识，源于他淡对权杖的圣洁风范。他或许称不上一个历史巨人，但他对自己的民族却比历史上的许多巨人表现得更为卓越。

是为自己揭竿拼杀，还是为国家、为大众、为真理而革命，二者在言行举止上终究是一目了然的。只有后者才可能导致这种“权位空置”的千古怪事，在高尚纯真的革命斗士面前，没有哪个野心人物胆敢触碰这种神圣的权位，包括偷天换日的袁世凯那会儿也不敢对万丈金山一般的革命果实贸然下手。

八

不妨再看看晚清那个顽固至死的既得利益集团。

戊戌年的光绪帝才二十八岁，而跟随慈禧绞杀维新运动的恐怕大多是五十八岁、六十八岁、七十八岁的老谋深算的一伙人。最初读到近代史上的这一段时，我就为少年天子提心吊胆，因为他势单力薄，就像他孱弱多病的身子。看看他身后，一直坐着那位没有表情也没有姿色、只剩下阴冷和僵直的老妇人，而在她后面，还跪伏着一大片大腹便便、发辫花白的喂饱了的朝廷重臣。或许他们都明白，此时的大清王朝犹如一艘动力丧失、四面进水的破船，沉沦只是个时间问题。可他们一个个都死死地搂抱着各自的金银宝器，宁愿与这艘摇晃着吃水愈来愈深的危船一起葬身海底，也不愿损失自己既得的一丝一毫，更不容许调转船头，改变航向。

一个站在人民和时代的对立面的昏庸统治集团，即便历史给予他们一百次机会，也无法挽救其垂死的命运。

在雄伟与猥琐之间，在高尚与卑鄙之间，在荣耀与可耻之间，看起来判作霄壤，相隔着一个很远很远的境界，其实说起来并不复杂，就是看谁能以天下大众的利益为重。辛亥志士的叛离和献身，与以往革命的最大不同是他们都怀着崇高的社会理想，他们不是为了某个利益集团的胜利，不是为了某种欺世的争夺，更不像自古以来的许多豪杰那样，以生命为代价参与某次拼夺天下的赌局。他们是为了中国社会能够挣脱专制，挣脱苦难，是为了几万万同胞不再错误地活在这个人世上，不再像牲畜一样惊恐而悲惨地活在屠刀与鞭影之下，不再为少数剥削者创造财富，他们是为了给天下人寻找到一个是人生活的社会。

一百年之后，他们的从容选择让我们感动，让我们热泪纵横。

一千年之后，他们还会让后人仰望，让子孙生发无限敬意。

中国的十月革命，是这个古国历史上第一次真正具有社会理想的伟大革命！

大剧悲情落幕

历史不能假设，但不能不总结、不能不牢记前车之鉴。一百年前，当中华民族这列庞大、陈旧、制动接近失灵的车辆喘着粗气摇晃到历史的十字路口时，本来可以选择阳光之路，避免后来那场民族大病的，可历史一步迈错，就使几万万人民陷入了空前的民族灾难。

其实，在中国的封建制度走投无路，社会病痛不断加剧的十九世纪，世界上正流行着“君主立宪”运动，就像今天的和平、民主和发展是世界主流一样。就是说，历史给过中国末代王朝一个绝好的机会，国内的政治力量也给过它思考、把握和运筹的足够时间，但昏聩的清廷却下错了赌注，最后连同整个君主体制都搭了进去。

一

辛亥年武昌城响作一团的枪炮声对立宪思潮作了了断，也对清政府怀揣的最后一丝侥幸心态作了了断。当中国历史经历了几次大转折之后，回头再看那个“节点”，就像隔着层层帐幕，很多人事和过程变得似是而非。最糟糕的莫过于立宪派，当初在朝廷面前他们如同乞丐，因为他们成功与否全在于朝廷的抉择；在革命党人面前，他们也像一帮可怜虫，因为革命党人看得透彻，要想在中国“虚君立宪”无异于与虎谋皮，早已料定了他们的失败。他们承受了失败的忧愤，还遭受了几十年的指责与奚落。几乎所有的说史者都告诉人们，对封建王朝只能以革命的方式解决问题；立宪派主张改良，不但愚不可及，甚至可恨。这种高明结论虽然与中山先生的主张一致，但先生是“当事人”，他能够看到统治集团核心人物的骨子里，而后来的学者们却是出于我们社会主义学术的“革命思维”，他们遵照某种政治理念，从根本上排除了立宪在晚清的可能性。

公正地看，革命党人没有错；立宪派也没有错；皇帝仍然没有错。

他们都在各自的历史位置为改变中国尽到了努力，尽管方向和方式大不一致。

二

当时，君主立宪的潮流自欧洲到亚洲，汹涌而来。

在这种异常进步的政治文明大潮的强劲冲击下，世界上各种君主政体如果不想完结，就得接受革新，何况是中国这种腐变到骨子的封建政权。但是，这种政体实际是专制统治集团与民主大潮妥协的结果，主动权掌握在权力既有者一方，只有他们审时度势，适应时代大势，才能完成这种转变。

时至今日，英国的小王子威廉和王妃凯特的婚礼实况成了二十亿人收看的全球性盛典，白金汉宫门前聚众百万的庆典场面，依然能够叫我们想起坟堆树丛里的"辫子王朝"来。英帝国的王室从权力的顶端转变角色才赢得了生存与繁衍，才得以保持独特的地位而引起人们的好奇。婚礼的男主角还是英军的一个下层军官，但人们都是向着古老的王室而来的，同时人们又希望看到他们平民化的一面。一对新人在阳台上应观众要求拥抱热吻，激起人群一片欢呼："再来一个！再来一个！再来一个！"这种排场与热烈，使我想到前些年英国有人提出要废除君主制，我曾经在内心里拥护过他们的这一主张，可至今他们还有百姓把君主制看作是"英国的真正标记"。

如果当年清廷能够延续和深化维新变革的思路，中国肯定是一派意气风发的政治局面。换句话说，如果清末立宪派的改革大功告成，革命党人也就没了到处放枪点炮的理由，更不会有他们后来的成功，也不会出现后来炫耀武力的军阀们做梦都想当皇帝的惊悚局面。苦难的民族就不会内战不已，就不会招来铁蹄践踏，经历那么惨烈的战火与坎坷。今天的中国可能就是英国、瑞典、日本、泰国那样的政治模式了。爱新觉罗家族仍然负责为我们孕育皇帝，仍然有皇后、皇太子及王妃啥的，他们也肯定扔掉了翎带和发辮,西装革履地走出来与公民握手。他们开车撞了红灯,也会像欧洲的国王那样自己主动去缴罚款。全体国民对这个家族的仇恨和历代王朝的丑恶一起，早已一笔勾销了。

我曾经这样假设过,很多人也这样假设过,这是历史逻辑。但是,历史没有给中华民族赋予这份幸运,统治集团忤逆天意,就只有让革命者来领导变革了。中国人的民主、自由和人格,只有靠千百万人临深履薄去苦斗，只有在煎熬中苦苦期待。但是,有人却将这次民族机遇的错失归罪于革命,他们做过比较,说在眼下经济发达、人民幸福指数高的国家中，君主立宪的占有多大比例，云云。于是就痛恨当年的革命，甚至有人借用影视作品中的台词，恶狠狠地谩骂“革命党人不得好死！”

不得好死的应该是慈禧和袁大头，慈禧归天二十年后被军阀孙殿英掘墓盗宝，让其暴尸棺外，以致长出绿色霉毛竟无人收理。那年我从北京专程到遵化东陵游览，就是冲着这一幕盗墓史而去的。中国人相信因果报应，但这一幕对慈禧来说，肯定不是迷信。如果当年她能够接受立宪主张，推动中国理性转轨，就会避免军阀混战，也就不会出个无法无天的二愣子武夫为了敛财养兵混地盘而去冒犯她的“天颜”。

三

说到清末的改革风波，就得说到一个主角。

朝廷醉生梦死时，至少还有一个人没有酣睡，他就是当时的“皇上”。

光绪支持和领导了清末著名的政治改革，三个月后惨遭镇压，他和谭嗣同等人为此付出了生命的代价。仔细反思一下中国在近代走过的坎坷泥泞，每个人都会对皇帝这场失败的改革感到痛惜和无奈，总有一种不大容易表述的滋味。

大波荡、大转折的时代，也必然是出大英雄、大角色，或者是大悲剧的时代。

光绪是清王朝的第十一位皇帝，历史似乎有意提供了一个施展抱负的舞台，却安排他主演的变革大剧出师未捷，悲情落幕。

爱新觉罗·载湉，光绪帝的这个名字的表意是水流的宁静，而他生不逢时，出生就遇到一个潮急浪高的时代，又偏偏是个明白的主人，总不甘愿做亡国之君。设想他是蜀汉的刘禅，或者是南唐那位只知道对着雕栏长亭大发感伤的痴情词人，就不会给帝制之末涂上一笔浓厚的悲剧色彩，史家们倒也无话可说。

我们现在通过西方摄影师留下的这位陛下的几张“写真”，从一副椭圆形的白皙脸孔上看到的是一个少年天子的斯文清秀。他生在深宫，长在层层帷幔之中，从未领教过日光何毒、夜风何寒。天下人都知道他被西太后拽着去过一趟长安，但那次是躲难，是八国联军打进北京之后的事，也是他变法失败被幽禁之后的经历。此前他是否出过远门，是否到民间看过生民们耕扒土地牧养牛羊，看过鸡犬相闻的村落和或枯或荣的田野，好像没有记录。就是这么个什么都了解又什么都不了解的年轻皇帝，能够知苍生之艰，知国家之危，站出来领导变革，怎么说也是一个比较有头脑的开明之君。

实行君主立宪，走现代化之路。为了挽救中国，挽救民族，更是为了挽救爱新觉罗这个统治了中国几个世纪的家族。历史证明，在当时的整个统治集团里没有谁比光绪更明白这一点。假设不是慈禧这个权力欲和享乐欲大得熏天的铁毒女人当政，换上康乾之类的所谓圣君，就会有那种政治远见吗？帝王之中的强者并不等于引领时代的伟人，乾隆那般自以为不可一世的君主,不过是在皇位继承不可选择的铁律中偶遇的又一例侥幸，命运没有让他夭折于权力倾轧中,或者累死在后宫的女人堆里，成全他做了帝王中的“老寿星”，于是他的尾巴翘上了天，他也比更多的平庸皇帝多了些老谋深算。然而，即使是将他置于封建末世，其政治眼光未必赶得上他这个几代之后的重孙，让他把权力提前一点移交给自己的儿子还耿耿于怀，何况让他们把国家还给百姓。

四

后来人都了解光绪独特的身世和处境，从他记事开始，也就是从他四岁入继大统开始，高高龙椅后面的一团魔影就未曾离开过他的头顶。更为糟糕的是，他继承的本来就是一个四处疮痍，愁云笼罩的王朝，他的改革也是在一片沉痛的气氛中开场的。但是，我们依然能够从他留给历史的气场里感受到青春和阳光，感受到他的气魄、胆略和激愤。

不过，从另一个角度讲，连皇帝都认为必须“维新”，中国的确应该改变了！

德宗于一八九八年六月十一日颁诏变法，他极力主张破格取仕，循名责实，拔庶民为公卿，启用一大批维新志士。随后，他“明定国是”，颁行新政，展开了大刀阔斧的变法，短短一百零三天，他颁布了变法“上谕”三百多份。死水一般的清廷顿时迎来缕缕清风，朝野上下也看到了希望的生机。

然而，要重新确定皇室与这份拥有四万万人口“家业”的关系，要革自己的命，革一个传承了二三百年的偌大利益集团的命，实在太难，太难！现实结果是，带着热血和激情、也带着几分天真的皇帝，在保守派面前显得不堪一击。百日政改给中国带来的生气很快被僵死自守的沉闷与恐惧取代了。

极具中国封建特色的清末国情无情地给维新派亮了红灯。当惊心动魄的这一幕过去之后，后来人对他们都不以为然，许多冷冰冰的学术论证与既成的历史结局当然对接得天衣无缝，但后人论证已经成为历史的事件，总可以找出一百个缘由来。同样，对光绪惨败的缘由，今人足可列出一万个为什么。可我总感到，再多的因素莫过于那个阴毒自私、恋权恋到变态地步的冷面女人！她那双没有血色、早已失去了女性美感和温柔感的手，只被她用来死死掐着年少的皇帝，掐着维新派，更掐着革命党人。换句话说，她只是死死地攥紧权力，丝毫没有想过要用自己的手去拨动中国，拨动历史。

五

是人民创造历史，还是英雄创造历史，似乎是一个比“先有蛋还是先有鸡”更难厘清的哲学命题。现实肯定比哲学更复杂，有时却又比哲学简单得多。一只危船被置于激流漩涡，改变它航向和命运的关键，可能就在一掌之力。

这里所说的“一掌之力”，当然不是谁都可以胜任的。

慈禧生于一八三五年，五岁时就爆发了第一次鸦片战争，那时她只是一个官宦人家的小女孩，自然不懂得这场海战对大清朝意味着什么，更不会料到她的一生几乎相伴了王朝走向衰亡的整个时代，她也几乎左右了晚清风雨飘摇直至崩溃的全过程。可在清末，整个帝国只有这么个货真价实的主子能够以理性方式对政局加以操控，只有她的决策，才能以最小的社会代价获得最大的变革实效。她作出的任何点拨，都能够影响和决定这个古老大国的运行轨道和速度。那会儿，只要她能将其新政和洋务运动往前推进一步，清廷此前所做的改革举动都会被历史作为另一种性质改写，就会成为一次伟大变革的前奏。或者说，只要是在“大限”之内，朝廷的改革决断都可能使中国避免后来的巨灾。遗憾的是，慈禧不可能认清帝国宴席的“千里长棚”已到尽头，尽管王朝摇摇欲坠，她思索的还是怎样江山永固，帝祚长续，权力欲望依然在她心中蒸腾着，她还在盘算着再一次垂帘听政。因此，纵观她所掌控的改革，尤其是在政治改革中，就是类似于挤牙膏的进程。

说她本可以成为“东方伊丽莎白”，这也只是人们后来抱憾的一种假设，她在世时谁敢在她面前作这种弃暗投明的指点？她对这个雅致洋气的称呼也不会感兴趣，她最乐意大家喊她“老佛爷”，一个不男不女、散发着霉气的古怪称呼。可这个凡胎老妇至死都未明白“临时抱佛脚”的改革是什么后果。

六

当辛亥革命百年之庆正日渐走近的时候，当年诱发武昌起义的四川保路运动又重新被媒体提起，因为从湖北宜昌到重庆万州的铁路运行成功。一九〇三年，川人决定自筹资金修筑成都至汉口的铁路，得到光绪帝的欣然批准，于是成立了川汉铁路总公司，由“中国铁路之父”詹天佑负责设计。到辛亥年六月，全长三千公里的铁路仅仅修通了成渝一段，清政府宣布收归国有，却拒不偿还民间集资。于是，声势浩大的保路运动以其意外变故断送了这项宏伟工程，也断送了清政府及其千年帝制。

我自武汉去恩施采风走过这段铁路，其险峻堪称“中国之最”，有关消息说，宜万铁路三百七十七公里，其中桥梁和隧道占了二百七十八公里。一路上，我们的车辆在颜色清新的隧洞里穿进穿出，我总在想，即将通车的雄伟铁路如果能在一个世纪前跨越这里的崇山峻岭，更会令世界瞩目。这段铁路要穿越巴山蜀水，那时的前辈要在万丈深涧里竖起桥梁，要用钢钎炸药凿出幽深的山洞，要比现在艰难千百倍。我敬佩先辈们的志气和胆量，也为中国而遗憾。那时已风烛残年的封建政权，只是在国内外强大的压力下作了些政治之外的革新，就在古国激起了这样的变化和希望。几十年后，在中国稀疏而间断的铁路网里，一些主干线还是清末建成的。倘若历史的车轮能够进入人们期望的那条轨道一路奔来，华夏民族该是一幅怎样的景象啊！

说到这里，我们自然又会想起那个道地的傀儡少帝来，维新运动被摧毁之后，本应该风华正茂的他彻底失去了自由，心悸，失眠，长期精神抑郁，却依然忧民念深。他肯定不曾到过三峡，不曾领略过这里的天堑之奇险，可他赞成在这里铺设“天路”。晚清所做的种种改革，或成或败，都会令人想到这个既是君主又是囚徒的小伙子，想到这个可怜、可叹、可敬的独特历史人物。

光绪的思绪没有被紫红大墙所局限，能够紧随时代步伐，引领中华民族沿着正确的路途前行，无论他是否具备政治家的远见卓识，历史就应该肯定他。如前所述，只要清室顺应民心，人民就愿意继续供养这帮寄生虫。尽管今日自由和平等的理念已经普及全球，民主意识更加深入人心，但世界上大批国家仍然保持着君主与宪政并存的制度，并且很多地方的王室依然赢得了人民的尊重。人民允诺，他们才能合法地存在下去，而他们还必须以自身的行为合法地存在着。换句话说，王室必须用法律来决定和约束自己的行为。而这一点，正是当年慈禧之流骨子里所排斥的。

光绪之所以坚定地支持政治改革，不是因为他年轻，也不因为天下都是“他”的，更不因为他处在太后权势的对立面，而是他不抱什么侥幸。十几年后，历史印证了光绪的预见，爱新觉罗王朝彻底崩溃了。

因此，从时代潮流的角度来重新打量这个失败的皇帝，对于我们认识一九一一年风暴的酿成，认识中国近代发生的变局，是非常必要的。

七

一九〇五年，穷途末路的清王朝距离它寿终正寝的日子还有五六年的时光，如果是一个身患绝症的将死者，上帝给他延缓这么长的时日，应该是足够宽容的，但对一个垂死的庞大国家政权来说，想让它起死回生，这样一段光阴则显得何其仓促而短暂。然而，人们还是对王朝寄予了最后的希望，可此时的清廷已经丧失了在政治上进行自我改革的能力，更为可悲的是，

"大限"将至，他们还在玩弄骗局。

那时，"帝国圣母"还活着，整个中国还操控在她手中，她那张惨白的脸上滑过一丝痛苦，才勉强同意颁诏开始这场闹剧。先是派遣了五位大臣出访欧美和日本考察宪政。我们不能用今天史家们冷淡和鄙夷的眼光去看待当年的立宪运动，推动立宪在当时是民心所向。当考察宪政的大臣出访归来路过天津时，八万学生联名上书要求制定宪法，更改官制，推行政改。次年九月，慈禧太后又颁布了"仿行宪政"的上谕，提出宪政原则和兴办教育，清理财务，整饰武备，普设巡警等一系列改革措施。

久旱的田野得到微微细雨便可泛出绿色，举国上下翘首以待，盼望了多少时日啊！因而，消息一经传出，从通都大邑到山陬海隅，人们奔走相告，商学各界一片欢呼。上海各大报馆聚会庆祝，多达千人，扬州人还自编了《欢迎立宪歌》，传唱一时。各地更有千万民众自发走上街头游行庆祝，有人甚至喜极而泣。

人们为立宪而欢呼的感人消息传到北京颐和园一座小小的湖心亭中，太后和皇上都"颇深嘉悦"。当年十月二日《申报》的报道是用这四个字形容他们心情的，但不难分辨，他俩的喜悦出自截然相反的心态。为改革而遭软禁的热血天子的微笑是发自内心的，他或许是以为太后回到了他主张的宪政改革之路而欣慰；而那个老女人的"嘉悦"，则是为她欺骗天下的权谋而得意。

一年后，清廷宣布开始筹备资政院，各省准备设立咨议局。又过了一年，也就是一九〇八年，清廷抛出《钦定宪法大纲》，规定此后九年为"预备立宪"时期。拖延一天算一天，他们总算没有说出“预备”九十年。大家都知道，这年年底慈禧带着她死都不放心的“皇儿”一并撒手西归了，实际掌握朝廷大权的载沣不得不决定缩短“预备期”，提前到宣统五年召开国会，组成内阁。

朝野双方依然都带着莫大的期待，人们期待着朝廷能够从垂死中醒来，诚心诚意地推行新政；而朝廷则期待着他们的“魔术”能够成功，瞒天过海，缓解强大的内外压力。很多人没有意料到，年仅二十七岁的摄政王载沣竟然也是一副权力既得者的心态，并且比偏狭的“老佛爷”还要僵死。一九一一年五月八日，人们千呼万唤的内阁名单终于出笼了，十三名内阁成员中有五人是皇族，八人是满族。人们望眼欲穿盼来的责任内阁竟是一个“皇族内阁”的怪胎，一时间，海内外舆论大哗。

人们对清廷的最后一丝幻想也彻底破灭了。立宪派绝望了，人民绝望了，革命派更加坚定了。就在清廷公布臭名昭著的“皇族内阁”名单的前一天，远在美国芝加哥的孙中山已经通电全世界，宣布继续发动革命，推翻清王朝统治。

这位熟知解剖学、面色严峻的革命家的冷静目光早已穿透了清王朝的五脏六腑。他说：“且世界立宪，亦必以流血得之，方能成为真立宪。”重大政治改革必然会从根本上触动既得利益集团，也不会按照他们的意志来设计改革，为了掩饰自己对改革思潮的仇恨，他们只得以种种理由来敷衍舆论，拖延改革。目光如豆的清政府更是一群这般苟延残喘的东西，孙中山把他们看得最透彻。导致清政府众叛亲离的正是他们自己，没有多少人再相信它。直到大厦将倾的那一刻，也没有几个人为它挺身而战。

八

立宪派以最大的热忱和最大的耐心证实了他们的失败，终结了他们的使命。但只要我们静下心来稍加思索，就不难认定，悲哀而终的立宪派不应被历史嘲讽，腐朽王朝才是遗臭万年的。管它山河怎么破，只要“国在”就行。他们一直抱着这种鸵鸟心态拖延至死。他们像一堆糊不上墙的霉土臭泥，是他们自绝于民族，自绝于天下，自绝于历史的。

清廷宣布“预备立宪”的一九〇五年，也是一个别有意味的年份。这一年，似乎故意要与立宪闹剧巧合到一起的是，中国同盟会于八月二十日正式成立。中国第一个革命政党的出现，无疑是近代史上的一个重大事件。同盟会在其《章程》中提出了与立宪梦想针锋相对的政治纲领：“驱除鞑虏，恢复中华，建立民国，平均地权。”还是在这一年，《民报》于岁末创刊，孙中山亲拟了《发刊词》，首次公开提出了“民族、民权、民生”三大主义，这也是近代以来中国政治进程中的一件不可忽略的大事情。接下来，同盟会及其纲领主导了中国那场翻天覆地的大裂变。

世界潮流，浩浩荡荡。

顺之者昌，逆之者亡！

革命先驱孙中山的这句名言，我们背诵了几十年，但让我真正理解它的，还是清末以来的这段总使人感叹不已的历史。

九

西方科技文明最终以它奇妙的功能让“眼见为实”的中国人信服了，但要统治集团接受西方的政治文明比割去他们身上的肉还难。现代科技给他们带来的是便利和效率，而政治革新则是要他们放弃无限的利益。慈禧也不得不承认宪政模式的科学性，终究没有在嘴上将烂到肺腑的帝制体系“优越”到底，可这个死顽分子作出的“承诺”肯定连她自己都没有准备兑现。退一步海阔天空，但后退那一步何其艰难。

皇权就是私权。自私成性的中国皇室，其本性决定他们自私到底，自私至死。

立宪能够改变中国，当然是代价最小的理想途径，因为很多人还是明白，暴力革命毕竟是要流血的。但蠢驴一般的满清王室只要“牛羊”，不要人民，不肯以新的方式与人民共存。他们不懂得历史的时针不可逆转，更不会回到曾经使这个王朝沾沾自喜的康乾时光。

清室不亡，天理不容！天原本是不存在的，所谓“天谴”莫过于人民的唾弃。

有些学者至今还认为，武昌首义后，清室还有机会立宪。他们说假如张勋的部队进京时不蓄辫子，说不定导致立宪成功；又说幼帝溥仪假如能够同意废弃跪拜礼，也能够促成立宪，等等。我不否认，在变乱之际，千秋大业的成败往往悬于一线，但这样的推断未免过悬。还说袁世凯逼迫清帝逊位，也赢得了立宪派的支持，但这是他观望已久，自恃重兵在手，对朝廷和革命军政府两方都玩够了要挟之后才作出的举动。他肯定不是像有些学者所认定的那样，是一个坚定的立宪派，否则他当初就不会出卖皇帝。末代王朝的丧钟敲响之后，他比谁都清楚，他手中的这个玩物已变得毫无价值了。但是这些假设说明，晚清大变局自始至终都为立宪提供了可能。

孙文也好，同盟会也好，新军和会党也好，包括后来的立宪党人，都是被逼的。

历史是从来不向谁赊欠的。一切忍耐到了极限之时，便将整个大清“一刀清”了。

可憎又可怜的末代王朝说不清是他杀还是自杀。

第二辑

山水相册

眺望汉江

汉江好宽！第一次领略汉江奔涌的雄姿，是在湖北钟祥那段江面的轮渡上。周末，我们驻扎在当地大洪山中的部队官兵，总会有人扒上扯去了帆布篷顶的解放卡车到县城去，而汽车必须开到渡轮宽大的甲板上才能过江。每到此时，我都会跳下汽车，到船舷边去看波涛。那里的县城除了一座古塔，似乎就是我们老家的县城，而这条江水和“汽车坐船”却是一道新奇的景观。

在雄鸡啼唱的中国版图上，汉江像一道鲜明的血脉穿越其正中腹地。也正是这条“大汉血脉”孕育了华夏民族的发祥之地，汉族，汉人，汉服，汉语言文字，汉文化，这些已经影响了世界几十个世纪的称谓，都是来自一个王朝，来自这条河流。

它从一处叫玉带河的源头流来，它从一个叫米仓山的起点流来，它从远古的混沌中流来，它从公元前某个惊心动魄的历史时刻流来。它流过稀疏的月影，流过栈道陈仓，流过延绵千里的秦岭高地，流过辽阔富庶的江汉平原，一直流到我们今天这座大都市的龟山脚下。

汉江流域自古为帝王之洲，从大秦战阵，到南楚故城，它见证过中华大地分分合合的滚滚硝烟。从刘邦韩信，到魏武蜀相，万千英杰先后聚在这片热土上煮酒论雄，一江碧水不知浮载过多少梦想与荣耀。

汉江一路逶迤而来，浇灌的是故事，是历史，是煌煌帝业，是惊险而恢宏的汉室春秋，是一个种族的血路历程。有了这条大江，才有太史公诗笔描绘的秦汉风云，才有说书人迷倒无数代子孙的蜀魏往事。

几多次，曾经在武汉的江汉桥上，我眺望汉江向远方拐去的河道，眺望它靠近河床停泊的乌篷木船。河道消失了，而我的思绪却沿着它的长堤去寻访过它的经历，去寻访过一段脍炙人口的历史之源。

有些地方尽管我从未去过，也未曾路过，但我熟悉那里的千山万岭，熟悉那里的浪奔云驰和落木萧萧，熟悉那里辛勤质朴的田园耕作和老槐相映的茅屋村落，那是延续过几千年的汉民族景象。当然，我也闻听过村野儒生的迎风吟诵，感知过孤舟渔火的寂静长夜，还陶醉过“襄阳好风日”的心情和汉中柳芽新出的缓缓春色，更忧虑过旌旗漫漫和鸡鸣犬吠的战火与野哭。

丹江、唐河、白河、褒河、堵河，这些河流或许我们很少听说过，是因为中国之大，山河之多。它们都是汉江的支流，其流域分布数省。“惟天有汉，监亦有光。”先人在《诗经》里将这条大江与神秘的天河相对应，进而有了九天之上的莽莽星汉之别称。汉江是一条历史的大江，先人也有先人的远见。

有段年月我每天都见到汉江，也是在轮渡上。从汉口江汉关码头到武昌大桥下面，必经汉水汇进长江的入口处，那两水相拥，清浊分明的壮观曾使我无数回扶栏凝视。那道蓝绿蓝绿的江水来自汉江，与浑黄的长江在这里几经扭合才融会到一起，故而形成了一弧不规则的区分曲线。前些年，有人提出要开发这处世界罕见的奇景，但见惯了世面的大都市人依然没有在意这条清澈的江流自哪里来。

现代新的通衢绕开了这条古老的大江，使它更加令人遐想。

我想迎着汉水北来的方向走一回，去看看那个历史的开端，可说过几次都未能成行。

再游武侯祠

成都有杜甫草堂，还有武侯祠，这是几十年前我印象里的天府之都。

上世纪末年的某个开春时节，我终于有机会来到成都。果然，当地主人安排我们游览的景区，只有这两个地方，尽管我们从未提出过这种要求，可这已经成了远来客人的必到行程。因此，从某种意义上说，作为过客，这种知名度很高的名胜就等于你要看的城市。

依然是个春季，我再次走进成都，也再次被安排来看武侯祠。

二

我们还未到达景区，就感到这里的阳光也和熙熙攘攘的街市不一样，它依然温暖，可它突然安静下来，虽然武侯祠也被闹市包围着。这些都在我的料想之中。当然，更在我料想之中的是，这样的纪念性建筑多半已演变为园林。武侯祠概莫能外，与其说它是一处历史名胜，不如说它是一座城市公园。

无数游客来到这里，极少有人是来感受历史的，事实上，类似建筑中也极少留有相关的历史遗迹。这次游览时，我特别留意过，武侯祠历史虽很久远，但许多建筑却始于清代，除了那座刘备墓，恐怕也没有当年的其他遗物。即使是大门内东侧碑廊里那块最大的“蜀汉丞相诸葛武侯祠堂碑”，也是唐代的作品。此碑立于唐宪宗元和四年（公元八〇九年），由著名宰相裴度撰拟碑文，由大书法家柳公权之兄柳公绰书写，刻字者则为当时的名匠鲁建，因文章、书法、刻技俱精，而被称为“三绝碑”，今日被定为国家一级文物，堪称他们的镇馆之宝。

然而，说它是公园，可很多游人又不认为自己是为游园而来。

不为历史，不为游园，五湖四海的游客还是不约而同地来了。浓荫小道，古典建筑，不曾来过，却似曾见过。我从未想象过神闲气定、羽扇纶巾的军师会出现在这种仙境般的人工花园里，他一生征伐不定，无论是史书还是小说，好像都没有写到他曾在益州有过几天安闲的日子。今天成都的闹市里有这么一块蜀汉纪念地，最早源于一千七百多年前的“刘主公”归葬于此，可相对于他麾下的军师和众多虎将来说，他的文学形象却是最为平淡的，读者甚至想不出他有多少能耐让人臣服，称霸一方，也更难想象他有什么个性化的影像隐于此地。再说，除了他和他的两位夫人的枯骨还埋藏在惠陵的那座土堆里面，可能连他的鬼魂都不会在这儿。他死有不甘，一直想征讨天下，因为他姓刘，哪怕甩八百竿子也轮不着他被皇帝称叔，可这个不着边际的“皇叔”还是给他带来了独特的政治优势。

这样的园子既古老，又空洞。我想，对于更多的游人来说，可能都是一种“麻木不仁”的游览。大家在这样的景区穿过了几道曲径回廊，走过了几处古桥亭榭，见过了多少奇木异卉，也一样说不上来。第一次逛过武侯祠，只有它赭红色的围墙和圆形的门孔留在我的记忆中。它让你想到的刘备和诸葛君臣，还是三国故事里的主公与军师，还是你脑海里原先储存的三国烟云。

三国太迷人了，故事太迷人了。

在精神最饥渴的岁月，村上只要哪位小朋友弄到一本连环画，大家都会围上去，急切地想知道是本什么书，于是又脑袋堆着脑袋瞅着往前翻动的书页，急切地了解故事的进展。——还是“三国”呵，每个人都盼着诸葛亮能够战胜曹操。尽管我们已经知道三足鼎立的最终结果，小说在前前后后把阿斗的婴儿阶段和后来做了皇帝以及他成了俘虏的整个人生，描写得生动极了，但我们还是要痛恨曹操，痛恨司马懿及其他的子孙们，好像让蜀汉胜利了，天下归蜀，大家才解气。可是，再高明的作家都不敢沿着那样的思路去虚构呵。

二

孔明殿上，端坐于圆椅中的主人公手执鹅毛扇，长髯垂胸，但明显偏胖的圆脸却透着稚气，还有他那双肥胖的手，更是圆润细嫩如孩童。尽管导游解说他如何超凡脱俗，如何让人肃然起敬，我还是感到这尊塑像就像一具木偶。我敢断言，武侯祠的孔明雕像与大多数游客心目中的军事超人形象是不同的，但不会有多少人与其较真。同样，汉昭烈庙的大殿正中，竖有高达三米的刘备贴金塑像，游客也没有关注他的仪容如何丰满庄重，而是记住了他一对又长又大的耳垂接近肩部，这模样显然是来自文学作品中“耳大垂肩”的夸张。谁都懂得，这种祭祀场所，只需象征性的塑像就够了，是否真实无关紧要。

诸葛亮早已被神化。除了我们此时此刻所行走的成都武侯祠，在陕西勉县、河南南阳、湖北襄樊、重庆奉节、云南保山和甘肃礼县等地，都有武侯祠。此外陕西岐山五丈原和湖北赤壁，先后建有诸葛庙和武侯宫，在浙江兰溪的诸葛镇，也于明万历年间始建了丞相祠堂，内设诸葛亮灵位。但是，最有影响的是成都武侯祠，当初作为蜀汉之都，现代又是西部最发达的省会城市，世人皆知的武侯祠非它莫属。

然而，武侯祠有多大规模，只是园林学家感兴趣的事情；作为景区，它得到了几个A，只是当地政府感兴趣的事情；武侯祠能否算得上世界上影响最大的三国遗迹博物馆，只是历史学家感兴趣的事情。还有，它是中国唯一一座君臣合祀的祠庙，本来也只是文史学者感兴趣的事情，但却引起了我的沉思。

刘备于二二三年在奉节的白帝城病故，灵柩运回成都后，下葬于惠陵，也就是游客在眼前园中所看到这座半圆形墓冢。并在同一时期修建了汉昭烈庙，以遵循有陵必有庙的汉代规制。后来，大约在南北朝时期，祭祀诸葛亮的武侯祠与刘备的惠陵、汉昭烈庙合二为一，成了中国几千年封建史上独此无二的景观。

这个在今天让人打瞌睡的话题，如果换在当时，简直是天大的不可能，君臣轻重岂能倒置！

面对汉昭烈庙，虽然很多人不知昭烈帝，但大家知道刘备就足够了，因而它没有被理解为两汉之物。汉昭烈庙那块匾额上一个金色的“汉”字，使曾经偏立一隅的短命王朝也在世上留下了一个标志，至少它可以让来到此地的后人，不至于完全不把蜀汉当“汉”。

时光可以淡化一切，也可以解决一切。至少是在唐代以前，昭烈帝的庙宇陵寝就与军师孔明的祭祠合并了。但是，以“武侯祠”统称这两处建筑，可能经过了一段漫长的时日，后来，连一向严格维护封建等级秩序的一代代统治集团也都默认了。

历史上的“刘皇叔”，无论是才略和品格，都没有多少感人之处，尤其是在文学作品中，其形象别说与诸葛亮相提并论，就是与关羽、张飞、赵子龙等部将相比，也显得平淡灰暗得多。但是，与其灵魂归隐之处相邻的，如果换成一个其他什么人，肯定不会闹出这种喧宾夺主的事情来。

三

祠宇内的紫墙上，嵌有一道长长的碑刻，黑底白字，镌刻着《出师表》全文。

这篇经典古文的欣赏价值，远不是因为它的文辞灿然，更重要的是其情感深切，并且，作者以其毕生的行为证实了他对刘氏父子的耿耿忠心。还有不少史籍极力褒评诸葛亮的一生，高度赞颂诸葛亮的文治武功和高风亮节。然而，人们从心理上偏向刘氏君臣，主要还是小说家捣的鬼，是他让一代又一代读者和他一起，齐刷刷地倒向刘备诸葛亮，一门心思盼望他们赢得天下。多少年后，我才解开这个疙瘩。从小说艺术的角度看，它的创作者非但没有错，反而是巨大的成功。

愈是后来，读起三国来愈是别扭。

文学作品的渲染，为蜀汉阵营的群雄几乎都涂抹了浓厚的传奇色彩，其中以诸葛亮和关羽最盛。孔明雄才大略，运筹天下，并且机谋过人，遇事必有胜算，还有崇高的人生情怀，忠贞事主，呕心沥血，一生清廉自持，至今还被誉为“鞠躬尽瘁，死而后已”的千古贤相，对历代知识分子的宦海人生发挥过很深的影响。在民间，“三个臭皮匠，合成一个诸葛亮”的口头语不知传递了多少代，孔明成了一个民族至今未能有人超越的智慧化身。

虽然鲁迅等文学大师批评过小说中的孔明“过智则妖”，虽然当初如我这般的孩童也以为“锦囊妙计”只能当作故事听，但毕竟中国几千年的文学只创造了这么个“顶级”的完美政治家和智慧超人。可这个形象为何越来越让人反感呢？问题出在他的政治理想上，原来，这么个空前绝后的“政治完人”和“军事神人”所一丝不苟竭力营造的仍然是一个荒唐的政权。实际上，先主刘备在白帝城托孤时，已经十分清楚地预见到他们拼打了几十年所建立的蜀汉的前途并不乐观。封建帝制决定的他的那位接替者不可能胜任大业，纵有诸葛丞相这样的所谓贤臣相辅也无济于其政治抱负，所以他在遗嘱里表明，诸葛亮在必要时可以取代他老刘家而自立为帝，这足可证实刘备病亡之前，已经料到他身后的蜀汉只能“死马当作活马医”了。

后来的历史证明，急于建功立业的孔明不惜穷兵黩武，六出祁山却屡屡以失败告终。小说每每以所谓客观缘由极力为他开脱，但历史规律是不可抗拒的，向往统一的世道人心也是不可扭转的。即使是某个人真有那么高超的政治智慧和那么高尚的人格魅力，也无法改变历史铁定的轨迹。

几时，笼罩在关羽、孔明之流头上的神秘光环能够骤然黯淡下来，便能证明我们这个民族朝着文明大大地跨进了一步。

四

漫步在刘备陵前狭窄的神道上，想到长眠于此的千古豪杰，想到三国。

一千多年后，连大字不识的老汉听见说书人把鼓敲响，也不能自持，急火火地要去听前天扔下的“且听下回分解”，可是谁曾想过一个好端端的国家被割裂，那是一种什么样的痛感？

秦汉以降，统一的华夏民族反复不断地上演分分合合的大剧，后来的子孙学历史，就是看书本上记录的一次次分合的经过。对于我们这个古国来说，这就是历史。或者反过来解释，历史是什么，就是我们的先人遭受过的苦难。

先人的苦难传说到今天，就是让我们着迷的故事。

本来，每一段故事都精彩，但讲述技巧的高低，使许多故事发生了差异。这一点，两汉特别有幸，开端不久出了个极富文学天赋的史家司马迁，硬是在一片片刚刚削平的竹篾上写活了汉初那一批性格各异的开国豪雄。多少个世纪之后，一个小说家又将东汉之末的乱世群雄写得灵动极了。这也许是个巧合，中国历史上有许多次类似的混乱与转折，其细节和人物同样脍炙人口，缺乏的只是高超的文学之笔。

天下混战，几多乱云横穿，大地硝烟四起。

豪杰们歃血为盟，结伙称雄，驱使天下青壮荷戟出征，跟随在他们的马屁股后面气喘吁吁地南讨北杀。一支支大军在崎岖的山川小路上缓慢地移动，他们没有现代遮雨的塑料制品和防水胶鞋，今人更难以想象那种跋涉的艰辛。

我曾经在游览某座古城时，一个突然的念头让我雇了马车。虽然简陋，但作为普通游人能够坐上这样的游览交通工具，应该是舒适的。健壮的枣红马拉起门帘考究的车厢，环绕着城墙外的公路碎步前行，但这样的体验比我的想象更糟：颠簸，颠簸。

我想到古人，他们没有这么柔软的坐垫，更没有这么宽阔平展的马路。

骄阳与风雪相伴的千里征途依然枯燥，史籍没有写，小说更是不屑于此，一年或半年的漫长行军，往往是几个字带过。

许多将士的生命时光消耗在征战途中，一些人死于伤势恶化、瘟疫和饥饿。局势最惨的日子，每天都有大批身体不支者在长官的咆吼和马鞭的抽打下歪倒在道旁。

整个民族都深深陷入了战争的疯狂旋转之中，鸡犬不宁，谁都无力让这种疯狂停歇下来。豪雄们搅乱的世界，最后也只有豪雄中的豪雄才能扫平大大小小的武装割据，结束乱局，但付出最大代价的还是天下苍生，最后的景象是千里萧条，万家野哭。

一辈又一辈生灵，伴着母亲临盆来到人世，又一模一样地仿照前人鞭驱耕牛，挥起锄镢，重复着先辈的日子。但是，他们一辈人或几辈人更为不幸地遭遇了战乱，先人传递给他们那种简陋而宁静的生活让战争打破了，急骤的马蹄声和抓人征粮的叫喊声穿过山岭，使每一座村庄都充满惊恐。

战乱改写了乡村枯燥的岁月，但却丝毫不变地临摹了书本或传说中的某段往事。

被迫走出庄稼地的汉子们参与了战场杀戮，多数人默默而悲壮地倒在了箭矢之中，任凭敌阵兴奋的马蹄从其遗体上飞奔而过。胜利者旌旗卷卷地奔向了下一个目标，眼前的战场除了乌鸦的悲鸣和野狗的狂窜，找不出一个活物，漫山遍野的战殁者暴尸而终。他们中，只有极少数人侥幸活下来，最后成了英雄，最后来述说历史，最后成为历史或轻或重的符号。

战乱使极少数人的生命有了意义，他们被书写进历史。

我说，他们的生命同样没有意义，他们只是克隆了历史，并没有挪动古老的社会，仅仅是时序上的不同。

一将成名万骨枯。惨烈的混战最后留下的只有豪杰和他们的故事。

一部三国，为了褒扬蜀汉阵营，为了这个刘皇叔，他们的征杀和种种动机都被赋予了正义成分，被神化得最高的几个人，都在刘备集团。

今天，我们炫耀英雄，等于无视前人的苦难；我们炫耀历史，似乎是在欣赏一个民族毫无意义的艰难跋涉。有人可能局部地改写历史，但无法否认那是一段漫长的迷途。

登临长城

它像一条浴火的长蛇，曾在漫天硝烟中疯狂地舞动了几千年，曾在天空的血光中痛苦地扭曲了几千年，才留下了今天这具弯曲的遗体；

它像一道高高挥舞的粗大鞭影，千百回抽打过我们的民族，最后沉沉地落在这块土地的脊背上。

——长城，对我们这个民族来说，是一个好不容易挣开、但却无法摆脱的情结。每个中国人对它都非常熟悉，但又十分陌生。

不知多少次，面对那副绿茵茵的挂毯和许多类似的长城画面，我总没有看懂那道高悬的图案。

那是个湿润的上午，那是个在我向往了多少年之后终于来到的春天的上午，我向眼前的这幅画图走来。

一

俗话说，望山跑死马。我们来到慕田峪山下，一仰头，看见巍峨的城墙离我们并不远，可爬上来却已双腿发酸，满脸汗水掺合着濛濛雨滴，把这春日的一点诗意冲刷得不见踪影。

以前我曾去过山海关，并上过城楼，算是触摸过长城，后来也是因为一幅图片激起灵感而写了散文《围墙》。所以，这次利用在京逗留的闲暇前来长城，纯粹是为了“春游”，纯粹是为了看看全中国最大、最长，也是全世界最大、最长的一堵墙，没有准备写什么，也没有准备寻访和思考什么。

然而,登上眼前这座既令人神往又高陡得恼人的荒野古墙，看见它蜿蜒逶迤、横亘天地间的壮美气势，一种难以言状的情绪却不停地撞击着我的心灵。

我想，许多通过各种画面千万次看到过长城雄姿的游人，一旦亲临其境,走近这堵光溜溜的砖墙,依然会感到那么陌生。

我们的老祖宗不知留下了多少东西，让我们今天这些最晚的晚辈还为之惊异，为之叹息，乃至为之痛心，同时也为之骄傲。长城就是他们留下的一宗体积最大的物质遗产，它让多少时代遥远的子孙面对这惊世骇俗的古老工程发愣，发抖。谁都了解它的由来和演变，但似乎谁也没有悟透这东西现在除了用来发展旅游之外，究竟还能作什么。

我们的教科书一向把长城阐释为一种精神象征，将其形容为民族的脊梁，誉为民族的骄傲。这种阐释赋予了这座废弃建筑存在的终极意义。可是，说到长城的历史意义及其保存价值，总会让人想到，这似乎是在给过去几个世纪混乱而漫长的时代定位，给沉重而漫长的历史定位。

二

雨过天晴，城墙上的游人不知不觉地多了起来，他们五光十色的衣饰使铁灰色的巨大墙体显得生机盎然。

红男绿女在宽阔的城垛间欢呼嬉闹，宣泄着他们登临的快感。小伙子们看到有女孩子还在墙根带着哭腔发嗲，就愈发在城头上高举着双臂欢叫个不停，尽管那种只有调弄意义的嗓门运动在崇山峻岭中没有什么回响。

这横亘于穹庐之下的巨物，无论你怎样在它面前喧闹，它依然让人想到的是安静。

此时此刻，不知有谁和我一样，想到我们脚踩的是一段血肉凝成的苦难，是一幕幕触目惊心的厮杀，是烽火与瞭望紧绷神经的漫长岁月，是几千年间无数代先人浴血蹈火垒成的一道沉重的历史长碑。

长城是历史，是文化，并且进了世界文化遗产名录。我不知道是否有学者提出过“战争文化”这个看上去极其矛盾甚至十分荒诞的概念。战争是生命的杀手，也是文明的杀手。在这个世界上曾经发生过无以计数的大大小小的战争，不知摧毁和阻碍过多少文明，但它又催生出许多文明。不过，战争过程一般不会顾及对文明的创造，许多痕迹也不是为文明而留下的。

战争是疯狂的，其催生文明的手段往往是血腥的，甚至不惜动用带血的皮鞭和乌黑的枪口。

古人为何这样伟大，古人怎么又这般愚蠢？那个帝王为何具有如此气魄，那个帝王怎么又这样野蛮？

只有战争的疯狂和无奈，才能对此做出解答。

在和平阳光下前来登临长城的游人，难以体味在古老的大地上，中原王朝与北方游牧部落那种无休止的征战。

为了天下不受外敌侵扰，更为了自己及其子子孙孙至高无上的权力拥有与享乐生活，最高统治者无可奈何地驱使天下民力，修筑了这座最大最长的围墙；痛苦的百姓无可奈何编着故事来咒骂这堵墙，咒骂那个暴虐的君王，还想象了一个女人用泪水将它冲溃。

其实，先人给我们留下的这座最庞大的建筑，并不是一个君王的发明，也不是一次战争导致的疯狂。然而，无论哪朝哪代的长城修筑者，大概都没有预见到他们的这道立体生命线，终究会失去战略性的工事意义。

暴虐的嬴政们和千百万悲哀的“万喜良”，一不小心为后世构建了一道最壮丽的人文景观。但是，谁也不能说今天的长城仅仅是一道风景，仅仅是历史扔在高山丛林中的一件弃物。

近代以来、特别是近百年来，突飞猛进的科技发展，已经改变了我们的世界，改变了我们的生活，其速度与奇妙甚至令人不可思议。但我们仍然没有理由嘲笑历史，也没有理由嘲笑古代战争残留下来的这道防护工事。谁也无法断定我们的世界不会再发生大规模的混战，并且一旦发生，其残酷程度要胜过以往一万倍。

时代的确进步了，用于战争的进攻手段和“防御工事”也随之延伸到了无形的太空；可是时代却又依然停留在昨天，今天的这些发展，不过是在以现代的文明重蹈着过去的历史覆辙。

三

长城脚下，一队队游人正跟着导游的小旗蜿蜒向上游动。两千年前以及后来的某些日子，这里的山岭上或许比今天的人流更多，可他们背负着沉重的砖石和灰土，在当年活着的“兵马俑”们的严厉监视下，步履艰难地往上攀爬而来。

我想象中的一幕，又像是蚂蚁忙碌的场景，亿万蚁民在蚁王的驱动下，扛着比它们的体积还要大的物体匆匆奔忙不停。人们看不出它们那种混乱中的有序，只觉得密密麻麻，叫人恶心，一脚下去，碾死无数，甚至还想啐它一口：好刺人的畜牲！其实它们连畜牲都算不上，不过是一群小小的昆虫。

人类远比畜牲和爬虫高明，其建筑物要比蚁民修建的巢穴和工事高明一万倍、考究一万倍。可是，苍天悠悠，星云在上，谁知道太阳爷爷和月亮奶奶怎样看我们这些直立行走的“蚁民”。

蚂蚁给人的印象生性好战，那些小生灵除了奔忙就是交战，每一场混战之后都要留下大片死蚁。望望远山钻进天尽头的长城，谁也说不清这道高墙上下躺倒过多少死蚁般的战殁者。

每次大规模的蚁战都会留下悲壮的痕迹，却很快被雨水荡涤干净；人类混战留下的遗迹虽然也不多，但岁月的风雨永远也抹不掉这种坚实凸现的战争痕迹。

在滚滚狼烟中紧绷神经瞭望了两千多年的长城，终于能够彻底放松地躺下了，可这身躯还是那么坚挺。

四

刚才那场潇潇春雨之后，塞外的天空格外明丽，游人的心情也更加明亮起来。那位戴眼镜的年轻母亲给儿子讲的孟姜女故事早已结束了，她那口标准的普通话在向儿子解答着枫叶的问题，说枫叶只有到秋天才发红。那会儿，可能只有我的脑子里在跳荡着关于“蚁战”的怪题。

云卷云舒，循环往复，净化了血腥的城墙，净化了这里的空气，也净化了刀光剑影的往事。森严可怖的千年战场，早已化作了游人放松心情的游乐场，但巍巍长城曲折而漫长的路径没有丝毫改变，它向后世昭示的远不止一个古老民族不屈的精神，还有我们这个世界的前方不断重复历史的漫漫里程。

历史留给我们的游乐场依然坚固，新的类似游乐场又出现了。一艘退役的航母被购置来发展旅游，那个现代的庞然大物更能够给人们带来新奇，带来欢声笑语。某年去国外观光，发现他们报废的潜艇也作了城市的景观，我们曾购票进去参观过，还有同伴穿上他们的海军服，摆起姿势留影纪念。直到此刻，我才想到艇内那条贯穿整个艇体的狭矮通道，原来与我们眼前墙顶的通道一样，是一条无法回避的历史路径。

那天，我们很晚才结束长城之游。斜阳夕晖中，长龙般的城垣更显得巍峨雄浑。无论登临它多少次，你都会感到它的雄伟壮观。

然而，在那个苍茫的黄昏时刻，长城的高大和遥远虽然能给我以震撼，但更多的是它作为一道报废的防护工事留给我的许多联想与思索。

车行皖南山水间

看着窗外的山川河流，我在脑子里搜寻着，中国还有哪一方山水能够像我们脚下的土地这样，与文学珠联璧合，蕴藏着如此丰富的诗意？

此前，我曾经几次踏上这片土地，每来一次都要留下一篇短文，写过黄山的险峻秀美给我的震撼，记录过游历九华佛地的见闻，还有随笔介绍徽州的文化底蕴和历史上这里人才辈出的盛况。但是，当时车行青阳的山间公路所感受到的山野春色，还有江畔小城的静谧小街，以及许多没有被我描写、甚至不曾游览过的地方，反而更让人回忆，更让人想象，更让人愉悦，更让人向往。

这一次，我们驱车千里，取道皖南，就是要顺路做一次诗意寻访，以实现我多年的夙愿。

我们为诗而来，为李白而来，为一个诗人与一方山水的文化传奇而来。

对于天下游客来说，皖南也只有一个李白。

多少个世纪了，大诗人李白一直是这里最著名的人物，很多人甚至说不出别的人物来。

今天，我们乘坐着舒适的现代车辆，一路是顺畅的山间公路，沿途的小镇和山村也没有多少青瓦白墙的徽派民居，碧绿的河流里也不见一叶扁舟的空灵和闲适，偶尔看到的渡船也是安装了动力的“混合交通工具”。尽管眼前的景物随时提醒我：我们行走在今天，行走在一个早已转换了天空的时代，但大诗人却在这里的山道水岸给我们留下了太多的想象。

不用微闭双眼，就可以想象他们宽袖拱杯的对饮场面，想象诗人冲着这里的酒香走来、冲着这里的诗意走来的轻盈脚步，想象那位让诗人深深怀念的善酿老翁，想象诗人动情揖别的古老渡口和悠悠潭水，想象滚滚江流与隐隐而现的日边孤帆。

每每进入这样的想象，不由得让人发痴，发愣。

比如车到贵池，自然就想起李白的十七首《秋浦歌》，写的是当年他在这一带的见闻。二十年前，我作为报人到过离贵池不远的铜陵市，当地官员陪同我看过的现代厂矿的冶炼车间，已经没有多少记忆了，堆满大块银锭的库房，也不曾唤起我的诗情。而李白当年在这里描绘的冶炼作坊的炉火和不眠的夜空，却依然让人产生诗的遐想；古代冶炼工人为了驱散疲劳和寒冷的劳动歌号，却始终激荡在中国诗歌的漫漫长空，有着不尽的穿透力。

无论你走在哪一条山道，无论你面对哪一条河流，尽管你不知道那里的地名，但总能隐约感到有个人在那里行走，在那里吟诵，不知道他从哪里飘然而至。

你走到哪里，李白就出现在哪里。

李白在皖南留下了不少名篇，给这里的一草一木都涂上了诗的色彩，为这里的山山水水营造了浓郁的诗意，历经千年而不散。

一方青山秀水满足了一个千古诗人，而诗人也满足了一方山水。

随着历史的进步，诞生了伟大诗人、伟大文学的那个遥远时代，也越发没有多少可敬之处，但非凡的诗歌大师却越发值得人们亲近，那些璀璨夺目的历史场面越发值得人们亲近。而到了皖南，你仿佛向历史的远方靠近了一千多年，能够若隐若现地望见潇洒飘逸的诗人了。

因而，这里的青青山色，这里的微微山风，这里的丝丝白云，都让人舒适，让人陶醉，让人感到在享受一种时空穿越的新奇和美妙。

欧洲的橡树白桦和充满童话想象的尖顶红屋，看上去注定是油画；

而我们这里的江南景物，早被古远的诗歌染成了水墨风格。你凝望窗外，可谓一步一景，一步一幅中国画。

你可以不看“画面”一角的先人题诗，因为诗意早已浸润到画幅之中了。

皖南的山水，是为诗歌而设的，更是为李白而设的。

一方天设地造的绝美风光，终于等来了最高明的文学巨匠，说不清是诗人的幸运，还是山水的幸运，这样的盛事应该是千年一遇、万年一遇的。

诗人一生中，先后四次流寓皖南，也在这里毫不吝啬地倾注了他大量的诗情。他现存的一千多首作品里，有二百多首写于安徽。尽管他的有些诗写得并不好，特别是有的投诗换酒之作，不过是字句整齐的顺口溜，但并没有影响伟大诗人对于皖南这片土地的贡献。

皖南是李白一个巨大的情结,李白是皖南一个永恒的话题。

从诗歌与山水的角度看，皖南绝对是个典型，我终于没有找出第二个相似的地方来。

而这片山水之于李白，却远非一个“创作与题材”的简单关系，而是蕴含着诗人的性格、政治命运及其生命归宿的重要命题，而是事关中国古代“山水与文学”一个不可回避的重要命题。

寻访千年诗踪

青弋江迤逦流来，穿过青峰秀岭，穿过千万年的斜雨秋阳，来到风光旖旎的泾川，略微一拐，便进入了一块四面环山的平畈。在这儿，它形成了一处积水深潭，又有了一个渡口，后来在这里诞生的几句唐诗，才叫震古烁今呢。

桃花潭，世世代代伴随着一首《别汪伦》而妇孺皆知，青弋江反倒委屈了。

很多人没有听说过黄山脚下还有这么一条清秀的河流，甚至不认识那个生僻的“弋”字。

青弋江的发源地，就是黄山，可黄山遮蔽的何止是这条江水呢？直到今天，世人皆知黄山，但不一定知道黄山之下还有个世外桃源般的古老徽州。

然而，黄山即使遮蔽了整个徽州，遮蔽了青弋江，却怎么也遮蔽不了桃花潭。

只要李白还在，诗歌还在，谁都不可能将它抹去。

不过，我丝毫没有打算到这里寻到当年的遗迹，除了那四句短歌，诗人在此本来就没有留下什么。

我曾写过一篇《千年送别》，但我要向读者坦率说明的是，以前我并没有到过这里，那篇散文描绘的只是我想象中的桃花潭。

千余年前那个霞晖渐褪的时辰，发生在这里江上的一幕寻常道别，不知让多少代人产生过悠悠遐想。

经过文化巨匠“点化”出来的名胜，在中国无以计数，可你一旦走近它们，却不能唤起任何感觉，让人“不来一辈子后悔，来了后悔一辈子。”桃花潭肯定是个例外，也是唯一使我不曾到过实地而写了散文的景观。

快进十月了，江南的太阳依然没有诗意，我们是在一路热浪中寻到桃花潭的。

原来，河渡坐落在两个村庄之间，渡口不远处就是小街人家。

桃花潭并非野水孤渡，周边的地势也较为平坦，但江岸怪石嶙峋的陡崖和老树藤萝，都在向你散发着久远的历史信息。

当年，大诗人是在花红草菲的季节应邀而来的。

因为汪伦说，这里有十里桃花，万家酒店。

桃花，酒家，诗酒人生，这正是李白的生命中不可缺少的。

秋深时节，我们偶然见到的几株褐红色的桃枝上，只剩下凋零的细叶。

可我不是冲着这里的桃红酒香而来的，是为了唐诗中一个著名的画面，是为了一首极其平白清丽的诗句，是为了古人一个再寻常不过的生活瞬间，我来了。

古朴的小街上没有行人，只有两家晦暗的民居里不规则地摆着各种古玩，也有文革时期的“像章”和塑像。我们走进去指指点点了好一会儿，主人才从里间慢吞吞地探出来，一看就是当地的庄稼人。

这村落，这小巷，这残破的石板路，不会有诗仙的印痕，但它却为桃花潭储藏了诗情，千年万年都不会散去。

古渡到了，也只有我们几个远来的游客，艄公是景区的一个中年妇女打手机为我们喊来的。

我们当然不是要像当初李白那样，登上这儿的扁舟揖别而去，而是坐到对岸去逛它一个来回，体验“水深千尺”的深情厚谊，体验那次孕育了不朽诗章的依依惜别。

江水还是那样碧绿，对岸的那堵石崖还是十几个世纪以前的外貌，还是那样被松槐和灌木半掩着，但今人谁也体味不到大唐时代发生在这段河水上的短暂一幕，伟大诗人伫立舟头，于不经意之间完成了一次永恒的文化创造。

桃花潭水没有那么深幽，肤色黝黑的艄公是用长篙把我们撑过去的。他不会想过，假如他能够早一千多年在这儿摆渡，就会有幸为大诗人撑篙。他从彼岸到此岸一路抱怨的是，好好一江水，鱼都被人用电打光了，还说景区给他的报酬太少，而我们却感到六十元一张的门票不菲。好在这时江面已觉有微风拂过，灼人的阳光和不悦的话题并没有影响我的心情。

我们走过的小街叫翟村，过江登岸的村落，叫万村，万家酒店呵。

这个万村原是一座“空城”，我的几位旅伴过江之后，都到石崖上的古亭享受江风去了，我独自走进了神秘的村落。

整个村子空无一人，石路小巷比对岸的翟村更逼仄，更残破，一排排青砖黑瓦的老屋，像黑白图片那样斑驳沧桑。

在一处略为高大的房子面前，竟然出现了一块不起眼的金属牌子，上面的文字说，这处关门掩窗的砖房就是“万氏酒家”的遗址。

我没有细看牌子上的介绍，也从未相信“桃花十里、酒店万家”就能够把诗人骗来，那不过是个文雅而幽默的传说。李白与汪伦相聚于此的年代，这里是否有万姓村庄，是否有个万姓人开的酒馆，都很难说。

整个村子的人家好像全都搬走了，连一禽一犬都不曾出现，有些墙角长满了蒿草。虽然没有断壁残垣的神秘与荒凉，但独自一人行走在凉意习习的深巷，行走在悄无声息的古老村落，真有几分恍如隔世的感觉。

清代在桃花潭修建了文昌阁、踏歌古岸等纪念性建筑，这会儿在我看来，这些古阁楼台倒是些蛇足之添。

我猜想，是当地政府为了发展旅游，保护旧民居，而迁走了万村的村民；或者是因为我们赶去的那会儿是个阳光直射的正午，村子里没有任何动静。但我分明看到许多房子空荡荡的，有的只是堆放着一些杂物。

无论怎样，那次短暂的“空巷漫步”，才使我穿过千秋岁月，真正走进了桃花潭，来到了文学名篇在这里曈昽问世的那个遥远时刻。

滕王阁漫笔

滕王阁，我在心中想象了它几十年之后，才有机会向它走来。

没有兴奋，也没有期待，只是听从安排，跟随导游姑娘手中的小旗，穿过南昌的街巷和一幢幢楼宇，我们来到了赣江之滨，来到了全中国都知道的这处名胜。

第一眼望见滕王阁，它的艺术造型使我产生了一种与众不同的美感。但见楼阁顶部为碧色琉璃瓦，正脊的鸱吻以及滴水瓦当，亦仿照唐宋特制，旨在营造“滕阁秋风”。早在一九四二年，建筑大师梁思成偕同其弟子根据“天籁阁”旧藏宋画绘制了八幅《重建滕王阁计划草图》，九十年代，江西在第二十九次重建滕王阁时，设计师们主要是以这些草图为依据确定造型的。这种建筑造型既很大气，又显得窈窕多姿，达到了很高的艺术水准。至于它如何“瑰伟绝特”，实话实说，它的确没有让我震撼，倒是从眼前新阁的形貌中感到了几分舒展，几分生气，不像某些重檐歇山的殿阁，那种金瓦紫梁的沉重让人压抑。我想起清代的滕王阁，通体黑瓦，虽有重檐高翘，如龙须细卷，也没有为建筑增添灵动，反而看上去老态龙钟，黑暗沉闷。

我们今日看到的滕王阁主体建筑五十七米七，已高出过去旧楼几倍，显示了现代建筑的大手笔于大气势。新阁舒展，雄伟，是不可否认的，作为一处著名的“古建筑”，今日滕王阁已足够气派。别说千年之前，就是几百年之前，假如有这么一座楼宇拔地而起，更能将先人激奋，更能激发出他们的翩翩思绪和文采华章。早在唐代，大文豪韩愈一直怀有游览滕王阁、以求“登望之乐”的强烈愿望，可他两次赴任途中都未能绕道去南昌，后来王仲舒修葺滕王阁，令其撰拟了《新修滕王阁记》，他也没有机会登临此楼，是凭着想象写的。

可在今天，我，我们，还有来自五湖四海的许多游人，全是见惯了摩天轮和电视转播塔上的旋转观光厅，甚至体验过空中滑翔的现代游客。再者，古阁坐落的环境也发生了重大改变。从图片上看，楼阁耸立碧空，以蓝天白云为背景，楼基之下是滔滔赣江，蔚为壮观，其夜景更是灯火照耀，金碧辉煌。但这种“效果图”与现实存在很大差别，在滕王阁周围，很多现代化的楼房民居已远远超出了它的高度。登临楼上，更能感觉到它已被周围形形色色的楼房包围，随便列举一幢“小高层”都比它高。我们轻而易举来到了古城，不费脚力就站到了楼宇顶层，却很难生发出那种雄伟与壮美的感慨。

去南昌，去看滕王阁，或者是单位这么安排了，或者是亲友相约而来。大家不必关心它起于哪个朝代，也不理会它体现了哪些艺术成就，就这么千里迢迢地赶来，就这么乘着电梯上下一趟然后匆匆离开。因为它名闻天下，没有人问过自己该不该来，也没有谁问过自己到底收获了什么。

我不知道是从哪个方向登阁的，但记得入口的台阶比较宽敞舒缓，小导游提议我们在台阶上拍过合影。然而，从登临到返回，我的脚步一直是麻木的。

与其他一些类似的古建场所一样，新修滕王阁有着更加宽敞的楼层来陈设它的历史与文字书画作品。古人笔下的感叹与赞美自不待言，今日文人骚客书写的诗词联语，也不过是沿着前人的思路所作的高伟壮观之赞叹，形容它如何“直入重霄”，甚至宣称自己“目骇魂惊”，怎么夸张都不会有谁与你较真。如果有人真实地表达自己的感觉，或者说自己“没找着感觉”，那么他的“大作”就别想登入如此殿堂。

前来关注其建筑风格和历史嬗变的，只有极少的专家学者，多数游客只是冲着它空乏的“知名度”来的。王勃的名篇大家都学过，“落霞与孤鹜齐飞，秋水共长天一色”的佳句，早已在课堂上听过老师生动的讲解，今日来做现场登临，谁也没指望再能找到千年前文章大家描绘的那种高妙意境。

我想起当年武汉在蛇山重建黄鹤楼的过程，那时我每天上下班经过长江大桥，远远看见山上的工地扎起高大的围子，我想象过围子里脚手架上忙碌的景象，也想象过即将竣工的新楼，因为中国的楼阁太多，一定会让你“似曾见过”。因此，我对自己生活的城市即将再生的这座“名楼”一点也不新奇，一点也不兴奋。不久，黄鹤楼以巍巍雄姿出现在世人面前，作家协会组织我们赋诗，虽然我们连楼都未上，但这类诗好写，怎样能表现它高伟就怎样写，况且那时年轻，情绪极好调动，便凭着自己每天看到的外景写了一首“崛起在崛起的年代”的抒情诗，还请了我们军区文工团的一号“女选手”到诗会上朗诵。

那年五月，部队领导让我负责承办出席军区党委扩大会的干部游览黄鹤楼事宜，记得门票每张一元，谁听了都很吃惊，因为那时故宫的门票才一毛。可是，当我招呼到会人员进入检票口之后，那些守着新楼没有工作几天的把门者却将我拒之门外。由于我骨子里对这楼不感兴趣，就不愿向那几个极负责任的“看门新手”多做解释。

没过几年，一次陪外地友人过江到武昌，当他透过车窗一仰头时，竟然惊叹“看到黄鹤楼了！”听说，外地游人来汉都要看黄鹤楼，还听说门票涨到了几十元。黄鹤楼成了武汉的城市标志。尽管如此，我还是认为这样的楼阁就是假古董，所谓名楼只剩下一个“楼名”。所以，我认为这些“仿古建筑”是为几百年以后的子孙修的，那时，他们或许能找出点“感觉”。因此，直到如今，黄鹤楼对我仍很冰凉，我仍然很难将一座以钢筋水泥为主体、并装有电梯的现代建筑想象成古代楼阁。就像我们见到某个身着古代服饰的演员，无法使我们生发出靠近古人的感觉一样。倒是“孤帆远影碧空尽，唯见长江天际流”的诗句，倒是李白、崔颢等古人站在黄鹤楼上所看到的苍茫景象，可以不费力地让我进入他们描绘的诗意之中。

正是这些千古名篇成全了千古名楼。江南几座名楼，哪一座不是经历了几毁几建？滕王阁更是历经兴废，多半为兵燹之灾，或因年久失修自然坍塌，反复重建多达二十八次，其中唐朝五次，明代七次，清代十三次。

名楼与名篇，想来颇有点“鸡与蛋”那种关系的困扰。

没有很久以前古人修建的某座楼台，就不可能产生某篇作品——有楼，才有诗章。

后来高楼被毁于战火，或因为其他缘故而坍塌，但那诗文还在被人们传诵。于是，有人又重建起那座楼来，因为那篇诗文使它成了天下名楼。——有诗章，才有名楼。

接下来又是若干年，楼阁再次遭毁，有人再次将它建起。如此建了被毁，毁而又建，如上所述延续了一千余年，都是因为一首诗歌或一篇华章。而今，巍巍新楼已无当初的只砖片瓦，而当年文化先贤随手挥出的短短文字，历经千年却只字未改。并且，我们不难推测，即使眼前耗费巨资建成的新楼终究有一天也不复存在，而曾经使它屹立千年的名篇仍然将永恒不变地流传下去。

从观赏角度讲，如此楼阁虽然渐渐失去它们的吸引力，但其背后的兴废史却让人震撼，文化的穿透力在这种“名楼与名篇”的两者缠绕中，得到了最使人惊异的体现。

原来，滕王阁是一处文化奇迹。

冉冉光阴成就了古阁的文化声誉，也证实了它的坚不可摧，但冉冉光阴又“矮化”了曾经的崴嵬建筑。

现代文明能够保护、延续、光大古老文明，但同时也在改变甚至颠覆过去。现代交通使无数游人朝着名胜奔涌而来，可它同样也使更多人的文化寻访变成了一趟纯粹的旅行，而淡化或失去了旅游的意义。

愈是古老，愈是坚固，愈是誉满天下，同时也愈加矮小。

往日的卓绝雄姿，往日的气势干云，已渐渐被岁月所淡去。这就是许多名楼古塔面对现代文明发生的文化性质的演变。

文化象征早已高出其登临价值，符号意义也早已高出它们所承载的历史信息。

峡江短章

古老的栈道

峡江从历史深处流来，栈道也从苍茫的世纪中蜿蜒而来。

峡谷有多长，栈道就有多长。

峡江无岸。栈道只能凿在险峭的石壁上。它时高时低，有些路段高悬于半空，长长的纤索自身已够沉重的了，还要拽着逆流而行的舟楫。

那不屈的脊梁呵！

雷鸣。电闪。暴雨。石崩。泥石流。

寒月。风雪。冷流。冰凌。

呐喊的号子回荡在巴山蜀水间。峡江的夜空是不眠的，火把中映现出令人心惊肉跳的“杂技”。

勒紧纤索，挽住巨涛。

与江流搏击，与命运抗争。

那带血的脚印，带血的纤索，穿透了多少历程。栈道是世界上最狭窄、最崎岖、最艰险的路！然而，它与江流构成了两条同样弯曲的并行线，画出了一个长长的等号。它告诉我们，在那个难以望见尽头的年代，栈道的力量和运输功能，与大江是等同的。

栈道背着沉重的负荷不知走了多少日月。当机动船载来现代文明的日子，栈道便把一幕幕悲壮永远留在了峡壁上。如今，栈道沉睡在荒凉之中，像千年的岁月躺在线装的史册里。当年横空而出的木结构栈架早已腐烂，被大江漂卷而去了，峭壁中只剩下一排排支过栈架的整齐的方孔。

纤索拽着大江终于告别了痛苦的历史。可是，有些支流的河段还挣扎着纤夫的身影，有的还让他们一丝不挂。

为了重现一道古老的风景。

妹妹船头坐，哥哥拉纤索。有的说不清是艺术还是别的什么的描绘，竟从那不应残存的艰辛中发现了温馨与美妙。

心灵摇晃着走出栈道，比那负重的跋涉更为艰难。

神秘的悬棺

很久很久以前，在一个很难考证得确切的年代，僰人先民将亡者置于粗木镂空的棂柩，葬于高高的岩缝或石窟。这样，峡壁上便留下一个传说：那位近乎神工的木匠的祖师鲁班在这里陈放着他的风箱。因为只有他才具有神力将那重物高置空中。

从此，长江有了一个最“神话”而又最有实据，最古老而又最现实的地名：“风箱峡”。——因为，那“风箱”至今陈放在飞鸟不歇的绝壁上。

于是，一个时代被搁置了起来；

一个无人接近的谜被搁置了起来。

直到七十年代初，采药人和盗宝人冒死“发掘”了这个谜底。“风箱”中除了古代山民的枯骨之外，还有铜斧、巴式柳叶剑、木剑鞘，木梳、铜鞋和草鞋等随葬物，还有一个苍古的巴人社会。

神话是鬼话的美称。可是，这个关于“风箱”的神话却正好是先民的骄傲。他们在生产力极端落后的情况下创造出了我们至今难以想象、难以解释的奇迹。

笨重的悬棺在万丈绝壁上经受了千年风雨。先民们是如何征服这高险空间的？他们不肯留下痕迹。但他们却给后代留下了一种令人敬畏的精神。

文明孕育着无尽的力量，而蒙昧时代却同样产生有不凡的智慧和超时空的力量。

这就是我们的民族！

峡壁，大自然的敦煌

三峡风光，最奇伟、最神秘、最丰富的是河谷两岸陡峭的山墙。那上面，风浪留下的一道道印记，与岁月在先辈脸部的雕刻那么相似，那么逼真。你可以通过那印记，读出它的年龄，读出它与风雨搏击的历史。

无形的时光，久远的风雨，把一方江山、一个古老民族的万年沧桑，全部记录在这宏伟的峡墙上。你或许能从某一面岩壁上，看见似是非是的最早的史前岩画；你或许能从另一面墙上，看见隐入其中的比乐山大佛更大的雕像……

四百里峡江，四百里画廊，四百里岸壁，四百里长卷。绵延不绝的图案，是一个个历史镜头的定格，是中华民族变迁过程的化石。

大自然的敦煌，亿万年沧桑造化的艺术宝库。古人面对它的壮丽，想象出许多神话，去解释他们的惊奇。今天，我们若仍去津津乐道那些神话，则是对山河的亵渎。一个民族从神话中醒来的日子，才是它开始有希望的日子。

三峡不需要神话。天地之造化只有天地才能解释。

在巨大的峡壁上，读不尽一个天体的悠长，读不尽一个种族悲壮的演化。

读则有，不读则无。

这读，必须用心去感应。

峡江，湍急而宁静

峡江湍急，但不动声色。

深深的峡水不见任何浪花。愈是流急之处愈显得宁静，像一壶将开未开的滚汤，不时从底下冒出一股热力，在水面旋成一个圆形的水窝。这水窝渐渐向周围扩展开来，不久便消失，接着又一个地方冒出热力。

然而，这种风平浪静，却让人感觉出一种庄严和畏惧。

静静地，静静地，每一个瞬间，江流都在被后来者驱动着。大江的脉搏与飞逝的时光一起律动，与天地的运行一起律动。

这律动是永恒的。

江底的岩书

江水落了。

河床露出蓝莹莹的石灰岩。那上面刻满了比原始更为原始的符号，有大地心脏起伏时极规则的曲线，有江流滚动的轨迹，有许多非人工的闲画。

然而，它什么都不是，只是发生在谷底漫长的无声碰击所留下的痕迹。

天与地终于达成默契。

江流把这惊心动魄的经过写成文献，深深地藏在江心。你看那只露出半截的岩石书页，一直紧紧地合着，极厚，极完整。

它什么也没有告诉你，但它又能告诉你一切。

宇宙力和谐的奥秘尽在其中。

泸定桥遐思

一

当我们来到泸定桥的这个日子，两岸桥头那对古典式桥亭的飞檐上，已经积淀了整整三百年的烟尘。

泸定桥，我们这个时代的中国人都不陌生。各种读物和影视作品中，曾经无数次出现过这座桥，而它的每次出现，都与举世闻名的红军长征联系在一起。

在钢铁水泥大桥频频出现于大江大河的现代，人们往往所关注的是这座铁索桥结构的奇特，很少去追问它的来历以及它的历史用途，甚至以为只有在那种敌我双方生死争夺的历史关头，人们才会想起这座偏远的渡桥。

当然，清初建起的这座大桥不会是为后来的工农红军准备的。清朝当局耗时五年去实施建桥工程，他们是为了缓解大西南交通严重阻隔的问题。今人看来，这座只能通过一辆马车的“怪桥”算不了什么，但在那个年代却是一项了不起的创造，更是四川内地通往康藏高原的重要通道。

我们行走在晃晃悠悠的桥板上，同行者问我桥长有没有三百米？我凭着参加过百米短跑的经验估测道：大概在百米左右吧。走到对岸的桥亭看到介绍，全长果然是一百米多一点，而桥索的净跨不多不少，正好是一百米。

大桥由十三根铁索拉成，每根铁索足足两吨半重。铁索由许多粗重的铁环连接而成，古代没有今天的焊接技术，他们是怎样把铁环连扣在一起的？他们又是怎样把沉重的铁链拉到对岸，又将其悬空的？这些当然不算是什么历史之谜，但其工程之艰巨可想而知。

因此，在一七〇五年铁桥竣工之时，远在京城的康熙皇帝饱蘸笔墨为其亲题了桥名。今日，游人走近桥头，第一眼望见的“泸定桥”三个凝重浑厚的大字，仍是康熙的御书匾额。不过，这些荣耀被后来那个历史时刻突然迸射的光芒遮没了，连同它那古老的历程，也被遗忘在这座高远的小城之中。

二

决定泸定桥史学地位的红军夺桥激战，发生于一九三五年五月二十九日，距我们今天到来的日子，已经七十多年了。

中国工农红军的万里长征,其实是一次悲壮的全军大转移,是一次空前的军事退却。由于国民党军队的步步进逼,红军被迫转移到西部的高原深川。险峻的高原地势使敌人的围追堵截更加困难,同时也使自己陷入了恶劣的生存条件与不利的军事行动环境相交织的双重困境。

就是在这种极端艰难困苦的形势下,中央红军几经突围辗转,于那年五月占领了大渡河下游的安顺场。这是个一般地图都不会标注的小地名,但学过中国近代史的人却无不知晓,国共两军的决策者更懂得这个小小渡口的战略意义。

安顺场原叫紫打地,一八六三年五月,太平天国起义将领石达开率其所部两三万人马,一路撤退来到此地,企图渡河东撤,但很快被清廷的重兵包围,几次强渡未能成功,导致军资尽失,使这位纵横一世的英雄最终惨败于滔滔河流。

而今,红军正是穿过太平军的垒垒荒坟到达安顺场的。同样的季节,同样的转移战线和方向,连将士人数也大体相等,这真是一次惊人的历史巧合!

为剿灭朱毛红军而忙得心力交瘁的蒋介石,这时却颇感兴奋。在他看来,安顺场注定就是英雄末路。他决计要把安顺场再次变作反军的坟场,让毛泽东成为“第二个石达开”。为此,他两度乘飞机亲临大渡河上空部署督战,一心要利用大渡河天险一举将朱毛队伍扼杀在这道荒寂的河谷中。

然而,率领部队几经突围脱险的毛泽东,比坐在舷窗内软椅上的那位军装笔挺的蒋总司令更加明白红军此时所处的境地。尾追了红军数省的蒋氏嫡系薛岳所部,这时离安顺场只有几天路程。在没有船只,无法强渡的情况下,毛泽东摊开地图凝视良久,然后指向大渡河上游距安顺场三百四十里路程的沪定县城。那里有座铁索桥，尚未被敌人破坏掉。那是唯一的出路！

毛泽东叫来了被他称过“娃娃”但特别会打仗的年轻将领林彪，命他带领部队两天半赶到泸定县城，抢在敌人的追兵到来之前夺取铁索桥。

蒋介石把剿灭朱毛红军最后的希望寄托在大渡河的激流上，并私下里已将自己比做当代骆秉章，但这位最高统帅却不及那位四川总督聪明。骆秉章当年先石达开一步，截断了他通往泸定桥的路；而红军在赶往泸定桥的路上，只遇到少量零星的国民党队伍，根本不是他们的对手。漆黑的雨夜，像着了魔的红军踏着泥泞，举着火把，仍在飞速赶路。这回，他们还创造过一昼夜行走二百四十里的急行军纪录。在蒋介石意识到必须向泸定桥增兵时，年仅二十八岁的军团长林彪已率部队逼近泸定。

三

没有第二条生路，更不存在第二套方案。生死在此一夺！那天下午四时，由北伐时期叶挺独立团改编过来的红四团，开始发起夺桥攻击。信号响起，以二连连长廖大珠为首的二十二名突击队员突然出现在桥头，顶着对岸守敌密射的机枪逼向寒冷的铁索。

今天，我们脚下的桥板如新，严密结实，但有些胆小者仍然惧怕桥体晃摆，更不敢俯视桥下那震耳欲聋、深不可测的漩流。而在当年的那个傍晚，桥上的木板已被敌人掀走，铁索也只剩下九根，突击队员身背大刀和枪支，腰间缠满了手榴弹，匍匐在光溜溜的铁索上射击前进。那需要一种怎样的勇气！

那次决定红军生死存亡的夺桥战斗，是一个惊心动魄的历史场面。夺桥部队为配合勇士攻桥而吹起的冲锋号，部队发出的喊杀声，以及轻重机枪压向敌人火力的声音，固然给了突击队员以力量，但他们敢于在孤悬的铁索上冒死冲锋，主要源于内在因素。在他们走向铁索的那一刻，早已将生死置之度外了。准备赴死，也就不会惧死。所以，他们的表情是那样沉着坚定，他们的动作是那样从容敏捷，所以，他们完成了杂技演员无法做到的惊险之举。

置于死地而后生。英勇的红军血染惊涛，突破敌人的火力封锁，越过激浪天堑，就这样神速而奇绝地拿下了泸定桥。

中央红军将从这九条铁索上通过，中国共产党领导的革命将从这九条铁索上通过。泸定桥又延伸起中国的希望。

先期赶到的红军参谋长刘伯承，走到桥上使劲地跺了三脚："泸定桥啊！"后来，聂荣臻元帅也曾在诗中发出过"两军夹江上，泸定见分晓"的感慨。

四

其实，在我国西部的许多深山峡谷中，现在仍然保留着大大小小的这种用索链拉起的桥梁，那里的山民每天舞蹈般地在那些古老的桥索上行走着，他们仍然要依赖那些原始的交通设施去跨越河谷，去突破大山和激流的一道道阻隔。

只是，那些桥索的规模远没有泸定桥这么宏大，这么壮观，更不曾有过像泸定桥这样决定中国命运的传奇经历，因而它们只能永远默默地横吊在某个深谷之中，即使偶尔向山外人显露一下它们的姿容，也只是作为风景向他们展示高原山地的神秘和山民的生活状态。

我们走进泸定县城，是在周末一个细雨朦朦的早晨，桥上只有些稀疏的游人往来或留影，浓浓的雨雾弥漫在整个山川，到处荡漾着清凉的空气，大河两岸一片宁静。那座小小的县城还在晨睡，宏伟的铁索桥似乎也没有醒来，湍急的河水在它身下奔涌着，它却静静地悬卧在河谷半空，头枕大山，安稳若闲。

是的，当初的繁荣早已化作如烟的往事，消失在漂流的云雾之中，激战的枪声也随着滚滚河流渐渐远去，它的使命业已完成。

我们来看泸定桥，不仅因为它是一处珍贵的文化遗产，是一道古老的景观。更为重要的是，它那沉重的铁索，连接着红军道路，连接着中国的历史。

大江的挽歌

我并不认为自己的这篇文章迟到或过时，琪琪是永远值得世人怀念的，也永远值得我们这个星球怀念。我在十五年前见过它一次，那时候它还处在很健旺的年龄。

那是一个深秋的上午，我和几个文化人被中国科学院水生生物研究所邀请“去看白鳍豚”，就这么突然，就这么简单，我们跟随主人踏着片片落叶，走过一片寂静的林荫，就来到了琪琪的馆舍。

圆形的“白鳍豚馆”外表比较精致典雅，是琪琪来到水生所多年之后，政府专门拨款为它修建的。我们走进馆内就看见它在清澈池水中游动的身子，不需要多少形容词，优美，绝对是优美！

我伏在池边的铁栏上，看着它环绕圆型水池一遍又一遍地旋游，那么敏捷，那么轻松。尽管过去很多次在各种画面上见过它，也知道白鳍豚是水中最美丽的精灵，但琪琪从容舒展的泳姿还是激起了我的诗性情思。

一个童话就在我们面前的池水里，美妙，真切，又如此靠近！

琪琪是一九八〇年一月十二日在洞庭湖的长江口被湖北嘉鱼县的渔民捕获的，那会儿它才两岁多，是个贪玩又好奇的小孩子。琪琪当时被渔民的网钩划成重伤，已经奄奄一息，科学家花了四个多月才为他医好创伤，它也从此失去了自由，在人工饲养池里生活了二十多年，度过了它的童年、少年和青年时光，直至终老。这对一个纵横江海的生灵来说，肯定是它的不幸，但科学研究却有了不可多得的活标本，人们可以一睹比大熊猫还要古老的这种神秘水精的潇洒。假如它那天没有误入渔网，我们就只能听科学家和渔民去描绘白鳍豚是如何完美，如何智慧，以及它在水里的舞姿是如何优雅。即使有人能够拍出像西方科学家那样的"动物世界"来，也没有这样清晰而亲近。

白鳍豚是生物进化的神来之笔，是大自然珍藏在江水深处不肯轻易示人的万物之灵。看着眼前这个可爱的健美王子，谁都会感觉到自己是在享受天地间的一种珍奇的极品。陪伴了琪琪二十多年的研究人员每天看他，还说没有看够。然而，你愈是接受这种美感，就愈是有一种悲哀伴随而来。

琪琪给我们展示的洁净而流畅的舞蹈韵律，却是大自然的一次绝唱呵！在我们那次去看它之前，关于白鳍豚的信息早已令世人揪心了。或者说白鳍豚这种稀有水下动物的生存状况，是在开放年代伴随着一个最濒危物种的警钟传播给世人的，许多人都能够预料到它们的命运。但是，那会儿很多人都想赶在三峡大坝蓄水之前去看三峡绝壁最后的奇观，却没有谁想到武汉东湖之滨的这片树林里来分享一下自然界这首“最后的诗篇”。当然，琪琪的养殖所也没有向外界开放。

我们按照专家的提示，将手伸到护栏内水面的上空，琪琪以为是饲养员来给它喂鱼，就迅速欢快地游过来，以直立的姿势亲近你，露出它洁白的腹部，它还张开尖长的嘴，像一把大开的钳子，那种动作格外招人喜爱。白鳍豚大脑发达，很富灵性，靠它完备的声纳系统来辨别周围的一切，十分敏锐而准确。

琪琪在人工池里生活了两三年就已成熟了，水生所从科研的角度一直想给它找个配偶，于一九八六年捕获了一雄一雌两只白鳍豚，雄兽没活多少天就死了，而雌性尚未成年，专家给它取名珍珍。琪琪和珍珍在一起度过了两年最美好的时光，人们都期待着珍珍能健康成长，将来能与琪琪一起生育后代，可上苍没有成全可能为一个极具诗意的物种带来一线生机的“爱情故事”，几年后珍珍因患上肺炎也不治身亡。随后，水生所又组织过较大规模的捕捞行动，希望能成全琪琪，创造出白鳍豚繁殖研究的科学奇迹，但最终无功而返。

在我看来，琪琪就像个阳光活泼的青春少年，它没有去理会灾难，也永远不懂得命运对它们的残酷。可是，白鳍豚走向灭绝究竟是谁之过？难道可以埋怨它们祖祖辈辈只能够生活在长江中下游这道狭窄的水域里，将其灭绝归咎于它们对生存条件的选择之严苛。当然不可，它们在这条江水中进化生殖，在这道长河里自由自在地游弋繁衍了两千五百多万年。还有与白鳍豚一样可爱的江豚，也在重复着前者的命运，短短几十年其数量已锐减到不足千头。

我们见证过现代文明给世界带来的许多变革，但我们却不得不见证一个奇妙的物种在自己的目光里终结。我不禁暗自发问：这是我们给自己造成的惩罚，还是上天对我们的一种残虐？它让我们每个人都必须接受这一幕。以后的子孙再也看不到白鳍豚了，人们只能以图片和动画的形式，让孩子们通过“低幼读物”去与拟人后的琪琪哥哥交朋友，去认识和了解在他们祖爷爷祖奶奶辈或者更早时代就消亡了的白鳍豚。

正因为这一切早在大家的预料之中，所以那天我倚在水池边望着琪琪久久未肯离开，尽管它是全人类一个共同的“宠物”，可谁都无力回天。琪琪还是那么充满活力，那么健康光亮，一次次在池水中搅起欢乐的涟漪。我们去时还听说某个领导人刚来察看过，指令每年专为琪琪增拨十万元“伙食费”，但这些都改变不了它的孤独，更挽救不了白鳍豚的命运。它不知道这个世界上只剩下自己了，它将代表自己曾经到这个世界上生活过的所有先辈，代表整个物种，向长江，向大海，向这个不容它们的世界作最后的诀别。

成为生物史上一个灾难性标志的那一天终于到来了。二〇〇二年七月十四日清晨，人们发现琪琪躺在池底一动不动，永远停止了呼吸。本地传媒首先把琪琪死亡的消息作为社会新闻播出了。我曾经说过，无论将它作为什么消息，琪琪的离去都是一个令人痛心的事件，因为它很可能是人们能够见到的最后一只这样的大江精灵。果然，二〇〇六年由中、日、英、美等国四十多位科学家联合组成的科考队，沿长江进行了一次全面观测，再没有看到一头白鳍豚，于是作出了我们并不意外的结论。

长江巨川形成于一亿八千万年以前的三迭纪地质时期，在它流淌了亿万年之后，于大江与东海的出海处出现了一群轻盈若仙的淡水鲸。又不知经过了多少年代的进化，它们庞大的体态却愈来愈呈流线型，青白色的肌肤愈来愈光洁而富有弹性，长长的吻部更加尖细似剑，动作也更加矫健。如今，这种被称作“东方女神”的灵性物种彻底消失了，演绎了几十万个世纪的神话般的水中故事以悲剧的结局谢幕了。

因为忙碌，当年很想为琪琪写篇文章的计划只好落空，后来再也没有机会去看过它。最后一次见到琪琪是在电视里，它已经成为标本了，被搁置在没有阳光的陈列室中。我不禁又想起那个难忘的日子，想到它游过了漫长时光的那座圆型养殖池，想到它在池中环游时那种敏捷流畅、天真友善、轻灵而不知疲倦的表情与风采。那座池子分为两个直径不过十多米的大池，还连着一个小池，可能是为了换水和放养它的食用鱼而设计的。就这么个“两室一厅”，也是世界上独一无二的水池。我这个形容的叫法曾在当场引发过大家的笑声，说明它算不上宽阔，也叫人越看越感到琪琪的孤独。

不过，我当时没有如此强烈地感受到，琪琪在那片林荫下的馆池里舞出的旋律，原是一曲沉痛的挽歌。

深山小村

江南大山里的那天下午，阳光格外充足。主人带我们看过几株高大如古柏的红豆杉之后，说山下不远处有个村子，不怕走路的就去喝喝茶，我们的车辆将在村里等候。

他说的村子，我想象可能是一两户人家，难得在这原始森林的深山野岭见到人烟，便第一个跟了上去。接着，又不声不响地跟上来一排人。

越过几道山岭，当山脚下的村落清晰地出现在我们面前时，我第一个感觉是，它曾经是一个古老的故事和生动的传说。

我从未到过这样封闭的深山村落。说它封闭，是四周的群山错落有致地矗立着，只留下一个狭小的谷底，小村安然静卧在群山严严实实的怀抱里。

我们还在村后高高的山坡上，就远远地感受到了村里的鸡犬之声。延绵不断的山脉多少年来总是那样沉寂，只有深藏在这万山丛林里的村子，时刻搏动着生活的气息。

我们不断向村庄靠近，狭窄的菜地出现了，有片地里躺着一块朽烂的树心，通体透着悦人的粉红色，有人说它是红豆杉的遗骸。

随便一块菜畦里，也可见大山的沧桑，这就是深山里的人家。

我家祖祖辈辈生活在开阔的丘陵，每当走进这样的山村，总感到是一种别样的体验。

小桥，流水，村子飘散出山外水乡的几分风情。一条溪流穿村而过，给了小小山村以独特的意象。那也是小村的生命之源，过去多少年中，村人靠这条溪流取水为炊，现在，全村还得靠它来浇灌山边树丛间那一片片零碎的庄稼地和星散的菜畦，还得靠它来浇灌生活，浇灌小村漫长的岁月和大山密林间的希望。

这条山溪之于小村，就像长江之于我们那座特大城市的意义。同样是依水而起，同样是一水穿流，但前面两者之间的构图及其密切关联，要远比后者精巧、清晰、直观，并且更具有诗情画意。

寒冬的山溪中，只有淅淅沥沥的涧水漫过冲积的卵石和沙砾，可那花岗岩砌成的拱桥却能让人想到夏季溪流的咆哮。

石拱桥有着好几米的跨度，内拱石面切凿得十分整齐，而桥面却保留着大大小小石块极不规则的原样，看上去比菠萝的表皮还要坎坷，既显得坚实古朴，又有点现代艺术的所谓个性。不过，在石拱桥往下几十米的下游，倒是有一座“原生态”的小桥，桥面用直木拼铺，唯一的桥墩是用竹条潦草地打个围子、中间堆满石块建成的。桥下几只觅食的白鸭，神态轻松而悠闲，它们对“桥梁”不存在丝毫担忧。扛着沉重竹捆的村民和身后的花狗走在桥上，步履中也从来没有过丝毫慌乱。

即便是在当今的开放时代，这个世外村落的一切，依然有着各自纹丝不乱的法则。

当然，演绎小村千百年历史的，不是山神云怪的传说和枯树奇崖的故事，而是笨重而辛勤的砍刀、镢头和单调却温馨的炊烟。

我们的越野车来了，高大的交通车也摇晃着开到了小拱桥边的空场上，几只狗远远地狂吠不止，整个村子都出来迎客了。

小村待客的方式也是独特的，他们只用眼神。老老少少随意地站在桥上、溪边，或竹堆旁，保持着一定距离望着我们这些不速之客。大大小小的几个孩子，没有一个“人来疯”。连我们一同到来的那位戴着礼帽、蓄着长髯的王洛宾模样的老兄，也丝毫没有引起村民的好奇。他们只是出来看看热闹，没有人打听我们这些操着不同口音的男女老少来自何处，更没有问我们翻山越岭跑到他们那儿干什么。

他们不清楚，也没有必要弄清楚，但他们却又非常清楚。

他们为客人泡了茶，用的是一次性纸杯。

在进村的路上，我就强烈地感受到了小村的变化。在村口的溪流边，老远就看到一幢三层“小洋楼”鹤立鸡群；有的人家房屋虽是老式样，但大门却是铝合金的，并且有防盗装置。

小村已经与山外的世界联系在一起了。

因而，当小桥上那个老汉因为手中一支竹兜铜锅的烟斗引来几部相机时，他一点也没有感到不自在。在炮筒似的镜头前，他反而从容地坐了下来，燃起烟锅配合着客人。老人神情自若，有时在微笑中故意露出几分顽皮，让围观者忍俊不禁。

和全国绝大多数乡村一样，村里年轻力壮的人都外出打工去了。好在为我们备茶的那家有个面目清秀的小伙子，但一看也是个在山外闯世面的。于是，我指着地上堆放整齐的粗大毛竹，向他询问行情，他非常熟悉。他说毛竹论斤卖，每斤一毛多钱，一根碗口粗的整竹，要把它从根部砍倒，再从陡峭无路的密林里扛出来，最后也只能卖几块钱。他把我领到一堆经过劈削的竹皮面前，说这样做了一次粗加工后，价钱好一些。这里盛产毛竹，当地政府一直在联系销路和价格方面帮助山民，但行市并非像乡镇干部介绍的那么乐观。

陪同我们游览的景区管委会主任介绍说，在公路未通之前，这里有些老人一生都没有出过山门。所以，他们千方百计筹资修路，我们游览途中就看见几条水泥公路正在抓紧施工。同时，他们还从深山老林转移了一批散户居民到山外永久居住。

我想，这个开放而宁静的山村是不会被移民的，大山不能没有这个小村。

等到哪天这里的旅游业形成之后，我相信很多游人都会怀念这个山村。当然不会是因为远来的人们对他们怀有什么好奇，就像他们早已不感到山外来客有什么好奇一样，但人们会记住小村的风情，记住这里的山民。

每个人来到这儿，都会感到小村的山民是那样生疏，同时又是那么熟悉。

那个下午，我还在打量着一个身材不高、衣着有些破旧脏污的村民，他总是以一种淡淡的眼神看着我们，有些迷茫，甚至有几分呆滞。看见他，我立即想到乡下的老叔。

老叔年轻时可不是这样毫无生气，那时的他健壮乐观，当了二十来年村干部。他虽然没上过一天学，可他能够读报写信，曾经极认真催促我好好写一篇批判资产阶级反动路线的文章，因为他听过传达，说“好的批判文章可以报送中央。”可那会儿我还是一个中学生，让他失望是注定的了。多少年后我回去探亲，才发现因为我婶子早亡，当年让村里人背后称赞过也咒骂过和惧怕过、并且老想入党的那个说一不二的村干部，早已变成没有言语的老叔了。

眼前这位村民还没有我这个岁数，看样子也没有我老叔那样的“辉煌”经历，可他的目光和神态，就像是对我老叔的模仿。他从头到尾没说过一句话，见我们起身准备离开，他也默默地穿过人群离去了。在他经过我面前时，我越发留意他走路的姿势，每一步都像极了，特别让我想起老叔双手捂着陶制暖钵走路的样子。

出村的路上我一直在想，这次“意外发现”看似是生活中一种寻常的巧合，实则是因为中国乡村的惊人相似，因为中国农民命运的惊人相似。

我不知道车子是怎样开出山谷的，村里人是怎样望着我们远去的。

我也没有问过村庄的名字，更不知道它的具体方位，只知道这里是百里大山的腹地。

北国的林区小镇

“来到这里，希望你能够找到游览欧洲小镇的那种感觉。”在我动身飞赴黑龙江之前,哈尔滨的老友在电话里这样提示我。

汽车缓缓经过一栋欧式建筑时，那种白宫式的圆顶和门前挺拔的杨林，的确使我想到了自己在挪威和瑞典等北欧国家见到的那些幽静的民居。然而，观察了几条街道之后，这片小镇给我的印象，不在于它的外在风貌与某些欧洲城镇的相似，而是我从这里的绿丛楼宇中感受到的那种生活气氛，正是当今人们所向往的安宁、舒心与快乐。

走进“无名小镇”

这片小镇，源于一块地图上没有的特别行政区域。

绥棱林业局，设于小兴安岭南麓的绥棱县，是隶属黑龙江省森工总局的大型森林企业，但它又不是一个纯粹的企业，管辖着十五家林场和农场，外加一个街道办事处，拥有两千一百四十八平方公里的国土。林业局除了没有人大和政协之外，法院、检察院和一级政府所应设立的职能部门一应俱全。

准确地说，绥棱林业局是个政企合一的单位。林区人口以过去的伐木工人为主体，其数量只相当于某些边远的人口小县，但辖区地域却相当于南方一个较大的县市。本文要着重介绍的，就是他们“首府”所驻的小镇，就是这个不能称县的“县委、县政府”所在地。

小镇更为特别，特别得连个名字都没有。说它是一座独立的城镇，却与绥棱县城街巷相连；说它是绥棱县城的一部分，可它又界限分明地独立于县城一侧。再说得客观一点：如今这片小镇，与人们心目中的许多县城对照起来，肯定是两重天地。

“局址”，可能是个比较规范的简称，但为通俗起见，这里不妨采用当地居民的习惯叫法，称它为“绥林”。

绥林镇原本是个木材聚散地，不曾有过一处历史人文遗迹，也不曾有过一处自然名胜，几年前还是一片低矮脏乱的棚户区，是他们夜以继日，以每年几千户的速度改造棚户，将其建成了国家AAA级旅游景区。三个A，这个等级在全国星罗棋布的旅游景区中不算很高，可它只是一个党政机构的所在地，是一处聚住着数万居民的街市。我没有听说过这样的“局址”，也没听说过这样的小城。

我曾经在散文里说过，诗人、画家和摄影家所流连的景致，大多是不适合居住的地方。世上如果有那种既优雅又舒适的风景胜地，你又能够在那里长住，那就真的是住进仙境了。

七月，北国清凉透亮的夏雨说下就下，说停就停。阵雨之后，天空更加洁净，更加富有诗意，这里的街道和楼房更显得一尘不染，沿街绿树蓊郁，窗台上几盆普通的花卉和路边的星星小花更加安然秀美，更能调动人的思绪。

是街市，更是景区

“让每个居民都生活在公园里！”这是他们的原话，惊叹号是我加上去的。他们的声调原本不高，但这却是许多地方连想都不敢想的境界。好在我来到这里时，他们已经不折不扣地实现了自己的梦想，否则我也会把这当作一个“传说”。因此，我坚持认为，如果将这种创举仅仅作为生态文明建设来加以解读，未免肤浅了些。

在城市建园林，很多人可能会理解为遍地种花，见缝植绿，理解为那种栽几片林荫，树几起雕塑，就号称园林的“概念建设”。绥林，当然不是。他们是搞林业的，绘起城市的绿色画图来，也堪称丹青妙手。如何布绿描红，如何条块相间，如何做到既大方又精致，如何让人感到自然得体，他们都把握得让人无可挑剔。

主干道两旁的绿化带，高低错落地显示出六个绿层，最高的是云杉，最低的是牵牛花簇或一串红，绿化空间得到充分利用，但丝毫不显拥挤杂乱。有些街头园圃，也被园林工人修剪出形态各异的动植物造型，惟妙惟肖。还有高高的葡萄架爬满青蔓，细细的触须和绿叶后面，藏着一串串尚未长足的青果。假如你是无意路过，你也许不会去关注这里不同植物组合起来的层层叠叠，也不会想到它的艺术性，但你会觉得养眼，觉得舒畅。

中心广场之西，是小城的“植物王国”和湿地，林子里栽植着绥棱林业局所要保护的红松、冷杉、落叶松、水曲柳、椴木、杨木、桦木等一百余个树种，枝叶扶疏，一片丰茸。湿地则是一道长长的清水池塘，细苇轻轻摇曳，荷池翠绿粉红，水中河草蔓蔓，还有丛林曲径和水面浮梯。本是一片闹市湿地，却被设计得如人迹罕至的荒郊古渡。

水映林翠，蛙鼓阵阵，一切都像是随境而生，一切都似在不经意之间，可它比某些城市公园更巧妙，更具诗化意境。那座摩天轮般的水车木轮，在远天夕晖下更能衬托出小城傍晚的悠然与欢乐。

居民楼之间有些开阔地带，他们却把那些空地分给居民种菜，茄子、辣椒、黄瓜等等，大都已经挂果。这些普通的菜蔬也使居民区绿意葱葱，还给生活在高纬度地区的城市人、尤其是他们的孩子带来了别样的田园情趣。

如果稍加留意，你会发现整个小城没设一只垃圾箱，而路上却找不出一片纸屑、一支烟蒂，眼前正是瓜香果甜的季节，也看不见一块瓜皮。昔日尘土飞扬的储木场，早已建成三万多平方米的中心广场，水泥地面总像是刚刚清洗过一样。然而，你走遍整个小城，却看不到一个清洁工人，他们干净整洁的街市，并不是靠环卫工抱着扫帚跟着行人不停地清扫出来的。据说，全城居民生活垃圾由清洁员定时上门收取。

“局址”总面积不足三平方公里，这方舞台不大，但绥棱林业局的领导群体却在这方舞台上得心应手地实施着自己的执政理念，干出了让人称奇的业绩。

他们的许多管理做到了精致的程度，但这种精致是以大作为、大手笔的建设蓝图为前提的。国家让林区停伐的号令传来，千里林海再也不闻斧锯之声，可他们还要把林场建得更好，要让林业职工在育林中更好地再立新功。几个林场一路走过，那整洁的场舍，平坦的公路，齐整的绿篱，更有林业职工一栋连一栋的灰顶别墅，使我从中看到了他们“局址”的影子，而我们想象中伐木工人木屋土炕的生活，如今只能在他们的林区博物馆和电影里去回味了。

城镇化是林区的一次重大转变，但城镇园艺化却是许多伐木工人世世代代不敢梦想的生活归属。这样的城市建设，当然需要投入一定的财力、人力，但他们的领导者投入了多少心力，却无以计量。

夷平心理围墙

将城市建成公园，其难度很难想象，但它毕竟限于人与城市关系的“有形”层面；而要建立起人与人的融洽关系，实现“无形”层面的那种理念和追求，才是真正的高难度建设。

如今，“林城”早已是远近人口定居的首选之地，可它总是那么从容淡定地接纳着新迁居民。在这儿生活，不需要什么“防范”。小城所有单位和小区，都没有围墙，也没有“杖子”（围栏），包括林区领导机关的政务大楼，也不加任何防护地面向中心广场，大门内只有一个传达室，居民想上去见见他们的局长和书记，只须进门打个招呼。

如果换上某些干群关系比较紧张的地方，绥林小镇的故事听起来可能像是神话，但这的确是事实。拆除或高或矮的砖石水泥围墙都很简单，但要拆除人们心灵之间那一道道比钢筋混凝土坚固十倍的围墙，谈何容易。林业局领导群体的这班人，每天早起的第一件事，就是分头到街上、到社区进行“特殊晨练”，看看哪里还有问题，看看哪项工作还可以做到更好。

绥林的街道办事处共分五个社区，我们首先来到最近的林源社区，楼上是居民活动室，麻将、象棋、扑克，各尽所爱，十余张小桌基本坐满，大多是退休老人。我看了看表，上午九点还不到呵，这些老人早早就来了。接下来的观察，你就不难理解他们为何乐意以社区为家。社区的棋牌室、休息室、体育活动室和大小会议室的地面，都和墙面一样洁净，光亮照人。这样的环境，大家自然非常珍惜，从来没人在这些地方抽烟。社区是家，甚至比家还要严格，还要讲究。比如，休息室的一排躺椅，可收可伸，可坐可躺，看上去是以细篾编成，深紫色，颇为精致。房角整整齐齐地码放着一堆厚实的红花毛毯，需用者随手自取。

在另外两个社区，我们看到除了躺椅和毛毯相同之外，也各有一间小型会议室，仅仅一张长桌和十多把椅子，他们叫它“居民议事厅”。桌边都有一本普通的记录簿，工工整整地记录着社区每月一次的例会内容，哪家的老人生病了，没人照看，谁家的下水道失修，需要帮助，等等，似乎都是些家庭琐事，但他们必须将这些记录的问题一一帮助解决。因此，那些厚厚的记录簿都用去大半，没有潦草敷衍，也不见撕毁痕迹，谁都不可能做出这样的“假记录”。有一年，林区收集到居民提出的意见和建议多达九千余条，他们一条也没马虎。

其实，从林业局顶层的书记局长到最基层的干部，与群众都是“零距离”，尤其是晨练时分和落霞满天的傍晚，居民都可以在大街上见到他们，也能够随时向他们反映问题。比如，文化大街上没地方避雨，局长指令修建了几道木制长廊，也为街道增添了新的景观。这个决定，就是来自几个老人的“马路建议”。

居民对自己的家园，对自己的生活环境，对自己赖以生存的小社会，如此拥有话语权，拥有监督权，理论上讲起来不复杂，但做起来很难，很难。

说社区的这些记录类似“豆腐账”，尽管不带更多的贬意，可还有哪本“账”能比它们更贴近居民，更能给百姓带来生活的温馨？

绥林的敬老院、幼儿园等公共场所的管理，比社区还要严格，那里窗明几净，一桌一椅都整洁如新，比某些星级宾馆还洁净，林区中学也已通过省级标准化学校验收。一所照看着八百多个孩子的幼儿园，园长却没有办公桌，几幢楼的各式教学场所和孩子们吃饭睡觉的地方，就是她的办公之所。楼上楼下，孩子们跟着各自的老师学做泥塑，学唱歌，学打理厨房，玩老鹰抓小鸡，到处欢声笑语，他们的园长也没有停下过。

我没有问过这位园长的姓名，她可能是林区级别最低的社会事业管理者，是小镇上最小的官，但我已从她身上领悟到了整个小镇、整个林区的“运行法则”。

都说小城好美，却不知他们的工作好严。

夏日的傍晚，清风习习，中心广场上人流如织，一处处彩扇起舞，一处处琴弦悠扬，还有他们的灯光夜市、音乐啤酒广场等“夜生活”场合，早已灯火通明，人们以不同的方式享受着这种悠闲的时光。当我们来到在文化宫侧面的露天“舞池”，几十对舞伴舞步轻快，正跳得惬意，有人见局长走过来，热情上来邀他入池，局长也欣然与其翩翩起舞。还有人招呼他们的书记说，几天没见，是不是出差了呵？

如此日复一日，年复一年，他们终于用自己心的温暖融化了人与人之间的心理隔膜。

无疑，绥林小城成了人们心灵安顿的一个小社会，他们做官也做得让老百姓心灵认同。

“桃源”远在世外，是由于无法将其置于人间，而绥林这种烟火之乡的祥和，也是不可简单复制的。

没有读懂

在局机关办公楼门前的广场上，那尊高大的镀金铜鼎上用黄灿灿的铭文标示着他们企业的理念：博爱、诚信、执著、创新。或许，这种面向全体职工提出的企业价值理念的涵盖面更广，可我认为它仍然不足以用来概括这个干出了不平凡业绩的林业局领导群体的精神境界。有位熟悉当地工作的省人大副主任曾多次来林区考察，最后留下的几个字是：我没有读懂。

有人说，是新的理念引领了他们的发展，也有人建议我从文化的角度来思考绥棱林业局的成就。

不错，走进小镇，你就会不知不觉地被一股文化气息浸润着。大道两旁，反映林区民俗的系列石刻与葳蕤绿墙融为一体，昔日蒸汽小火车为小小文化公园带来了几分沧桑，还有当代书法名家专为小镇写下的文字，被镌刻在形状各异的景观石上。

在他们的植物园中，也以石刻形式点缀着历代写景诗词中的经典名篇。

林区组成了自己的文联，文学、摄影、书画、剪纸等各类培训班常年不断，文艺创作活动相当踊跃。曾经推出过造林英模马永顺的著名作家吴宝三，是从林区走出的一位省作家协会副主席，林区特意为他开设了几百平方米的“吴宝三文学馆”，不但为小镇增添了一处文化风景，更为这里的文艺爱好者树立了一面旗帜。

小城办文化，很追求品位。一座蓝色的“七号健身馆”，为其增添了许多现代气息。

这一切，都已自然地融入到小城的日常环境中，外来者不会感到是刻意所为，甚至不会留意这些，但你会感到文化已经渗透到了小镇的空气和炊烟之中。

在小城的日常生活里，居民唱歌、跳舞，习练书画，或体育锻炼，社区都为他们提供了良好的条件。中心广场和文化宫隔三差五都有演出活动，多为社区自编自演。那天黄昏，社区组织广场演出，舞台灯火辉煌，犹如专业演出一样正规，台下观者数千。我路过之时，他们已近终场，只见台上台下一起鼓掌谢幕之后，人群才缓缓散去。让人不解的是，这么好的演出，竟然没有一个领导到场。林区党委宣传部长袁威告诉我，他们每年要组织三十多场群众性文体活动。这种专场由各个社区轮流主办，节目全由自己出，本来就是为群众演出的，能够吸引居民就行了。我听说，林区还组织过千人大合唱、千人诗朗诵、千人大秧歌，春节期间还搞过“邻里千家宴”等大型群众性文娱联谊活动，居民参与热情都很高。

此外，林区还组成了自己的影视公司，根据自己的故事和林区生活，已经制作出多部短片，外来客人看了，都以为是专业团队摄制的，事实上从编写演出到录音制作，都由他们自己完成。因为是身边的感人事迹，使大家看得泪眼一片，有的还在全省展演中夺得大奖，多少教育能够抵上这么几部短片？

去年，绥林镇又被确认为“中国最佳文化休闲旅游目的地”，这张名片向外界强调了小镇的文化内蕴。

文“化”人，文化的力量柔软而坚韧。我也曾经试图从文化的角度去寻思林区的变化，恰巧主导这种变化的核心人物就是一个道地的文化型领导干部，局长邓士君，一位办事干练、善于决断的中年汉子，但平日特有亲和力。林业局干部都知道，他还是一个业余作家，出版有多部散文，加入了全国作协，并且写得一手漂亮的书法，他干起文化来，比某些专职文化领导还要娴熟自如。

然而，能够使小镇和整个绥棱林业局实现如此变化的，在于他们有一个骨子里敬业的主导者，有一个党政合力干事的领导群体。

如今，绥林小镇空气里的那种幸福、舒适和祥和，不是通过汇报材料和经验介绍能够描绘出来的，也不是走马观花能够感受出来的，更不是伸出话筒采访就能够听出来的。小镇居民的幸福感并非写在他们的脸上，只有通过他们的步态，通过他们的身影，通过他们轻松的谈笑，才能感受到他们的安居乐业，感受到这里生活的温馨。只有他们那种平静的表情，才能使你想象出这里的过去、现在和未来。

对于过去奋斗中的许多艰辛，书记张书全和局长邓士君都不曾对我表达过任何慨叹，倒是一再强调他们工作中的不足，比如说他们的养老院还没有做到位。养老院近六千平方米，我看那里已经高度整洁，怎样才算到位呢？他们对自己的要求，当然不是我这个“看客”所能理解的。

以官为业，就要恪守官德，就要尽官之责，就要促进经济和社会发展，就要把百姓送进幸福里，送进舒适中——他们没有这么说过，可在绥棱林业局为领导干部制定“六要六不要”中，他们的表述更为朴实，更为深刻：要品格优良，不当缺德官；要谋事创业，不当太平官；要博学多览，不当无知官。

他们要求干部“心系百姓做儿子”——从宾馆报架上取下的一张林区内部小报上看到这句话时，我有一种醍醐灌顶的顿悟之感。只有对百姓心存敬畏，才会时刻将他们置于心头。我还记住了他们的另一句话：把自己的工作做到位。这话虽然没有多少“新意”，也很朴实，但要多少年如一日地兑现它，却需要恒心，需要一种坚韧。

听说，每年外来的几十批参观者大多数是各地干部，是来看绥林这个“神话”到底是真是假，是来向他们学习的。普通游客还不知道这座“无名小镇”，更不相信“县城”也能变成三 A 景区。而如今，林区已经为发展旅游产业做了许多准备，一座木屋火车站已经竣工，上面标着“绥林站”，车站为全木质结构，纹图新鲜如绘，在阳光下映出木质光亮。为游客准备的“抗联号”蒸汽机车也已开进经过整修的铁轨，游人可乘昔日运送伐木的小火车去游览小说和戏剧里的林海雪原，去饱赏童话般的丛林风光。

飞越台湾海峡

舱外的台北

飞机每降低一次高度，乘客都会有一种身子悬离座位又迅速落下的轻微感觉。当我们乘坐的这趟班机从香港起飞一个多小时以后，我们才有了这种降落的感觉。

台北到了！台湾到了！

从香港到台北，飞机要斜穿台湾海峡，而它进入台岛上空的时间又十分短暂，因此，只有我们感到飞机即将降落时，才会感到自己到达了台湾。

机舱里的说话声多了起来，我们都有几分兴奋。

那是一个苍茫的时刻，太阳斜缀在西天，散发着温和的色泽。面对舱外的空茫世界，我仿佛忘却了我们还处在天空与大地之间。我在寻找我自己，寻找我们即将降落的土地。

终于，我透过机窗从薄薄的云层间隙中俯望到了我们要去的那座城市，林立的楼房如积木一般在稀疏的云幕下忽隐忽现。几条河流交织着穿城而过，看不清水的颜色。

尽管我们实行开放政策二十多年，两岸的人员往来和文化交流日益增多；台湾文学界一些朋友通过见面和书信交流，更是直接给我带来了许多信息。但是，此时此刻我飞临这片土地，仍然感到陌生和神秘。

台湾是我们伟大祖国的一部分。这个常识好像与生俱来的本能意识一般，刻进了我们一代又一代人最初的的记忆。记得儿时在课堂上，老师在那块油漆斑剥的黑板上，凭着记忆勾勒出中国的版图，说我们的祖国像一只昂首啼鸣的雄鸡，台湾和海南岛是它的两只脚。我问，为什么不说成两只蛋呢？他笑了笑说，那就成了母鸡了。说不清在什么时间的一次考试中，只有一个同学将台湾与苏联、日本等国家一起，填进了“我们的邻国有哪些”的答案，为此他招来了老师的批评和同学们的嘲笑。

但是，在漫长的两岸敌对时期，我们只有通过单一的政治宣传和思想教育去了解台湾。在我们这代人开始懂事时，“反攻大陆”的喊叫还余音未绝。接下来，间谍特务、敌台广播、水深火热的血腥统治以及节假日我们停止炮击等特殊的概念，一直引导着我们对台湾的遥远想象。

从军以后，我们一遍遍在歌声中“把祖国的台湾省遥望”，但那是为了解放台湾，统一祖国。那时，我做梦都不曾想到自己能够在这样的背景下来到台湾。

此刻，我自然又想起了那首熟悉的歌曲：日月潭碧波在我心中荡漾，阿里山林涛在我耳边震响。这歌曲的旋律虽然深沉优美，也险些让我哼出声来，但这次访台，让我感到高兴的并不是能够前来领略日月潭和阿里山的胜景，而是自己有机会走进被历史隔绝得太久的祖国宝岛。我想，很多人肯定也是怀着这样的心情而珍惜这种机会的。

飞机拐了个弯，在继续完成它降落前的动作。

那片瞬间出现的如同沙盘模型一般的都市，也很快从我眼中消失了。原来，班机抵达的中正机场，离台北还有一个小时的路程。

一路上，每个人都脸向车外，专注地观察着这个生疏的地方。然而，这里的一切又是那么熟悉。除了路边的标示牌用的是繁体汉字之外，山川河流和散落的建筑物都与我们差不多，就像我们到了大陆的某个邻省。

我们在落日的夕晖中走进了台北，浓重的暮色使这座海岛上的大城更显得大气。但它给我们的第一印象却不是它的喧腾与繁荣，而是似曾相识。我看它就像一座内陆城市，就像一座我们十分熟悉的城市。

本来，我们不应该陌生。

如诗如幻的海岸风光

翻开台湾的地图，一道细细的红线环绕全岛，没有一处断缺，并且全部随着陆地地形的弯曲而弯曲，几乎与整个岛屿的海岸线等同。

这道线就是台湾的环岛公路，长达一千多公里。

我们的台湾之旅，很多时间是在这条公路上度过的。

一路是旖丽的海岸风光，那如伞如盖的芭蕉和临风亭立的椰树，那伸向大海的栈桥和夕照下高耸的灯塔，那苍翠的山峦和神秘的海洋，让我们这些长期生活在大陆腹地的人感到新奇。

千里海岸，一草一木都散发着海洋的气息，一山一石都浸润着海洋的色调。

我们在海岸线上奔驰着，我的整个心灵也在静静忙碌着。我久久地凝视窗外，心灵的镜头一直启动着。

这里是海洋的边沿，它悠远而旷阔。无论走到哪里，总有一侧是浩瀚的海水，一直延伸到遥远的天际。

这里是陆地的边沿，它幽静而美妙，无论走到哪里，它都紧邻着海洋，到处是海风吹生的画中景物。

辽阔的洋面是枯燥的，广袤的陆地又大多平淡无奇。只有在海洋与陆地的交汇之地，才有这如诗如幻、美不胜收的风光。

台湾的海岸虽然诱人，但这里的道路却是艰险的。好些路段只好紧贴山壁而过，海浪不停地在我们的车窗下拍击着路基。为了防止海岸被海水冲噬，沿途的岸坡都投下了成堆的钢筋混凝土铸砣。铸砣呈三角状，每个都重以吨计，短短一段距离所投下的这种铸砣都无法计数。台湾在千里海岸线的许多地方都设置了这样的人工护坡，其工程之浩大可想而知。

一道道漫长的人工护坡不但坚强地守护着美丽的海岸，而且在我看来，它本身就是一道宏大的海岸景观。

倾听大海的呼吸

在台湾作环岛游，我们时刻都面对着海洋。

风和日丽的日子，大海映照着天空，天与海都是一片蔚蓝，只有遥远的地平线上洁白的云堆将两种蓝色分别开来。

远远望去，大海总在静静地沉睡。

我将耳朵贴近车窗，去倾听大海的呼吸。但除了车子奔驰发出的呼啸，我没有听见任何声响。

没过多大一会儿，我们在一处海滩停了下来。在岸边宽阔的平台上，几乎所有人都被这里的海浪惊呆了。

一个接一个的巨浪向这片黑色的沙滩奔涌而来，最后一个匍匐动作，又迅速撤去。像一队单兵演练的勇士，在依次练习冲刺和卧倒。

是谁在给它们发着指令，是风吗？

可我分明记得那是一个气候宜人的时分，我一点都没有感觉到风的响动，千真万确。再看看身后山下的那些树木和花草，因为习惯了大海的动作，一个个纹丝不动，显得十分安静。

无风三尺浪。若用这句俗语来形容此处的海洋，显然是低估了它的能量。

赶快照相！在我感受是否有风的时刻，一个特高的浪舌卷着晶莹的水花正向我们涌来，几个敏捷的同伴争相以它为背景拍照。但是，还未等他们选好位置，那竖起的水幕便推了过来，轰地一声砸在岸沿上，很快变成大片白沫，带着流沙滑进墨色的海水，连我们脚下的水泥平台上也留下了大滩水沫。

大家都在准备，等待下一个浪峰的到来。

这时，伫立在平台栏杆边的我，蓦然感觉出了大海的呼吸。

远远地，你看它博大的胸膛在起伏，波浪伴随着它呼吸的节奏一次次从大洋深处涌起。

那种搏跳是永不停歇的。只有你在岸边虔诚地注视它时，才能感应到它强劲的脉搏。

最初的海浪像是浅浅的皱纹，每一次都是伴着大海呼吸的加深，渐渐地由低到高，最后化作巨大的鼾响，让山岳为之震颤。

海洋的呼吸有多深，它的浪就有多高。

太鲁阁峡谷之险

我第一眼望见“太鲁阁”，是在我被邻座旅伴推醒的那个瞬间。

好险的山谷啊！我的睡意顿时全消。假如有人将我当时的表情拍摄下来，一定是一种嘴张眼瞪的惊愕。

太鲁阁怎么是一片峡谷？由于赴台之前匆匆忙忙，没有想到去翻阅有关台湾的风情资料。抵达后，台方发给我们的有关游览线路的介绍，我也没有认真看过，每天只管将自己交给导游，交给那辆大巴，从早到晚跟着跑。听到太鲁阁这名，我一直以为它只是一座庙宇式的建筑。

一辆辆汽车在悬崖峭壁间的公路上穿来绕去。有的车辆还是双层大巴，看上去又高又笨，但它们驶上这段狭窄而弯曲的险路，却变得格外灵巧。

前面好像是没完没了的急转弯，看我们前头的那辆大巴，高大的车身似乎已有半截冲出路面。

呼！它迅疾一扭，转眼溜到了山崖的另一侧。在它从你视线里即将消逝的那一刹那，半截红色的车尾在山半腰的空中一甩，便不见了，让你为它提心吊胆。

很快，我们的汽车也绕过山峰，我又看到了那辆大巴。它依然在悬空的公路上迅跑着，姿势还是那么流畅，像一匹凌空的奔马。

顺着它奔驰的方向望去，一座黑洞洞的隧道口突然出现在它眼前，它却没有减速。眼看洞檐就要顶住它高高的“前额”，可它照样敏捷地钻进了隧道。

我不知道我们乘坐的大巴，是否也是以这种惊险的动作向前行进的？我一直在看着前面的一辆辆汽车，心里比看一场高空杂技还要紧张。

因为太鲁阁是一处名胜，我们才奔它而来？我问自己。

导游见大家的心情渐渐舒缓下来，就拿起话筒告诉大家，这里是我们从花莲县回台北的必经之地。也就是说，即便不是为了观光，我们也要来到这里。

更确切地说，太鲁阁峡谷奇迹般的公路并不是仅仅为旅游而修建的。

台湾岛内面积三万六千多平方公里，其中三分之二属于山地，台湾山脉纵贯南北，成为全岛的脊梁。高峻险要的山势，给岛内的交通造成了许多不利。据说台湾的火车没有卧铺，因为路窄，轨道的宽度不够。二十世纪五十年代，台军大批退役的老兵无法就业，当局根据蒋经国的建议，集中数万退役军人到太鲁阁开山筑路。为了开辟这段不过十七公里长的山间公路，四百多条壮汉葬身峡谷。如此沉重的生命代价，应该说在中外筑路史上都是罕见的。工程竣工之后，他们在这里建了座“长春祠”，取“万古长春”之意，以祭祀那些献身太鲁阁公路的殉职者。

听着导游的讲述，我脑海里立即显现出河南林县人民在太行山麓奋力开凿红旗渠的镜头，他们腰系长索，将自己吊在飞鸟不歇的悬崖绝壁，或挥镐劈石，或凿眼放炮。命运决定他们必须选择这种悲壮的搏击。此刻，我仿佛也看到了台湾老兵修筑太鲁阁公路的纪录影片。

太鲁阁峡谷以及台湾的许多高山深川，亘古以来一直保持着自然的安宁。就因为在二十世纪上半叶中国那场波澜壮阔的内战之后，蒋氏政权兵败大陆，只好退守到这座狭长的孤岛，这里的许多宁静从此便被打破了。

为了让游客更深切地感受太鲁阁峡谷的天险，导游依例让我们下车步行一段路程。那里的一段公路外侧，早就为游人专修了人行栈道，我们走在上面，感觉就像走上了一条高悬在河谷上面的狭长吊桥。

我正小心翼翼地往前走着，忽然听见有人在后面提醒说：请走人行道，这样不安全！我回头一看，我们有位女同志走的是里面的车道。她对我说，外面那道儿她不敢走，她有恐高症。

是的，脚下那深不见底的涧谷，很多人看去都可能感到心悸。

幸好，我们是在一个入冬的日子来到这里的。涧水干涸，谷底清清，静静的峡谷一片空灵。如果是在夏季，这里的山谷洪水翻腾，到处发出波涛的巨响，更令人心颤不已。

访台归来后，我从一份资料上看到，台湾当局于一九八六年在太鲁阁成立了“国家公园”，面积达九万多公顷。园区内矗立着几十座百岳大山。由于群峰海拔垂直，落差极大，地形和气候都很复杂，从而造就了繁复歧异的植物生态。并且，这里还有名闻中外的大理石地质岩层，派生出许多美景，使其成为台湾最足以傲视世界的峡谷景观。但是，由于我一直沉浸在对太鲁阁峡谷雄险的惊叹之中，没有留意它的自然风光，更没有去寻找那些珍奇的动植物,因而总没法将它与公园联系起来。

太鲁阁的险奇已被我深深地刻记着，至于它是否有阁，是否像一座公园，似乎不怎么重要了。

访台酒记

当我们被台北的接待方安排停当，走出下榻旅馆的时刻，朦胧的夜色已经笼罩了这座都市。一条条大街华灯初上，霓虹闪烁，整个城市又开始了新的一天灯海中的生活。

我们在繁忙的车流和人流中穿行着，我想到自己作为过客曾经去过的不少城市，无论你怀着对它们怎样的好奇，无论你对它们是怀着热情还是别的什么心情，迎接你的总是那种不变的表情。此刻，我举目四顾，感到这座异乡的都会更是如此，一盏盏灯火看似热烈，对我们却是一副漠然的眼神。尽管我们这会儿正是应邀去参加台北产业总工会举行的欢迎晚宴的，但我看来那只是一次礼节性的安排，不会让我们的这次行程多一份什么，也不会让台北少一份什么。

酒之一

寻思间，出乎我所预料的热情场面已经出现在我们面前。晚宴的主人早早地等候在宴会厅里，头顶还悬起了表示欢迎的大红横幅。开宴之前，他们的理事长、副理事长向我们访问团赠送了他们的会旗，同时提议与全体成员合影留念，并且早已备好了相机。理事长在致辞中说，作为我们这次访台的邀请者，台北产业总工会一直期待着我们的到来。

握手，问候，照相，鼓掌。在颇为隆重的礼仪气氛中，在金色壁灯与镁光灯的交相辉映下，每个人都保持着微笑，保持着彬彬有礼的神态。主客双方彼此热情而又生疏，甚至有几分拘谨。

前奏结束之后，双方相互恭请入席就座。透明的高脚玻璃杯频频举起，未过三巡，彼此犹如故人。是主是客，是何身份，似乎变得不那么重要。我坦言相陈，我们访问团一行十人，多数是大陆的公职人员。坐在正中主人席的理事长举起酒杯侧身向我真诚地回应道："我们清楚，来了都欢迎！"说话间，他的身子更加向我靠近了，心也更加向我们靠近了。

对方陪同入席的几个人，祖籍都在大陆，并且都是内战之后退守台湾的国民党军政人员的后代。他们都出生在台湾，但大多没有回过大陆。出于客气，我邀请他们回大陆看看，特别是要到武汉来看看。武汉是辛亥革命的中心，孙中山领导的中华民国临时政府设在南京，但临时政府的组织大纲是在汉口制定的。武汉是中国近代历史风云的一个发源地，留下了很多遗迹，值得去走一走。

说到这里，身材结实、面相敦厚的理事长显得有些动情，他突然站立起来，提高声音感叹道：“那里是我们的根，我们原本是一家人啊！”说罢，他将手中的酒杯朝着我略作示意，就独自将半盏白酒一饮而尽。

几个装满一斤半的高粱酒瓶，都先后变成空瓶，醉意开始在宴会厅弥漫起来。大盘大盘的海味山珍所显示的盛情，已渐渐被两岸同胞血脉相连的亲情和烈酒燃烧的豪情所取代。

日本人不是东西，美国人也不是东西，他们都希望我们两岸对峙，我们自己不要打起来啊！一位已进入半醉状态的先生说这番话时，舌头已不太利索。我说，我们都是老百姓，两岸的百姓都不希望台湾独立，所以不会轻易开打。

这要说到我们访台的那个时间，那会儿正值台湾大选前的几个月，为了遏制台独势力，大陆对台湾的局势处在密切的关注之中。对于这个本不该我们交谈的话题，如果我们完全回避，未免有些失礼。但是，我不知那位醉眼朦胧的老兄是否听进去了，因为当时还处在杯来盏去的高潮中。

酒文化不愧是中华民族源远流长的共同文化，酒，最能传达人的情怀。

彼此都喝得够量了，但仍然意犹未尽，而我们次日清早就要离开台北。他们提出，等我们再返台北时，由华侨银行产业工会再安排一次宴聚。这个提议是在座的该工会理事长蔡先生临席作出的。我们一再推辞说，今天已经够麻烦够领情的了，可他端着酒杯久立不坐，硬要我这个团长表个态，直到我跟他碰杯约定之后，他才露出释怀的微笑，那情景很让我们感动。

酒之二

十一月二十八日，也就是我们抵台的第四天，我们到了高雄。台方陪同人员告诉我，廖先生执意要宴请我们一次，安排在今晚。

廖先生就是在不久前出任过“法务部”部长的国民党人士廖正豪，他卸职后曾经到过武汉。这次，他得知我们访问团到来，当天就准备在台北招待我们。由于那天台北产业总工会早有安排，我们只选派了两名代表去和他见面。这天，听说他携夫人特意从台北赶到了高雄。盛情之下，我们难以推辞。

高雄圆山大酒店，这座因刚刚故去的宋美龄而名闻遐迩的酒楼，迎着微微海风矗立在夜幕下的闹市街口，颇有几分气派。当我们被引入二楼的一座大包厅时，廖先生及当地的陪同人士已提前赶到。

包厅金碧辉煌，只设了一个特大的圆桌，二十多个席位都摆上了精致大方的出席者名牌。

我把访问团的成员一一介绍给廖先生之后，他示意陪员拿来一张印在红纸上的《与会名单》和一本专门为这次晚宴印制的精致菜单，由他转交到我手上，然后让我对着名单听他介绍主方的出席者。没想到，他竟邀请了台北市和高雄市政界、工商界、宗教界、文艺界和新闻界的十多人来作陪。

颇有风度的廖先生亲自主持宴会，一番用语得体而又热情洋溢的欢迎辞之后，双方开始以酒交流了，照样是台湾有名的高粱白酒。短短几日，那种醇香已使我们熟悉起来，人也变得熟悉起来。

我们中华民族对酒的豪气更加增添了这种液体的穿透力量。围坐在今晚这张酒桌上的主宾双方，仍然不曾相识，但杯中的酒液却穿流过茫茫海峡，穿流过漫长的隔绝，在大家的心中流淌着，荡漾着。

看上去比较稳健的廖正豪兴致很浓。他一遍遍高高地举杯劝饮，并多次离席向我们访问团成员敬酒。无论是客方还是主方，都没有因为他是做过高官的政界名人而拘束。同样，廖先生看到大家的热情气氛，始终是一脸的笑意。

忽然，廖正豪扫视了一下酒席，顿觉缺了点什么，又若有所悟地宣布："听说杨团长吸烟，还有几位先生吸烟，大家想吸就吸吧。"一片笑声中，第一个应该向他表示谢意的，当然是我了。在台湾，连一些路边小酒馆都不允许室内吸烟，别说这样的大酒楼了。我不知道今天的破例，是他什么时候请求店方允许的。

在酒的力量面前，许多虚伪的东西会被冲淘而去。是兄弟，是同胞，是朋友，就应当放开量喝，大杯地喝，尽情地喝，喝出豪气，喝出真诚，喝出感情来。这次酒宴上，来自高雄工商界的曾先生等人当众醉倒在酒桌上。这使我们有些过意不去，同时又由衷地感激他们的盛情和真挚。我们素不相识，以后又未必能够再次相聚。

酒终席散，彼此依依告别。我们的车子开去很远了，廖先生他们还站在酒店门前朝着我们拱手揖送。回想刚才觥筹交错的热烈场面，我更加坚信，没有什么力量能将海峡两岸割裂开来。

酒之三

有位诗人写道：有时妻子也不能给人以温暖，只有酒的性情永远不变。

在我看来，酒的性情所以不变，是因为我们民族的性情没有变。

我知道这篇酒记再写下去，可能导致冗繁之嫌。但我顾不了那么多，我必须将它写完。因为我过去没有写过酒，因为我们这次台湾之旅，使我第一次品出了酒的意味、酒的真性和酒的情怀。

在我们返回台北的路上，蔡先生的电话就打来了，让我们直接赶到他们华侨银行大楼。由于台北市内几处塞车，我们赶到时已经快七点了。

台方出席上次宴会的几位先生几乎全部到场。蔡先生话语不多，那天他说要把今天的宴会办成“家庭式”的，果然一一践诺。酒席就设在他们银行的办公大楼里，还特意留下了几位员工酒后和我们一起同唱卡拉 OK，跳舞联欢。筵席设置同样丰盛，连硕大的龙虾都上了两盘，不知道他们是从哪里端到这办公楼上的。倾其所有，真心真意。是中国人，就会这么待客。

没有酒楼夜晚的流光溢彩和笑语喧哗，也没有更多的话题，但很多情意尽在杯中。来吧，还是用酒来表达彼此的同胞之情吧。

像是为久别的亲人接风，又像是为远行的兄弟饯行，喝他个痛快，喝他个尽兴，喝他个一醉方休。几番交杯换盏，一杯杯开怀畅饮，好客的主人仍然深怕怠慢了客人，席间的情致有增无减。

对饮之间，顾盼四周白色的墙壁和门外简洁的楼道，真如置身在某个友人的宅第。我又不禁自问，这样的酒筵既与好饮善饮和公款吃喝沾不上边，更与百无聊奈的赌酒拼酒风马牛不相及，但谁见了这种杯来盏去的亲热与豪爽，都不会相信我们仅仅是一面之交的两地之人。同胞之情为什么会如此深厚而不可撼动？

夜，已经很深了。我们踏着如水的月色和沉醉的灯辉，穿越台北的大街。虽然我们身为客人不能因酒失态，但大家都喝到了醉境。有位同志问我，为什么他们每次都有人喝倒？我回答说，你为什么不问这其中的情感？

第三辑

海天漫笔

秋色的欧旅

再访巴黎

秋叶飘落的巴黎，不是我记忆中的巴黎。

第一次来到巴黎，是个初夏时节。凡尔赛宫外的花圃和许多临街窗台上简洁的花簇，装点着这座西方名城春的烂漫与春的热烈，如织的游人在这里追寻着春光的脚步。

我曾带回过巴黎春天的整部相册，尽管那种繁华和绚丽不属于我们。

巴黎，对于我这个来自东方的普通造访者来说，也许它永远是模糊而又陌生的。

因而，当我再次飞往巴黎时，心中依然没有巴黎，眼前秋景中的巴黎也更加冷漠。

我们降落巴黎，已经是华灯初上的时刻。再次登上塞拉河的游轮，一道道飞跨的桥梁和两岸连绵不绝的古典式楼宇，以及那座闻名于世的巴黎圣母院，在如昼的灯火中更加富丽亮堂。我想起瑟瑟秋风中昂首行走于街灯下的贵妇，无论她们多么庄重与美丽，在我们看来都只是一道风景。

很多人说巴黎是浪漫之都，我从未感受到它浪漫在哪里；也有人说它是最开放的都市，但我说不出哪个西方的发达都市不及它开放。

踏着遍地秋叶，走过巴黎的大街小巷，走过一幢幢气派典雅的灰顶大楼，我不知道自己到这里来寻访什么，还不由生发出几分怅惘。

埃菲尔铁塔矗立在灰暗的云表之下，凯旋门也在疾驰的车流中孤傲地凝视着天空。整个巴黎并不在意寒凉的秋色，更不在意从万里之外赶来的访客。

然而，我从巴黎白昼的冷清之中，从它入夜的灯海之中，依然感觉到了它那强劲的心跳和血流的涌动。

我走了，是在巨大引擎的轰鸣中离开的，是在一个阴雨蒙蒙的午后时刻悄然离开的。

我能够带走的，只有巴黎飘零的落叶和塞拉河上灯光靡曼的凉夜。

2008.10.15 夜，雷克雅未克郊外旅馆

舱外雪原

往北，往北。

窗外悬空的银灰色的机翼，总是那么纹丝不动地横斜着，只有对照远空的景物，才能感觉出飞机在箭一般向前穿行。

舱内，只有速度的轰鸣。

临窗的那个白人女孩读着一本翻旧了的书，我读的是一张从国内带来的中文报纸。

她扫了一下我手中的报纸，投给我一个礼貌的微笑；我也斜了一眼她捧着的书，只见书上有些欧洲原野风情的插图。我们都不知道对方读的是什么。

她放下书，凝视着窗下的雪原。

哦，我们好像在穿越极地。

多么辽阔呀！我肯定听懂了她的惊叹，尽管我不知道她说的是哪国的语言。

遍地都是洁白的积雪，那里有大片大片的麦地，机耕的土壤呈现出规则的波浪，积雪也按照规则一丝不漏地将其盖了个严严实实。

还有隐约的村庄、宽阔的马路，以及远方模糊的建筑。

生活给大地雕塑了什么，大雪就将这里的一切复制出什么形状，不会有一处走样。

只有村落边的池塘没有被覆盖，剩下薄薄的残冰在墨绿的水面漂浮着。

冰岛，我们要抵达的目的地，一个总让人寒冷又觉得神秘的世外岛国。我想这会儿，这地方该是寒冬了。

更远处，像是无际的冰川，冬季将一切扫描成了白色。

一切都很神秘，但无法弄清我们飞到哪里了。

女孩脱下外套扔在座椅下的地毯上，又索性从她大红大绿的花布棉靴里抽出双脚，快乐地缩到椅子的边沿上，她那双眸子已完全属于窗外的雪景了。

不知什么时候，她抱起了一部与她那双纤手很不相称的黑色大像机。几声咔嚓之后，她扭头将摄取的镜头放给我欣赏，蓝蓝眼珠里的兴奋，把她的笑容衬托得更加灿烂和机灵。

OK！我伸出大拇指。

我们一起为机翼下的壮美而感动，又一起感受了语言阻隔的遗憾。

横在眼前的机翼标志着我们的高度，也是舱外世界的唯一参照物。

飞机在空中飞了多远，我们脚下的雪原就延伸了多远。直到我们感到有些颠簸的时候，才看到漫漫长风将无际雪景抹成了白色大漠，雪后的景观没有了，阳光映照在雪堆上的金色光亮没有了，随之而来的，是风的巨帚抹出一座座光洁的“沙丘”。

我蓦然醒悟，航班没有经过极地，我们飞越的原来是一片大洋，是大洋之上的茫茫云海！

浩瀚海洋是陌生的，北大西洋万米以上的高空是陌生的，但那个透着几分顽皮的活泼女孩却不陌生，神奇的云浪在海洋上空铺设的世界却不陌生。

这次航程，我们一起飞越大海，一起穿过万里云天，一起阅读了一部在我们东西方文字中都不曾读到过的云上世界。

10月18日夜，哥本哈根旅馆灯下

夜色中的小镇

这是一座建在群峰怀抱，坐落在狭窄谷底的小镇，具体说来只有一个游轮码头、一个火车站、一座旅馆和几栋零星的房子。

各种肤色的很多游人白天乘上游轮，穿过峡湾的画境来到这里，也许并没有留意到，自己被留在了深山峡谷之中。

一天的风光陶醉，在渐暗的夜色里刚刚结束，小镇夜间的诗意却不知不觉又在峡谷中的灯火里开始了。

被冰雪覆盖的雪山近在咫尺，刚才在夕晖下还格外明亮，转眼间已隐蔽到了黑森森的夜空。深达千米的河湾，只留下岸头的灯光照见黑洞洞的河水；半山间那道幽深的隧洞不见了，山顶飘挂而下的那条高高的银瀑也没了踪影。

白天的游轮不知什么时候开走了，戴着大沿帽的船长肯定也走了。那列送我们去看过雪峰险谷的老式绿色列车，回到了峡谷中的小站，可那位高大而严肃的火车司机却不知哪去了。在列车漫游途中，一直爬在窗口看雪的那个头戴列宁帽的快乐少年也不知哪去了。

小镇彻夜通明，码头彻夜通明，小小火车站也彻夜通明。

站旁还有一座十分简单的火车陈列馆，就是一间玻璃墙的房子，里面陈设着古老的木壳机车，如马车车厢一样的木纹，在透亮的灯火下清晰可见。这让人想起小镇旅馆大厅里那辆马拉的老爷车，想起我们在黑白影片和一些老画册上看到的遥远的欧洲。

整个旅馆沉睡了，整个小镇沉睡了，整个山谷沉睡了。

而旅馆楼前那株高大的银杏没有入睡，在灯影里更加挺拔金灿，像是小镇的一个夜哨。路边一方方草地没有入睡，它们在低矮的栅栏里绿油油地等待着夜露。还有林荫下的花丛也没有入睡，它们还在迎着寒湿的夜风悄然开放。

黑茫茫的夜幕中，小镇那迷人的故事还在继续。

小镇叫弗洛姆，不知道坐落在挪威的什么位置，但它的名字对于这个寓言中的世界来说，已经无关紧要了。

10月20日夜，奥斯陆THON酒店

挪威的丛林

汽车沿着山间公路向前疾驰，沿着金煌的深秋向前疾驰。

秋日落下的本应是枯枝败叶，是枯槁和伤怀。而挪威的秋意却是透明的金黄，却是旖旎的画幅，林子里飘落下来的也是如歌的色彩，也是金子般的诗句。

法桐、榉木、银杏树，为挪威披上了金灿灿的季节。还有漫山遍野的白桦林，更是一片梦幻的深黄，更能激起人们童话般的想象。

西方画家笔下那种黑色底衬的风景，我们曾读过千百遍，但没有看到过秋天的画笔这样大涂大抹，没有看过这样的峰谷，没有看过这样的远山，没有看过这样苍青衬底的金色油画。

千里长峡，千里画廊。

挪威的山水，是用油画拼装出来的。

来自西方或东方的游人，似乎都在用同一种语言发出惊叫和赞叹。

那种心灵的语言，源于心灵的震撼。

奇妙的是，挪威的晚秋还能展现出四季。沿途，涧底的河流荡漾着碧澄的春光；两岸的坡地上分布着整洁的牧场，一片片绿油油的草地如绒如毯，洁白的羊群在这人工种植的草场上悠悠移动，使人闻听到这临近北极的夏日的生机。山间的树丛，金黄里间以艳红的枫叶，昭示着眼前本来的时令，峰顶则是万年常在的皑皑冰雪。

海洋，把这里的四季风光浓缩在一个镜框中。当然，暮秋的挪威，主色调还是金黄的韵律。

因为，挪威的丛林是金黄的，挪威的群山是金黄的，挪威的季节是金黄的。

千山万壑，秋光越来越黄了，白桦树的树干越来越白了，一座座星散的坡顶木屋也越来越令人遐想。

丛林里那些坡度很陡的小屋，木墙石瓦，尖顶上还竖着方筒式的烟囱或小小天窗，但不见袅袅炊烟，也不见有人进出，总让我想到安徒生笔下的密林和那些可爱的小矮人。

那木屋，那树丛，那静谧的秋空和清澈的小河，仿佛在给经过这里的孩子们描绘着动漫式的彩色插图，描绘着白桦林的故事，描绘着秋天的故事。

10月23日晨，赫尔辛基至斯德哥尔摩途中的海轮上

情侣岛的真实童话

赫尔辛基坐落在芬兰湾一个风光绮丽的半岛上，我们来到这里时，已经是一个深秋季节，整个海湾浸透在凉飕飕的空气中，但赫尔辛基的海风与阳光融在一起，加上远远近近暖色调的浓荫，烘托着这里尖顶的教堂和群立的楼宇，使人感觉不到寒秋的肃杀。

体态丰盈的天鹅和许多水鸟也没有从这里的海湾撤走，尽管严冬即将来临，它们还留恋着这里最后的时令和海浪的水温。

因而，这个时节我们还能在这里看到人类与自然和谐相处最生动的场景。

世界各地的游人来到赫尔辛基，都要去情侣岛，去体验和见证那里的鸟类怎样与游人相处得亲密无间的。

情侣岛是这个滨海城市近郊的一处小岛，小桥连接起几个靠陆的小小岛屿，便有了一座公园，便有了一个每天都发生着“童话故事”的迷人处所。

在蓝色的海湾一角，长长的栈桥通往金色的丛林，各种水鸟成群结队在海面上慢悠悠地游动着,或者在桥栏的空中欢叫着。

晚秋的午后不是情侣的时光,我们在这座名为“情侣公园”的林荫里，没有见到任何爱情的影子，只有那些要么很悠闲、要么很兴奋的鸟群。

与其说这里是城市的公园、游人的公园，不如说是鸟类的公园。

鸟群里数量最多的是北极雁，羽毛灰色，有的在海水中忘情地嬉戏，有的在岸边或桥头摇摇摆摆地漫步。一旦有小朋友撕碎面包撒向水中，它们立即轻快地划过水面争相而来，一个个半竖起身子，高扬着头颅，微展双翼，如在冰上滑行般快捷，那肥硕滚圆的身子怎么也看不出笨拙。有些灰雁还奋然跃起，以其长喙直接在孩子们的手中攫取食物。

这时，等候在树枝上的乌鸦也不甘坐失良机，它们看准食物，敏捷地俯冲下来，也能有所收获。这时，你会看见这里的乌鸦除了头尾和双翅乌黑之外，其余部分都是灰色的，它们与人类极近距离的靠近，颠覆了我们中国那句“天下乌鸦一般黑”的真理性俗语。

相比体格肥大、但行为和动作都很俗气的大雁，美丽的天鹅姑娘不知高雅到哪儿去了。它们停浮在人们伸手可触的海面上，对着如镜的海水从容梳妆，对过往的行人似乎视而不见。尽管有些游客想方设法上前挑逗，它们也只顾打理自己的羽毛，其神态庄重自尊，雍容华贵而不容亵渎。

此时，我特别理解芬兰人为什么喜爱天鹅，他们把天鹅定为国鸟。

不过，情侣岛上最招人喜爱的还是活泼的小松鼠，它们抖动着高翘的尾巴，使游人一眼就能将它们与路边的积叶分辨开来。它们是岛上的常住居民，总是像孩子一样期待着家里来客。

当我们还行进在栈桥中段时，老远就看见一两只松鼠在桥那头的林荫路口欢蹦着迎接我们，可当你走近时，它们却迅速退到了路边，不是惧怕，像是礼让。

当地人俯下身子，伸开手指接近地面，它们就欢快地跳了过来，把嘴探向手心。原来，它们以为有人馈赠食物。

尽管是哄骗它们，但它们毕竟不是孩子，你再次伸出手心时，它们还会再来。

那个下午，前来游览的只有零零星星的当地游人和一群幼儿园师生。一位好心的金发姑娘带着一袋炒熟的花生豆，自然成了小精灵们追逐的对象，她主动给了我一把，才把它们引到我的手心。可小家伙叼走一粒后，转身就跳到树后去了。有经验的导游告诉我，松鼠要准备食物过冬，它们将刚刚得到的花生豆埋在某个洞穴里，马上还会再来的。话音未落，它们果然又半竖着身子跳过来了。

这座海上公园的林子上空，还盘旋着轻盈的海鸥、灵巧的画眉和啄木鸟，等等，它们在人类面前都丝毫没有感到敌意，看上去它们都像马戏团经过驯化了的动物一样，让人感到亲近可爱。

情侣岛真正是鸟类的天堂，也是孩子们最留恋的乐园。当然，在与这些可爱的精灵们零距离的接触中，感到非常开心的不只是那群天真的白人娃娃，还包括我们，以及到过此地的所有游客。

这片在常见地图上找不出标示的微型岛屿，就这样每天向世人上演着人类与自然界高度和谐的真实画面，早已成了一道闻名于世的动人景观。

当然，在这个诗画般海湾的很多角落，都可以看到这样的场面。说不清在这里的秋光树影里，有多少生灵和赫尔辛基的居民一起，享受着这里的盈盈海浪和悠悠云朵，享受着天空的温馨与宁静。

据说有位中国学者写过一本书，叫做《“傻冒”的芬兰人》，因为这里城市的公共汽车和电车没有人监督，全由乘客自觉投币；驾车者到加油站都是自己动手加油，加了多少全凭自己报数交费。

我想，更能见证芬兰人“傻冒”的，是我们在情侣岛上的所见所闻。他们把诚信的生活准则延伸到了对待自然的态度上，善待动物，决不伤害它们，面对那些不会说话的鸟兽，也能做到言行如一。如此日复一日、年复一年地依靠全体居民的共同努力，他们才赢得了各种动物的高度信任，才有了动物在人类面前的那种泰然神态，才有了动物与人的相互友好和相互会意。

诚信是社会文明的高度，诚信在这里早已超越了时尚。

夕晖渐渐降临，我们该离开了。可是，这季节，这都市，这海岛，我们无法用语言沟通的异国风情，不仅是用和谐与美丽所能表述的。

2008年10月23日晚斯德哥尔摩，斯堪尼亚大酒店

回望罗马

一

当我透过车窗，第一眼看见这座椭圆型的建筑时，才真正看到了罗马。

古罗马为我们留下了许多断壁残垣，而这些断壁残垣又为我们竖起了古罗马的富丽堂皇。

今日罗马悉心地保护着这些残破的建筑和建筑的残块，像我们的民族在玻璃橱中的红绒布上小心翼翼地陈列那些破损的陶罐和瓷片。

只有古罗马才能留下这片废墟，也只有这片苍凉的废墟才能躺下强盛的古罗马。

然而，宫殿的遗址只能唤起我们的无限遐想，残碑断柱也仅仅是铭刻了罗马帝国的千年兴衰。角斗场却不一样，它还能为我们再现出当年那残酷的场面和惊心动魄的故事。

二

巨大的角斗场矗立在古城苍茫的天色里，一排排巨形拱窗像阴森的黑洞，最上面一排虽然透着天光，但它们更能使我想到当初的黑暗和恐怖。

这座角斗场是罗马最大的角斗场，它是罗马帝国皇帝图多斯为纪念毁灭耶路撒冷的胜利而建的，公元七〇年开始动工，十二年后竣工。此时，奴隶角斗已有三百多年历史了。

第一次举行奴隶角斗是在公元前二六四年，那是在罗马的一个剧场，六名高大健壮的奴隶分作三对先后登场。第一对上场后，没两个回合，其中一个便被对方的短剑刺进胸膛，鲜血喷射到了舞台的边沿。刚才还在紧张狂喊的贵族们，又立即惊叫起来，有的女人被吓瘫在座位上。

我想，第二对角斗士也许是在恐惧的状态中被人赶上舞台的，他们只好抖起精神，脚踩着刚才死者黏糊的鲜血，去进行这场你死我活的表演。

角斗结束了，满场的贵族看客享受到了从未有过的刺激，而六名角斗士却只剩下了三个，说不定有的还负了重伤。

我们不知道是哪个统治者想出这种杀人游戏的，也不知道最初的那几个奴隶是怎样被弄来参与角斗的。但是，历史记下了那个丑恶的日子。

一种极其残忍的罪恶从此开始。

为了满足奴隶主们的好奇心，后来的角斗又增加了人与野兽搏斗的项目。罗马帝国第一任皇帝屋大维·奥古斯都在任的四十一年里（前二七——公元一四年），举办过八次角斗表演，每次观众都达十万人。

我们眼前的这座角斗场是角斗规模愈来愈大的产物。对衣食无愁的贵族来说，它是寻求感官刺激的娱乐场，对参与角斗的奴隶来说，却是可怕的生死场。

三

这座角斗场无论是外观，还是内部结构，都类似现代的大型体育场馆。

但我远远望去，它就是一座庞大而坚固的铁笼。

当初，为了庆祝它的竣工，在这里举办了持续一百天的角斗表演，三千名角斗士和五千头狮虎猛兽参加角斗，最后，参与角斗的奴隶所剩无几。

当我们走进这座杀人魔窟，站在高高的看台上俯望脚下那片深深的“盆底”时，总好象还能听到刀戟与盾牌相碰的恐怖声响和猛兽扑向角斗者的那一瞬间所发出的沉闷吼啸，总好象还能看见四周那一座座坚实的牢笼里，正等待被放出来决斗的那些活死物们怪异的眼神。

能容纳八万观众的一层层看台，此刻都空荡荡的，但我们仍然听见了一阵阵震耳欲聋的喝彩和惊叫。虽然它穿透了十几个世纪，仍然那么清晰刺耳，犹如现代足球赛场上球迷们欢叫的音量。

突然，一个角斗士受伤了，无力再进行拼杀，他迅速退到赛场的边际，放下短刀和盾牌，扑通一声跪下向对方求饶。看台上发出狂喊："饶恕他！饶恕他！"就在胜利者举刀欲止时，人群中又出现一种高呼："捅死他！捅死他！"求饶者终于被对方一刀刺倒在血泊中。接着，那个比可怜的惨死者更加可怜的人，被戴上棕榈枝，手举带血的钢刀，欢跳着绕场一周，博得整场观众的一阵阵欢呼。

四

狂呼声还在我耳边回荡，那残暴的一幕还在继续上演着。

接下来，从"盆池"两边的囚笼里放出的是两位女角斗士。她们手持沉重的桦木盾牌和锋利的短剑，胳膊和腿上绑着亚麻和金属护具，袒露的部分鼓出健硕的肌肉。她们保持距离，精力高度集中地进行着短暂对视，以寻找对方的破绽出击。

整个角斗场更加疯狂，看台上的沸腾只有用喷溅的鲜血才能止息。

脚下的一对女性都在用生命进行生死决战。

台上的贵妇人却用肥白的手臂搂着自己的丈夫，在紧张地等待血腥的快感。

看够了男人与男人、男人与疯兽搏斗的看客，只有女人在绝望中拼杀和女人在血泊中挣扎的死状，才能给他们带来更大快乐。

女角斗士的历史维持了一个多世纪。

或许是因为太无耻，岁月掩埋了许多罪状。

一位雕塑家在一方精美的大理石上，刻下了刚才的一幕和两位女人的芳名：阿奇丽娅和亚马逊，刻下了那一百多年最惨无人道的女性角斗史。

在我们来到罗马的前一年，英国的考古学家在伦敦附近一座名叫哈利卡纳苏斯的小城清理古墓时，发现了这块石刻。

古罗马有女角斗士，第一次被证实。

五

角斗的盛行，带来了角斗训练所的诞生。

此时，在离我们并不遥远的庞贝古城遗址，就躺着一座规模不小的角斗训练场。在训练场一侧，建有一座两层楼房，底层有六十六间无窗小房，每间房仅四平方米，却要住两位角斗士。上面一层实际是座半圆形岗楼，时刻监视着下面的奴隶。

他们就住在如此狭窄阴暗的地方，每天训练着杀死别人的技法和胆魄，每天又在等待着自己的死亡。

在半岛南部有个同样的名叫巴提亚的训练所中，角斗奴斯巴达克终于等待不下去了，他秘密策动了一批弟兄逃离虎口，在维苏威火山点燃了奴隶起义的熊熊烈火。

斯巴达克晚于中国的陈胜一百余年，但他们发动起义的直接动因却有着惊人的相似，都是不甘等死。陈胜吴广率众去屯守渔阳，因雨逾期，按律当斩。“今亡亦死，举大计亦死”，他们选择了后者。角斗士面对如此残酷的厮杀，不可能有永远的胜者。他们每次决战的生存概率顶多只有百分之五十，但随着次数的增加，这种概率将会递减为零。然而，这场因为角斗引发的险些推翻了罗马共和国的奴隶大起义，并没有使当局废止角斗。更加发疯的角斗运动还兴起在斯巴达克之后。

又是几百年过去了，不知多少生灵倾刻间变作尸体，被人像拽死狗一样用长钩拖出角斗场。

公元四〇〇年的那一天，还是在我们眼下的这片圆地上，一场激烈的拼杀就要开始。两位角斗士面向皇帝高呼了“皇帝万岁”之后，迅速摆好了刺向对方的战斗姿态。

这时，不知从哪里突然闪出一个瘦弱的老人，冲到场中两个角斗士之间，只见他张开双臂在阻拦角斗士向对方发起进攻，角斗的双方开始都不知所措。后来角斗士企图绕开他，但他又一次冲到他们中间去奋力阻拦。

这突如其来的情况令全场惊诧不已，少倾，观众反应过来了，许多人站起来愤怒地吼叫：“杀死他！杀死他！”老人应声倒地，角斗照常进行。

那场在老人的尸体和鲜血上进行的角斗，使罗马人的心灵受到了另一种震撼，麻木了的良知和扭曲了的人性，自那一刻开始复苏，他们为自己的残忍感到羞辱。两年后，罗马皇帝终于下令废止角斗制度。

这位叫阿利马修斯的老人被角斗场埋葬了，但他以自己的壮举埋葬了这种兽性的娱乐习俗。

六

角斗场的高墙已经豁缺，那就是文明与野蛮搏击的痕迹。

历史砸碎这座罪恶的铁笼竟花了六百多年的漫长时间。

荒诞的东西终究会被打破，它们本来就不存在完美。北京的故宫、巴黎的凡尔赛宫等许多宏伟的宫殿，如今也不过是一座座完美的废墟。

气势恢宏的角斗场为罗马这座浪漫的都市添上了一层黄昏般的色彩。

回望罗马，在它那现代繁华与古老荒凉相交织的辉煌气象中，我第一眼看到的依然是那座高高耸立的角斗场。

2001年6月30日澳门

冰雪俄罗斯

跨越国境

从绥芬河出关，乘火车行进，不知什么时候进入了俄罗斯的地界。同行者告诉我，他早就看到了界碑，那一定是中俄领土的分界线。

火车到达一个小镇，叫格逻迭科沃。这里原本是中国的领土，沙俄占领后，都换成了俄语名称。我们要去的海参崴，被他们叫做符拉迪沃斯托克。在我们出版的地图上，都要在这个地名后面再加个括号，标上我们习惯的中国名称。我想，这不但是为了尊重一种习惯，更主要的是为了尊重历史。

这是一列老式火车，车内乘客没有满员，一个女列车员负责我们这节车厢。因为只有两小时路程，她几乎没有给大家提供任何服务，但态度却十分友善，除了允许大家在车厢里抽烟，还微笑着提醒我们说，车未开不能用水，因为现在是“老毛”的地盘，车下可能有人检测，不能让污水流到人家的头上。

列车在茫茫林海中穿行，除了落叶的树林，就是满山满谷的积雪。这种边地的苍茫与荒凉，给人的感觉并不是到了异国他乡，而只是到了一个遥远而偏寂的地方。具体地说，总像是走进了杨子荣“打虎上山”的林海雪原。

直到过了俄罗斯海关，见到几处欧式建筑和俄文标识，我才找到“感觉”，原来我们早已跨进了另一个国度。

国度就是文化的分别，只有这种不同的文化才能使我的思维“出国”。

茫茫白桦林

前来迎接我们的俄方的面包车在公路上飞奔，车上播放着《莫斯科郊外的晚上》等大家熟悉的俄罗斯歌曲。这里距莫斯科万里之遥，不过是远离俄国政治文化中心的偏僻得不能再偏僻的一个角落，但这独特的音乐旋律却使我一下子与那个从未去过的欧洲名城近了起来。

在眼前白雪皑皑的世界里，数百公里的视野极少见到村庄，除了树林还是树林。

一排排，一簇簇的白桦树，银色的树干挺立着，格外显眼。

冰雪把满山的树林衬托得十分秀丽，一点也不显得神秘。

偶尔见到鸟群在林子上空翱翔，它们也知道这里的气候开始转暖，从中国，从南方，比我们先一步赶到了这里。

鸟儿是自由而浪漫的，它们的心目中从来没有国度的概念。只要有一副坚硬的翅翼，它们就可以随意进出自己想去的地方，也不需要什么护照。

俄罗斯的地大人稀，使我走进了以往曾凝视过无数次的前苏联那片绿色的辽阔版图。这一片连着一片的茫茫树林，又使我回到了儿时读过的苏联童话中。

乌苏里斯克州府

乌苏里斯克，是俄联盟滨海边疆区所辖的一个州的首府。汽车从该市的中心广场旁通过，广场上耸立着前苏联留下的钢铁雕塑：一位高举钢枪的战士。

偌大的广场空荡荡的，后面坐落着该市的政府大楼。大楼里也没见一个人出入，听说他们都已下班了。在我们的车辆停下小憩时，不知从哪里跑来三个小男孩，他们用生硬的中国话伸手向我们要“大大泡泡糖”。第一次有这么可爱的洋娃娃拥在我们的膝下，我高兴地抱着他们照了一张像，至于口香糖，倒是有，只是都装在车上堆压的箱包里，给这几位小朋友留下遗憾了。

走过这座空旷的市镇，我心里冷清了好半天，没法将它与州府挂上钩，总好像在某个傍晚路过国内某个乡村村部的所在地，那座颇有规模的办公楼因为孤零零的，就像是我们一所乡村的学校，老师和孩子们都放学走了，说不定里面只剩下一个守门的老头。

海参崴印象

我们在海参崴逗留了两天。

这座八十万人的城市，是俄罗斯滨海边疆区的政府所在地，也是俄联盟在远东最大的城市。然而，由于俄国萧条的经济刚刚进入复苏阶段，残雪寒风中的这座都市几乎显示不出繁华的姿容。

在闹市区也有一辆紧接一辆急驰而过的轿车，和街上不时挺胸走过的头戴皮帽、身穿长长皮衣的高高的男人和女人，似乎能够告诉你，俄罗斯的血管里在奔涌着什么。

可是，这里的职工每月有一千七八百卢布（约合人民币五六百元）的收入就算不错，而在泥水未化的集贸市场上，每公斤蕃茄却标价数十卢布，最多的是半筐半筐的黑不溜秋的干瘪老土豆，价格也不低。一些商店和街头摊点陈放的大都是来自中国的服装和小商品，一件“大路货”的衣服也标价二三千卢布。我想起在海关见到的，那拖着大包大包的商品蜂拥而来等待过关的一队队俄罗斯妇女，生活迫使她们选择了这种辛劳的拼搏与奔波。而这一切，却是海参崴也是俄罗斯最现实的写照。

由于海参崴紧邻中国，大批大批的中国人纷纷涌来观光旅游，给这里的旅游业、商业、赌博业以及色情业都带来了勃勃商机。在我们下榻的符拉迪克沃斯托克宾馆，楼下的地下室便是赌场。去那里的几乎都是中国游客，大部分人是在就寝前去看个热闹，只有极少数说不清是款爷还是贪官的人，有本钱在那里正儿八经地参赌，他们中有人还带着“小蜜”。在那里守台操作的俄罗斯小姐除了一个比一个年轻漂亮之外，就是她们玩牌的技术比魔术师还要精湛。也许是为了迎合赌客，在这与小姐对脸而坐的地方，也可以一支接一支地吞云吐雾。从生活形态上看，蜕变为资本主义的俄罗斯如果说有什么与我们不同的话，我只看到了这一点。

“1860”纪念碑

在从哈尔滨动身之前，我就开始猜想俄国人如何解释海参崴的历史。

俄方导游是一个约莫三十岁的小伙子，个头比我们一般人还矮，看上去比较敦厚，普通话也说得可以。见面后，他见我们几个都是男的，就一个接着一个地给我们讲起“黄段子”来，大半是俄罗斯的，又讲了几个中俄友好的故事，还说海参崴的姑娘漂亮，欢迎大家多来。我觉得这小子有点“开明”，对他产生了一些好感。没想到他介绍海参崴的历史却说，你们中国人认为这里过去是中国的领土，其实过去这里没有国家，没有民族，俄国的军舰开到这里时，只有一群中国渔民到海边迎接，从此便成了俄罗斯的国土。他压根儿不提不平等的《中俄瑷珲条约》和《中俄北京条约》。

他这样讲，有人说是怕提他们祖宗的可耻，又有人说是怕我们情面上不好受。无论他出于什么样的动机，这都是一通屁话。这般解释，既为他们的祖宗开脱了罪责，又辱骂了我们的祖宗。当年那“几个中国渔民”，为什么会这么傻？

我很反感这家伙！

沙俄为了夺取去太平洋的出海口，特别看中这块地方。至于他们后来怎样在大片大片掠取的土地上赶走中国人，进行大规模移民的，就没法问这小子了，再说，他也未必知道。就是这番胡言，我都怀疑不是他能够编造得出来的。

次日游览途中，他又把我们带到一处海边，只见那里高高地竖立着一座纪念碑，碑体呈三角棱形，是抽象出来的一艘军舰舰身最前方劈水的锋刃，两旁各泊着一只巨大的黑锚。地上凸刻着大字“1860”。原来这是纪念沙俄占领海参崴的建筑。

导游又重复了昨天那通混帐话，说一百四十年前第一艘俄舰就是从这里登陆的，几个中国渔民就是在这里迎接俄国人的。他见我们有人脸色不好看，就没有再胡说下去。

我们也不愿再看下去，都急匆匆地离开了。

一丝沉重感袭上我的心头，说不清出趟这样的“国”究竟是哪里不是滋味。

一个半世纪快过去了，别人还在那里竖立起“光荣”，而我们是否都记得耻辱？

欧洲的原野

我虽然没有到过西方，但对这里的城市却不太陌生，尤其是一些享誉世界的名物胜景，我通过媒介见过无数次。真正让我这个从田地里走出来的农民的儿子感到陌生的，却是欧洲的原野。

这是一座没有围墙，没有边际的公园。

除了树林和柏油马路，就是绿茵般的庄稼地。无论是平原，还是微微起伏的丘陵，都像是铺满了绿色的地毯。大片大片的庄稼长得一样葱茂，庄稼地的沟垄间隔带看上去像电脑画出的线条那么笔直，整个田园那么整齐，似乎是天工勾勒出来的。

沿途，我们还见到过大片的牧场，绿色的斜坡下一泓清池，草地上散落着羊群。远远望去，天上的云朵像羊群在湛蓝的天空滚动着，地上的羊群却像天鹅游动在绿色的湖畔。

千里行程，几乎见不到任何裸露的土地，哪怕是一片巴掌大的泥土。窗外没有大风，更没有沙尘，只有我们在青藏高原才能见到的那样的明净天空，只有宁静而充满绿色生机的大地。

蓝天之下，美丽的田园延伸到地平线，这时大自然给你的享受，会使你久久地凝视窗外，尤其是绿色的原野上出现几丛橡树，就会马上让你走进欧洲美术大师笔下的那些著名的油画之中。

欧洲的原野是艺术家的杰作。此时的我们，正穿行在一幅无垠的画图里。

柏油铺成的公路十分平展，深灰色的路面上的白色标识线，好像从未让车轮上的泥水玷污过，在灿烂的阳光下反射出耀眼的白光。

舒适的大巴行驶得极为平稳，我的这些感受文字，就是此刻在行车途中记下的。

早已城市化的欧洲，农村人口极少，因而很少见到村庄。偶尔看到一处村落，红色尖顶结构的村居，叫人想起西方儿童读物里的那些彩色插图。

或许是我们到来的日子正是这里耕种后的季节，如此遥远的路上，竟没有见到一个农民在田间劳作。这里的农业人口本来就非常少，并且是全部用机械耕作，这是可以想见的，但他们究竟“怎样种地”，我们是不清楚的。翻译告诉我说，这里的农民要耕种或收割时，就到农业机械公司去租用他们的机械，连同操作人员一起请来，根本不用自己动手。所以，我们见到的欧式村落也极为简洁，不但没有豢养家禽，而且也没有农业械具置放。

这里气候宜人，雨量充沛，日照时间长，晚上九点多钟，阳光还很明亮。每一片树叶，每一株花草，都被频繁的雨水洗刷得干干净净，青翠欲滴。再说，他们的庄稼地可能没有自动喷灌设施，没有干旱之虞。现代科学不会去祈祷“风调雨顺”，更不会出现人为地折腾农民，折腾土地造成的人祸，当然也不存在灾难之后又去寻求干旱之类的托词，将罪错转嫁于上帝的问题。

欧洲的原野是自然的世界，更是人力镶嵌出来的宏伟壮阔的艺术板块。这里的每一寸土地都经过了人类的精心安排、度量和剪裁，每一寸土地都得到了充分的利用。

而人们对自然进行了妥善的安置之后，就立即回到了自己的位置，所以才千里田园渺无人迹。

这一切，都是人民的创造，都是现代社会生产力的创造。但是，又是什么创造了如此发达的现代社会生产力呢？

人类社会的理想，是改造自然，创造锦绣山河。我们曾无数次地喊过“改天换地”的口号，曾无数遍地高唱“要把山山水水另安排”的壮歌。然而，看过欧洲大地，我们才知道怎样把理想变为现实，怎样才是“换了人间”。

欧洲的原野，到处都是高尔夫球场。

科隆小姐

在科隆的一家商场，我看上了一辆遥控小汽车，上面标有美元和马克的价格，我直接将玩具车拿到收款处交款，收款的小姐看我付的是美元，便向我摇手，我知道她的意思是不要美元，她又向我指指楼下，我一时没有反应过来。她接连向我说了好几句，我都无法听懂，她无奈地对我笑着，那笑容充满着耐心。

她见我不明白，又连续把我带向两个柜台，我拿着手中的美元，她对那里的营业员说些什么，那里的营业员又向我说些什么，或者摇摇头。本来开始我猜想这可能是让我到楼下去换汇，但她这么带着我到几个柜台一“嘀咕”，反而把我弄糊涂了，我以为她是在问别的柜台能否直接收美元，就干脆拿着钱听任摆布吧。

这时，旁边几位年轻人见我们无法沟通，主动前来向我边说边做手势，我估计他们讲的是英语。在反复尝试，我仍然听不懂的情况下，那位姑娘仍然是那样不急不躁，脸上一直保持着让你信任，让你平静的笑容。

最后，我见她从另一个柜台叫来一位小伙子看着她的柜台，她亲自带我下楼，走到电梯口，我一看时间不够，又转身赶回去将小汽车放回了原位。她只知道我不买，但不了解是什么原因，可她依然微笑着目送我离开。

办完事情后，我再次来到这家商场，径直走向四楼去货架取下那个玩具。当我再次出现在那位小姐面前时，她二话没说，就带我到一楼的换汇柜台。在我们前面有位顾客在办事，西方人极讲顺序，带我来的小姐自觉地陪我在那里站着。换汇柜台的营业员又接连接了三个业务电话，这样足足等了十来分钟，我望着她，颇有点不好意思，她不一定看懂了我的表情。

好不容易轮到我，柜台营业员又与那位姑娘“嘀咕”了几句，姑娘拿起电话，我估计是在向有关机构询问此时的汇率，接着又是填表，兑钱。就这样，那位姑娘一直带我把汇换好，直到上楼又陪我取货交款，一切停当后我笑着走开时，连说两声“Thank you”，那是我仅懂的几个英语单词之一。这时我才发现，玩具业务不属于她的柜台。姑娘不算漂亮，但我却觉得她格外美丽。当我提着包装好的商品路经她的柜台时，再次由衷地向她道了一声“Thank you”。为一笔不足十七美元的业务，她却放下其他事情，耽搁了好半天，并且这事原来不是她管的范围。在高收入、高消费的德国，别说销售十七美元能创多少利润，即便这十七美元全部是利润，恐怕未必够她们这种来回折腾服务的报酬，可她那么热情地做了，看上去是那么寻常，那么天经地义。这使我想起自己在巴黎遭遇的一次不快，那是我在一家商场的货柜上取了两瓶一般档次的法国香水，因为商场较大，不知交款在何处，正好听见对面柜台有两位年轻女营业员在讲普通话（后来听说她们是北京某外语学院的毕业生，到法国来做工的），便前去问她们。不料她们非但不给指路，还一再示意让我买她们的，并恶意污称对面法国人的柜台上卖的是“花露水”，可是我对照了一下，发现同样的香水，她们卖的价格要高得多。她们就装作没听见我的请求，埋头做她们的生意。没法，我只好去麻烦人家外国人，两个柜台的外国人耐心地为我指了三次，我还是没明白，这时导游规定的时间已到，我正准备放弃这次购物，商场的一个法国中年妇女见我着急，热情地走过来，亲自把我带到正确的交费处。

不知怎的，回国后好久，当我走进商场时还想起那位永远不会知道她姓名的科隆小姐。

走进卢浮宫

艺术之海：四十万件藏品

卢浮宫应该是艺术的代名词。

它以精湛的建筑艺术和丰富的艺术收藏著称，是当今世界上最大的美术博物馆。它与列宁格勒的艾尔米塔什博物馆和梵蒂冈博物馆一起，并称为世界三大艺术博物馆。

到达巴黎的次日下午，按照预定计划，我们应该去参观卢浮宫。可我们赶去后，才知工作人员为增长工资的问题而罢工了。

不看卢浮宫，等于没有到过巴黎。

经我们要求，接待方面调整安排，终于使我们在卢浮宫重新开放后走了进去。

我们去的那天是个假日，加上几天没有开放，所以参观的人比较多，近乎我们一些旅游热点的景象。好在我们是到这里具体欣赏艺术品，而不是领略什么风景，因此，尽管那天人流如织，但没有影响我的心境。

巴黎有许多古典主义的雄伟建筑，但你走近卢浮宫，便能立即感觉出它的宏大和壮丽，其气势要远远超越其他大型建筑。这座古老建筑虽经几代帝王扩建，才形成今天这样的规模，可它却是一个整体。

作为帝宫三百年，为它增添了多少神秘和庄严。作为国家美术博物馆四百年，为它增添了多少神圣和辉煌，使它变得更加博大，更加浩繁。

四十万件藏品，其中油画一万五千幅，雕塑五千件，这是一个怎样的数量！

即使是你想基本观赏完某一类艺术品，短时间内也是无法做到的。

并且，这里珍品荟萃，大都价值连城，更有大批举世闻名的东西方美术作品，堪称是一座艺术杰作多得让人来不及赞叹的金宫宝殿。

读不懂的蒙娜丽莎

卢浮宫有三件最著名的艺术品，号称“三大镇宫之宝”：维纳斯雕像、狮身人面雕塑、油画蒙娜丽莎。整个卢浮宫没有一件复制品，这三件顶级文物自然是原始作品了。

在一间展厅，一幅很小的画框高悬着，那就是举世闻名的《蒙娜丽莎》！

蒙娜丽莎早已是法兰西的偶像，这里有一长串数据足以说明她的巨大魅力。自十九世纪以来，这位画中的美人共收到来自世界各地的求爱信七千二百余封；前来卢浮宫一睹其风采的参观者，一九九〇年为四百万人次，一九九一年为六百三十四万人次，并且逐年递增；科研机构每半年为她检查一次“身体”，启程时，由三十辆警车和二百多名全副武装的军警人员护送。一九一一年八月二十一日《蒙娜丽莎》失踪，法国视为国难，有四万多人悲痛欲绝，甚至精神失常；一九一三年一月二十六日她被找回，整个法国的各种商品减价百分之四十以表庆贺。一九五一年四月，英国迎接她去伦敦，派出六架飞机和三百名礼仪小姐（法国对此的回报是，破例允许首相丘吉尔用手指抚摸画面三次，但首相的手指必须严格消毒）；一九六三年六月，她被运往华盛顿展出，美方的保安人员就有四万余人。然而，这幅名画的大小不过是77×53厘米。

在卢浮宫，其他大幅大幅的油画，都是一幅接一幅地排列着，只有《蒙娜丽莎》独占一面墙。

在这幅画面前，满厅人头攒动，都希望站在画框下留个影。如果谁想瞅个空隙争取到一个宽敞的空间照相，几乎不可能。因此，我决定放弃这个机会，也不走到近前去瞻仰她。

除了人多无法靠近，还有一个因素，就是我一直没有看懂她。据说拿破仑曾将此画悬于卧室，每天欣赏，有时竟面对她伫立半日；戴高乐也对她如痴如醉，每有烦恼，便去卢浮宫看她，出来时往往满面春风。她那微笑已经超越了神灵。可是，尽管我曾经在各种印刷物上见过她千百次，但始终没有看出蒙娜丽莎的微笑究竟妙在何处。近年，还有学者说，从她的脸色诊断出了她生前患的什么病，这对我来说，更是玄而又玄。我甚至认为她宽大的脸庞并不美。

那些争相靠近《蒙娜丽莎》的西方人或东方人，难道都读懂了她吗?

法兰西的“艺术精神”

维纳斯出土整整一百八十年了，这个半裸的美人仍然给世人留下了一些谜，而她的双臂之谜却与法兰西的“艺术精神”紧紧地联系在一起。

过去见到的有关资料,好多都说维纳斯出土时就没有双臂。这次在法国我又看到一份介绍，说当年在爱琴海的米洛岛上，挖菜地挖出维纳斯的那个名叫尤尔赫斯的农民，廉价地把它卖给了神甫。法国驻土耳其大使获知后，立即派秘书马来留斯前去收买。马来留斯要求神甫出让这件文物，神甫断然拒绝，在双方激烈的争夺中，维纳斯被摔断了双臂，后来由米洛当局作出判决，以八千银币的价格卖给了法国人。至于刚才所讲的《蒙娜丽莎》，当年法兰西斯一世曾五次派人到圣克卢，向寓居在此地的达·芬奇收买，最后一次出价三万金币仍遭拒绝。使者直逼得画家跪地求情,随后只好抱病出走,次年便与世长辞。

如果说法国人得到维纳斯和《蒙娜丽莎》多少有点“买”的意味的话，那么还有许多稀世艺术品的获得，就纯属于抢夺了。

在卢浮宫，在我眼前，就有这么一幅油画，少数地方出现剥落的痕迹，有些残缺，画在一堵破旧的墙壁上。翻译介绍说，它是拿破仑从千里之外的异国运回来的战利品。

如今这块残破的古墙已是无价之宝，被镶嵌在坚固而精致的现代宫墙上。当时，我来不及去想象拿破仑是怎样取下这堵墙，又把它完好地运回来的。

我为艺术震惊，又为文明而悲哀。

战争是野蛮的，野蛮得连一幅无法与墙壁剥离的油画都不肯放过。然而，这件艺术品又超越了多少金银珠宝。

战争疯狂地摧毁文明，但它却以疯狂的方式保存了这份文明。

战胜者为了文明，而采取了极不文明的手段。

法军统帅下令掠走这件艺术品，完成这项独特的任务是需要超常手段的，与其说这是军令的威力在起作用，不如说是艺术的魅力使然。

拿破仑在艺术史上留下了一份惊奇。

当我觉得这种掠夺方式野蛮得有几分可爱时，又立即意识到自己在犯傻，难道一个“有文化”的野蛮盗匪就比一个“没有文化”的野蛮盗匪可爱？

遭遇不快

卢浮宫是艺术之宫，它在管理方式上也为参观者创造了欣赏艺术的环境。

欧洲的许多公共游览场合都看不到管理人员，只有当你有违规行为时，他们才出来提醒你。令人惊异的是，卢浮宫竟然也没有管理人员，当然，肯定是他们融化到参观者中间了，并且他们的看护人员很少，决不像我们的有些地方，看护人员三步一岗五步一哨。我想，他们更多的是依靠现代监控方式。然而，无论多么贵重的文物，他们都没有用玻璃套护，即便是一排排巨幅油画，人们抬手可触，也没有任何保护层，据说是使用了化学保护剂。正是这些现代的管理和防护方式，才使游人能够与这座艺术的海洋融为一体。

好像是在一楼的某个大厅，正当我边走边观赏两边的艺术品时，有人从身后将我往旁边拨了一下，来得突然，用力也有些过重。我迅疾回头，是个高大的黑人，他没有看我，急匆匆地跟随几个人往前走了。我有些恼怒，翻译见状连忙赶过来向我解释道，那是北欧某国的文化部长前来访问卢浮宫，我闻即释然。试想，假如按照我们的基本做法，要接待一个外国的部长，说不定会闭宫戒严，那样大家都看不成了。

安东尼奥

我和很多人一样，由于与西方人接触不多，对他们的长相和年龄不敏感。为我们驾车的司机安东尼奥，与我们同行了好几天，我一直没有估对他的年龄。他敦敦实实的身材，在西方人中算是很矮的个子；头上是一片短短的卷发，白色里夹着一些金黄色；手臂上没有很多白种人那样的长毛，但皮肤很不细腻，并且有些松弛。我以为他有七十来岁，把他当作一个老人，后来听说他才五十一岁。

安东尼奥是意大利人，在法国工作，那辆大巴就是他的岗位和饭碗。我没有问车子是某个公司的还是安东尼奥本人的，反正法国方面的接待部门与他是租用性质，连人带车给他多少钱，他就成了我们访问团的一员了。

近二十天中，我们要驰骋欧洲大地，就靠安东尼奥了。按照日程安排，最多的时候我们一天要路经三个国家，跑完几座城市。欧洲的国家没有我们的国土这样辽阔，但按照这样的行程跑起来，也是很紧张的，常常是晚上九点或十点以后，甚至更晚，我们才能完成当日的行程赶到宾馆。好在北欧日落得很晚，使我们没有多少“摸黑”的感觉。这样，我们每天都要拿相当多的时间用于路上奔波，经常，大家可以坐进舒适的大巴睡一个长觉，安东尼奥不但不能睡，而且还必须目不转睛地盯着前方驾车前行，最辛苦的应该是他。

一天中午，吃饭的地方快到了，车上一片睡眠的状态很快结束。“安东尼奥，你辛苦了！”我一边调整着自己的精神，一边很随意也是很善意地问候了他一句。没想到他不但听懂了，而且回答得十分精彩：“都辛苦了！”这句“首长语言”被他运用得如此恰到好处，使大家深感意外，又觉得有几分幽默，从而赢得了大家的赞扬，他也向大家更靠近了一步。

安东尼奥的车子经常被来自中国的旅游团或考察团雇用，他的这些简单普通话显然是从过去的团队学来的。他对语言很敏感，我们的很多短句子他丝毫不用练习，第一次跟着念出来就比较准，有人故意用武汉方言教他，他也说得很像。我断定，如果把他放在中国生活半年，他完全可以独立地开展生活。

为我们担任翻译的张先生加入了法国籍，但他在我们的心目中仍是中国人。所以，当我们这帮外国人进了车子后，安东尼奥就成了唯一的“外国人”了。在大家感到需要解除一下疲劳的时候，或大家觉得沉寂，需要活跃一下气氛的时候，都会想到这位“老孩子”，多半是利用语言的障碍去逗他。翻译有时也故意撩拨他，以便引出一些笑话。有次翻译问他，性表演好看么？他回答说马马虎虎，并且希望大家都去看看。翻译说，这是前面的旅行团有意教给他的“错误”，把“精彩”说成是马马虎虎。所以，后来每当翻译引导客人向他提这个问题时，他总是口气那么明确，语音那么清楚地说出“马马虎虎”。我们这行人虽然没有去看过那种污秽的东西，但也能从安东尼奥的回答中得到一份开心。

安东尼奥的“顽童”性格当然不在这些，多半还是他“自我暴露”的。比如，在德国慕尼黑过街时，他在前面装成一个瘸子，一步一拐地在繁华的闹市出洋相，可奔驰的车流却耐心地静了下来，等待这位“残疾人”艰难地过街，而我们就可以借着这机会从容地穿越了。有天在荷兰海牙的中国餐馆吃午饭，虽然餐厅坐落在北冰洋海滩，但没有窗户，很有些闷热，本来与翻译在一旁单独吃西餐的安东尼奥却来到了我们的席上，只见他扯过一块白布餐巾，一本正经地放在桌上折叠了几下，用两只手牵起来送到一位同志面前，这时只有翻译知道他要干什么，就叫那位同志吹一下。原来他在做游戏。当大家刚刚回过神来时，一对大大的白色“乳房”已经挂在安东尼奥的胸部了，有人真的笑得喷出了饭粒。他的“魔术”起到了极佳的效果。

安东尼奥属于劳动阶层的人，西方所谓的开放观念在他身上也得到了充分体现。他与妻子离婚后一直未娶，三个孩子均已成人，老大和他干着同样的职业，正开一辆小面包车载着另一个旅行团，开始与我们同路，因此我们见到过他，也像安东尼奥那样敦实。我们的翻译和他大儿子非常熟识，但他却丝毫不忌讳在翻译面前谈到性的问题。一次翻译问他：你们意大利党派很多，你属于哪个党？不料他回答说，我哪个党也不要，只要有女人就行。有天早上，他用手势问我们一位年纪大的男士，昨夜是否去玩过女人？这说明他还是不了解我们，但我们却了解他。

我想，如果安东尼奥在中国，肯定会被大家看作是老邪货，正派人会从骨子里鄙视他。但他所生活的国度不同，所处的文化氛围不同，大家都没有在意他的“老来不尊”，也没有影响大家与他的友好相处。

日复一日的朝夕相处，安东尼奥也对我们越来越友善。每天上下车时，几十件行李箱他都要一一亲手装卸，有时别人看他累，想帮点忙，他也不肯。他认为只有他亲自搬放，才能放心。如果说这在西方属于司机职责的话，那么，他主动帮大家把购买的巧克力从车顶处一一转移下来，就属于助人为乐了。他有经验，放在车顶容易被阳光烤化。在佛罗伦萨那天，因为修车耽搁了路程，赶到罗马已经很晚，我们的大客车来不及办手续进入市区，在市内原订的晚餐也吃不上了，翻译只好决定带我们找个地方吃西餐。安东尼奥深感过意不去，主动说他知道市郊哪里有家中国餐馆，并坚持要带我们去。

在我们即将离开罗马的日子，我们访欧的行程也接近尾声。安东尼奥似乎也不愿意与我们分手，那个晚餐，他特意买来一瓶酒为我们饯行，而我们是不曾付给他任何小费的。在一片高兴的祝酒声中，我请翻译一定转告他一句话：“感谢安大哥！”安东尼奥一听乐了，憨笑得更像一个孩子。

道别的时刻终于到了。在罗马国际机场，大家挥手目送着安东尼奥驾驶着他的大巴走了，但那个大家叫一声“安东尼奥”便能引出一串笑声的意大利司机，却永远留在了我们的记忆中。

旅欧散记

最上镜的大街

在巴黎最繁华的街市，在香榭里大街的中段，我谨慎地走向“安全岛”的尽头，也就是那块用白线标出狭长的棱形的尖角处，等待同行者为我拍下以凯旋门做背景的街市留影。翻译强调说，千万不要跨出白线，这是绝对的规则，哪怕是超越半步，就属于“撞了白撞”。

车流从我身体两边疾驰而过。那块仅能容身的安全板块似乎是巴黎特意为游人设置的，它让你站在这个最佳位置去取下凯旋门，带走巴黎的骄傲。

也许这一刻我的注意力集中在怎样站好姿势，调整好自己的表情，并没有感觉出这条著名大街的特别之处。

第二天，我站在大街尽头的高处，又眺望过这条大街的全貌，当时只是被它的笔直所吸引。在我写好这篇散记的初稿之后，见到有人也说到同样的感觉。

可是，当我旅欧归来在澳门一家歌舞场的巨型屏幕上再次看到香榭里大街时，心灵却为之震抖了。在广角镜里，巍巍耸立的凯旋门，钢铁的河流，把这条大街衬托得如此壮阔。伴着强烈的音乐节奏，使我远隔万里反而听到了这座古老都市强劲的心跳。

这是我刚刚离开的那条大街吗？

巴黎是一座“最上镜”的都市，香榭里大街是一条“最上镜”的大街，只有隔着一定的距离，才能感觉出她的庄重仪态，感觉出她那华贵的风采。

童话般的小国之都

这是一个国都，也是一座小城。

卢森堡大峡谷就在小城一侧的脚下。所谓的大峡谷，不过是一处我们在任何山区都随时可以见到的沟壑。能够让人铭记的，还是这座小国之都。

由于文字的阻隔，我不知道这座城市任何一条街道的名称。但是，她的典雅，她的精致，她那天国般的宁静，使我仿佛走进了另一个人间。

这里每一条街道都是整洁的，整个城市都是整洁的。我们到达的时候，刚下过一阵小雨。一些用砖石铺嵌的街巷，两边的建筑默默地对立着，显得狭长幽深。被雨水淋过的路面不时可以看到微微的绿苔，这种只是隐约可见的微小生命，把小城点缀得古老而清新,让你不知自己是走在哪个世纪的欧洲城堡。

不知是因为这里人少，还是因为正值雨后，一些长长的街巷没有一个行人，空灵极了。

其实，这里和欧洲的许多地方，都属于海洋型气候，天气稍一升温，很快就会降雨。下雨的时间一般不长，持续半小时左右，甚至更短。有了这种说下就下，说停就停的天气，可以说这里每个时刻都处在雨后。

“雨后”的天空和大地都是一尘不染，白云在蔚蓝的天幕上拉出一丝丝细纱，看上去那么清晰。

地面上，与一片片白云相对应的，是古朴庄严的圣母教堂，是又尖又高的一座座典雅的小楼，是古老的歌剧院和它门前那一群表现不同舞姿的铁铸人像。

在这座小城，记不清自己一共见过几个街头行人。只有一个人给我的印象特别深，可他不是行人，是大公馆（王宫）门前岗楼中的那位身着古式兵服的持枪者。他笔直地静静地站在那里，成为游人拍照的一个“景点”，似乎只有他的存在，才使我意识到假日的这座小城还有人。

这一切，构成了这座小城的静谧。

这一切，构成了一个童话般的世界。

有人把卢森堡喻为“世外桃源”，的确，从繁华街市的喧闹中走来的人，很快会感觉出这里就是一座既熟悉又陌生的天都。

英雄雕像

欧洲的城市都十分注重保护他们的历史建筑，那些古典建筑物上，几乎每座都有雕塑，好像整座城市是由群雕组成的。

西方人把雕塑与建筑有机地融合在一起了，是建筑更是雕像。

雕神像，雕美女，雕艺术大师，但更多的雕塑是英雄。在巴黎，在卢森堡，在布鲁塞尔，一直到欧洲南端的罗马，每个城市都随处可见各式各样的雕塑，每个城市都有青铜色的英雄雕像。他们身着铠甲，骑着健壮的战马，把游人的思绪引入到若干个世纪以前欧洲走过的路程。

西方有句名言：没有英雄的民族是悲哀的。

然而，欧洲社会发展到今天这种局面，其实与英雄的多寡没有多大关系。一个国家，只有让人民决定社会事务，才能保证社会沿着理性与健康的方向发展，才能让民族不断地走向光明的未来。靠所谓英雄主宰自己命运的民族，才是悲哀的民族。

——如果说过去不是这样，那么现在肯定是这样。

现代社会不是英雄的时代。不能否认在推动社会朝着民主与文明方向转轨或前进的过程中，某个人或少数人可能起到重要作用，但相对于历史来说，这种作用会变得越来越小。

整个欧洲，没有雕塑就没有建筑，雕塑就是建筑，建筑就是雕塑。

他们用青铜，用汉白玉去雕刻英雄，但雕出的毕竟是他们的历史。

巴黎女郎

巴黎女郎，是个世界性誉称。

它蕴含着时尚、艳美、高贵。这个誉称使巴黎乃至整个法兰西在世人心目中陡升了几个品级，也使巴黎增添了其他都市无法媲美的诱惑力。

而巴黎时装又是与巴黎女郎相得益彰的“驰名品牌”，整个巴黎想必是美人配美装的世界。

那么，美人美装究竟是怎样的景致呢？通俗地说，很多人可能都会把她们想象成影视中的西方靓女和时装模特般的艳丽。我就是带着这样的想象走进巴黎的。

老实说，巴黎在这点上让我大失所望。

我们在巴黎考察参观前后共四天，到过那里一些最著名的胜迹和大街，但它给我的总体印象是，巴黎比我想象的还要美，而巴黎的女郎并没有我想象的那么美。

他们在穿戴上是比较随意的。我们访欧是在六月，这里正属于“乱穿衣”的气候，有人穿得很袒露，有人还穿着薄棉袄似的上装，多数男士着的是夹克，除正式场合外，很少有西装革履的，倒是我们这些外国人，多半是西服领带，“正规”得很。

还是来说巴黎女郎，那个季节，她们穿吊带装的很多，随处可见年轻的女士袒露着滚圆的肩膀和雪白的颈背，许多少女则热衷牛仔裤。看来，模特展示出来的富贵华丽的时装，在那里也多半停留在“表演”范畴，生活中的巴黎女人决不是模特式的装束。

穿戴随意，并非巴黎的独特之处。在欧洲的许多城市，我们观察到的情景大体差不多。再如在街上见到的吸烟者，巴黎与欧洲其他地方也一样，女的比男的多。

巴黎是洒脱的，整个欧洲也是洒脱的。

至于说巴黎女郎要比其他欧洲城市的女人漂亮，也是无法认定的。相反，在远离欧洲的俄国海参崴，那座从欧洲移民而来的东方城市，倒是美女如云。即使是与东方人相比较，巴黎女人中的身材高大者也不是我们想象的那么多，她们中如亚洲女人中的身体矮小者也比比皆是，并且容易肥胖，一些尚处在发育年龄的少女，其臀部简直是在横着长肉，让人不得不叹服她们牛仔裤的韧性。

巴黎很美，但它不是堆积美人的天堂。

伊斯坦布尔的灯火

透过国际航班狭小的机窗，我看到的是一片灯的海洋。

机舱的广播此前已用汉语预告过，目的地就要到达，要求全体乘客按照他们的提示，做好降落前的准备。黑暗的空中，我感觉出飞机正在侧着身子降低高度。

无疑，机翼下的这片灯光就是伊斯坦布尔了。

因此，我认识这座城市是从这片灯火开始的，在凌晨夜幕的笼罩之下，它显得颇为神秘。

当我们走进伊斯坦布尔的大街时，已经是下午的傍晚时分，秋风萧瑟，夕晖渐近，更让我感受到苍凉和清冷。

街上的行人似乎都曾见过，男性浓密的络腮大胡，女性裹着五颜六色的头巾。在我看来，他们的面部特征像阿拉伯人，又接近棕色人种，还像欧洲白人，也有我们黄种人的某些特征。

我第一次走进这片大陆，第一次走进这个国度，更是第一次走进这座城市。一切那么陌生，每一张脸孔都读不出一点与自己相关的信息，整个城市都不曾有过与自己相关的人和事。尤其是文字不识，语言不通，自己走在这样的街巷，就是一个文盲，就是一个盲人或聋哑人，如果离开翻译，还不如一个幼童。只有沿途一座座圆顶清真寺顶部笔直而细高的尖塔，加上街头随处可见的近似我们维吾尔文的那种如蚯蚓般卷曲的文字，才使我感到几分亲切。

我们跟随翻译作短距离步行，所经过的街巷，正是这座城市的腹地，可伊斯坦布尔在我的心中仍然那么遥远，仍然在千万里之外。

我忽然奇怪地暗自问道，自己为什么要来这里，难道就是为了感受一种无助？感受一种孤独？

而对伊斯坦布尔来说，我只是一个匆匆来去的过客，一个可有可无的路人。

无论我的到来，还是我的离开，对它都不会产生任何感觉。

伊斯坦布尔是宁静的，感觉不到匆忙的城市脚步。人们的脸上也少了些欧洲人的那种微笑与礼貌，但他们仍然能够使人感受到土耳其民族的友善与平静。

走过它们的街巷，走过教堂和清真寺空旷的大厅，走过海湾游轮宽阔的甲板，一路上我都在用心地打量着，但依然没有认清这座城市。

我记得，机翼下最初见到的那片灯火是一个不规则的长方形，但它只是伊斯坦布尔的某个局部。

这座国际大都市，坐落在博斯布鲁斯海峡两岸，在一道道海湾周边的山地上，堆积着楼房，堆积着城市。

一千五百万城市人口，占土耳其全国人口的五分之一。全城仅清真寺就有两千多座。近些年人口增长更快，每年都要新修一千多条道路。

海湾将城市分割成大大小小不同形状的板块，大桥和陆地又将它们联系成一个整体。我完全失去了方向感，但能够感觉出它很大很大。

博斯布鲁斯海峡连接着黑海和马尔马拉海，可它将欧罗巴和亚细亚两块大陆从这里分割开来。这里有座斜索大桥，很多人虽然不知道它叫做阿搭土木克大桥，但都知道它横跨欧亚两个大洲。

其实，用不着解释伊斯坦布尔的独特地理位置，这座具有传奇色彩的大桥已经注明了这座城市的方位，已经注明了整个土耳其的方位。

如此地理位置，如此城区分布，如此楼宇堆积，不容你怀疑它是一座世界上少有的巨型城市。

这里没有更多的摩天楼宇，甚至连许多城市常见的高楼都很少，使它也少了几分那种栉比鳞次楼宇的压抑，它所显示的也不是低矮和贫穷。信徒们伏在地毯上面对神灵虔诚祷告，只是一种信仰，并非无奈的乞求。

我们一次次穿越坡地上的斜巷，那窄窄的小街，淡色的矮楼，有些带有欧式风格的窗台上摆放着红色的盆花，散发着别有的雅静。一条又一条这样的斜坡短巷，总让你误以为是昨日来过的那一条。

其实，伊斯坦布尔更多的街道并不追求整齐划一，但却整洁干净，树木花丛的栽植看似随意，但也显示出它的秩序。不显杂乱，也并非刻意，看起来自然而有序，一切是那么从容，那么淡定。

这就是伊斯坦布尔，这就是这座城市的表情。

像裹着头巾和罩着面纱的穆斯林世界，我们对这座巨城，对这个国度了解得太少。

我想起从机窗看到的那片通红的灯海，红得像火，可它在初冬的夜幕下，依然清冷而宁静，没有多少炽热，更没有燃烧的热烈。

伊斯坦布尔，一个平静的城市，一个平静的世界。

11 月 23 日晚开普敦 PEPPERCLUB 大酒店

大西洋落日

南非开普敦紧连着市区的那道山梁，我至今不知道它的名字，但这不重要，重要的是这里夕阳西坠的壮景给我留下了深深的记忆。

是车辆将我们送上山顶的，我们到来的时刻，已有不少各种肤色的游人先期到达。有人还在坡地上铺开巨大的方垫，上面席地而坐的是一对对情侣或相邀而来的友人，各种饮料和小吃伴着他们等待日落。

往前，便是更加靠近海水的方向。或者说，再往前走，山下就是大西洋。

小径无人，两旁是青葱的草地，间以齐腰的灌木。

南非不分四季，雨季尚未到来，这时节相当于中国的春天，而且这是个无风无雨、气温极其适宜的静谧傍晚。

大家都冲着西天的太阳而来。我径直往前走去，想靠它更近一些。

露着满地石沙的这条山岭小路，我仿佛曾经走过，可眼前的这轮太阳却不曾见过，它被一圈金黄的光辉包围着。

暮色越来越沉重地包围过来，天空与大洋越来越融为一体，景象也越来越模糊。

万里之外的异国傍晚，万里之外的异国山岭，连四周渐渐黯淡下来的树木和草丛，都给人一种异样的感受，包括眼前这轮不用抬头便可望见的落日。

我想起自己幼年在某个傍晚追逐落日的情景。那时的我，分明看见太阳落进了我们小村的山坡那边，于是便飞跑过去，可它又跳到了西边更远的地方，说不清它坠落在哪个村庄，那地方我没去过。

大西洋的落日景象，格外壮观。

镶嵌在一团金辉中的落日越来越白，直到人们看不见它的形体。海平面上只剩下一片雄浑的亮光，在其中心，发出巨大光亮的圆形实体反倒成了一块“空白”。

再等等，它还会发红。一位有着丰富摄影经验的同行者告诉我。

果然，当落日贴近海水时，那团光影又开始泛红，直到它沉入水面之下，还在向西天喷射着红色的霞晖。

此时，在我的手机屏幕里，两株苍劲的老松似乎是画面的主体，松叶上空几片云絮缓缓移来。但是，苍松和山梁已经变成黑色的剪影，惟有山下模糊的大洋上还在演绎着落日的壮美，惟有西天还透着金红，并且将那几片渐渐黯淡的云絮也染得发紫。

画面上暗黑的图案虽然占据着大部分空间，但它们却衬托出大西洋日落的无比壮阔。

大西洋那天的落日留给我的记忆，将是永恒的。

第四辑

家居散墨

家在汉口

迄今为止，我这半个多世纪的人生有将近三分之二的光阴是在汉口度过的。当然，不是汉口选择了我，但也不是我选择了这座城市，是一次又一次很难说得明白的缘故，使我这一生紧紧地与汉口联系在一起。

现代都会，更是一片广博的海洋，几乎每时每刻都在不见微澜地接纳着外来的某个人或某个群体。三十多年前部队一纸调令把我召到武汉，我拎着自己的全部“家当”来到了市郊的一座军营，那是一只帆布旅行包，包带上还拴着一只铁壳的老式暖水瓶。几年后，武汉剧院旁边一幢普通的居民楼上的那间狭小套房，以城市的名义接纳了我这个没有户籍的居民。从此，我就与这座城市难以分离了，那间斗室中有我的妻儿，还有自己全部的生活寄托。

当初，我并没有想过那间极其简陋的新房，以及周围将其淹没的大片街市，对自己来说意味着什么。当然，大汉口是否存在我这样一个新居民，它是无所谓的。可是，这里的新楼老街，这里的江水湖泊，这里语音很重的方言，这里的阴晴风雨，对我却越来越重要了。哪怕自己远行到千万里之外，最终还得赶回自己的城市，还得赶回那间攀着黑乎乎的楼梯才能走进去的小小居室。可到如今，我都无法说清自己是怎样融入这座城市的。

早在“大汉口”时代，这里就是全国屈指可数的大都会。改革开放以来，我们的城市规模也得以迅速扩张，汉口不能说不大。然而，就像长期生活在寒带的人们未必懂得寒冷，不曾离开过热带的人们未必能说出炎热的感受一样，我住进汉口没多久，窗外这种灯海车流的繁华，也渐渐属于别人，属于许多过客和当初如我那样的外来者了。

这里的一切，也在我对这座城市的不断适应中渐渐熟悉起来。哪里有幢红房子，拱式窗户上的砖块早已开始剥落；哪里有处浓荫掩映的老式院落，随着其铁栏紧护的岁月逝去，也使它不再神秘；哪条里巷走到中途有处弯拐，每次经过那里时都不须抬头，总会习惯地转身进入。尽管如此，也并不等于我已认识了自己的城市，好比我们的父辈，我们熟悉他脸部被岁月刻下的每一道纹沟，熟悉他每一声轻微的咳嗽和呼吸，却未必了解他早已浸润到骨子里的秉性，未必能够估量出他脑子里的学识，未必了解他埋在心底的许多经历和往事，更多的感觉往往是他寻常的一面，甚至还感到他有几分平庸。

我认识属于自己家园的汉口，是从早已载入史籍的老汉口开始的，正如后生读懂一个饱经沧桑的前辈。

我们的城市虽然被定为历史文化名城，但它最辉煌的经历还是发生在近代，这个以机动船舶运载出来的大型都会，不仅带动了中国江河文明的跨越式进程，而且还颠覆过古老国度延续了几千年的历史轨道。百年之前的那个风雨如磐的夜晚，在江水对岸响起的划时代的枪声，是从汉口一条狭窄而阴晦的胡同引发的。此后，历史又几次把决定中国命运的事件选定在这里。天降大任于斯，这座弥漫着码头气息的重镇，注定要为苦难的民族表现出非凡的历史担当。

风起云涌的岁月，给这里的每一条街巷、每一寸土地都留下过值得书写和回味的往事。如今，我们只有透过一叠叠开始泛黄的马甲领结和旗袍洋车的黑白图片，去回望并不遥远的大汉口时代。但是，想象历史、尤其是想象渐行渐远的老汉口，总会引起某种难以言状的陌生感和苍茫感。

清晨拉开窗帘，看看四处崛起的森林般的楼宇，看看市声熙攘的闹市通衢，遥望远天的云卷云舒，倒是觉得老汉口的影像有些清晰。这里是莽莽江汉的交汇之处，历史的长河仍在不舍昼夜地从我们身边缓缓流过。是江河造就了这个码头重镇独特的气质和个性，也洗刷出了一个城市的心理和思维。这样的都市，当然是属于今天我们每一个居民的，但它也是属于历史的。站在汉口的阳台上，我们更容易找到历史的方位感。

依然是林荫遮盖的宽阔马路，依然是纵横交错的长街短巷，却使你仿佛穿行在一条漫长的时空隧道。这个无形的空间，虽然只在你的感觉中存在着，但你分明感受到这里滚动着一阵阵幽远的风声，散发着从那个风云时代飘来的空气，其中还裹挟着一幅幅并不规则的蒙太奇画面。那些画面是一座历史名城留给后世的青春影像，是老汉口最令人回味的历史记忆。我们从那种风潇雨晦的背景中，不难想象到我们这座曾经傲立涛头的城市，当时是怎样的英俊与坚毅，是怎样的沉着与潇洒。

一个人要赢得人们的敬重，往往要付出一生的努力，一座城市要赢得人们的敬重，则更为不易。它不但需要品质修炼，而且同样需要思想胆识，需要正义与勇气。

武汉也是我故乡的省会，我们儿时在童谣中唱得最多的城市是汉口。可是，我那时向往中的汉口也不是什么人间天堂，只感到它是一个比我们那片山丘起伏的乡村要富有得多、热闹得多的地方，但它新奇、时尚。多少年后，我来了，反而觉得它有些狭窄和拥塞，还有一股浓厚的市俗气息。原来，品读一座都市比了解一个人，需要更长、更透彻的过程。

我们今天的故事可能就是明天的往事，我们今天的生活可能就是明天的文化。当我每天早晨手提公文包走进单位开始一天工作的时候，虽然很少想到过眼前这座滨江之城将是自己最后的归属，更不曾想过我们每个人在一栋栋楼宇出入忙碌，都是在创造着城市的今天，也是在创造着城市的历史，但是，面对如虹的大桥、典雅的西式老街和一片片林立的高楼深巷，我会想到这是我们的城市，这里有自己的家。假如汉口没有我，它还会是万分之一万的汉口，而我却不能没有这个城市，不能没有这里的家。

我那童谣中的汉口早已消失，但它却是我们永远的家园。

百年风流江之岸

（电视散文）

江岸，长江之岸，这是一个颇富诗意的地名。

从地理意义上看，它仅仅是标识华中重镇武汉的一个中心城区的符号；如果从历史和文化的视角来看，这个地名所涵括的内蕴就少有堪比了。

因而，说到我们城区的风光，莫过于它在中国历史舞台上一次次出饰主角的“风光”，也莫过于它在中国经济腾飞的年代日新月异、迅速崛起的“风光”。

我们生活在这片市区，饮的是这里的江水，呼吸着江上的空气，只要不是它的过客，无论你是否热爱这个地方，一生都将会别无选择地和它联系在一起。因而，就像自己的父辈，不管你对他怀有多少情感，都会以他的某种经历为荣。这里，我想通过对江岸一些人文景观的浏览，让我们在分享它的历史和荣耀的同时，来探寻这个城区的过去与未来。

江天通衢

我们这座特大城市是江河造就的,是从江河上漂流而来的。

江河文明的每次演进，都为江岸留下过深深的印记。帆樯林立，宝货琛积的码头景象，早已沉睡在珍稀的古旧画幅中。近代机动汽轮带来的九省通衢的港埠繁荣，游人只能通过江边的一组雕塑去想象，这几尊使许多游人驻足的铜雕，以极其写实的手法，浓缩了老汉口的客货码头和留在黑白镜头中的整个时代。而这座巨大的船型客运港建筑，多年以前也被改作他用，成了现代不是文物的文物性建筑，只有这“船尾”高悬的三个硕大金字，让我们去回望“武汉港”过去一个世纪那种不夜港的一片繁忙，让我们去回望“东方红”客轮穿梭于大江航道的急切与期盼，让我们去品味江岸的港口对于长江的意义。

享尽舟楫之利的江岸，处于华中要冲之地的江岸，总是领先于历史的潮头和时代的潮头。至今，这里仍然是中国南北的重要交通枢纽，并且还珍存着近代以来社会蜕进的鲜明痕迹。

曾经是大汉口一个重要标志的“京汉火车站”，在如今林立高楼的包围中，矮小得像一座积木搭建的微缩景观。也许我们这些稍有些岁数的人，已淡忘了上世纪末期这里每日每夜还在出现的帆布旅行包与线网提兜的碰撞和拥塞，但时光无法抹掉那尘封的繁华，谁也无法否认它曾经是亚洲首屈一指的漂亮火车站，曾经接受过无数要人和摩登的衬托与仰望，曾经向几代人显示过它的精致与气派。

火车还在江岸留下了中国铁路交通的开创性纪念地。“詹天佑挂钩”的故事也许只是一个传说，但它为这位主持过粤汉铁路修建的铁路工程大师，为他亲手给自己设计的这座两层楼的汉口故居，涂抹了一层传奇的色彩。

当然，说到铁路，说到江岸，还自然让人想起全中国都熟知的那次工运浪潮。原先为京汉铁路工人大罢工所立的一座纪念碑似乎不足以表现那场工人运动的千古浩气，才有了后来这座直指云天的丰碑和规模宏大的纪念馆。不过，那盏在中国工运史上永不熄灭的灯光，是从后来被编为汉口解放大道一〇五七号的一座青瓦平屋里亮起的，随着那间小屋的一声号令，贯穿半个中国的钢铁大动脉全线瘫痪。从江岸发出的宣告罢工的汽笛，划破中国黑暗的夜空，今天我们还能清晰地听见回荡了半个多世纪的那声长鸣。

今天的江岸，每个时刻都在以它的信念和激情，铸造着新的世纪和新的辉煌。

每当清晨，太阳从烟波浩渺的江面冉冉升起的时分，长江二桥高耸的拉柱和一道道斜索，在城市的天空勾勒出气势干云的壮阔图案，使这片城区在云蒸霞蔚中显得格外庄重与雄浑，也昭示着古老都市屹立于天地间的奋起精神。

这种属于江岸的画面，这种都市与江天浑然一体的独特画面，已经是现代城市景观中的一幅经典特写，也是我们整个城市的一幅具有代表意义的写真。

四通八达的水陆交通，悠久的码头文化，为这片城区染上了浓厚的市井色彩。如今，在江汉路宽广明亮的步行商业街上，在江岸的许多地方，都能触摸到老汉口社会生活的影子。由于篇幅限制，很多镜头无法一一展现，但吉庆街却不可省略。

这条不足百米的小巷，没有经过任何策划或创意，在十多年前的某个日子，突然成了江城夜生活的一个热点，成了闻名遐尔的一道城市风景。作家池莉在她的小说和电影中演绎过这个小街的故事，但现实中的吉庆街却仍然是个谜，连国家电视台这样最有影响的媒体，也多次来这里探寻过。其实，这个谜底只有我们武汉人最清楚，因为老汉口的血液还在我们城市的血管里涌动。到这里来感受餐饮夜市的市民都没有想到，正是他们的参与，才使吉庆街如此生动地再现了我们城市在码头时代就已酿成的热闹与喧嚣。

风云际会

在中国人民长达一个世纪的反帝反封建的斗争中，历史一次次把选定焦点的手指，停顿在大汉口江岸的这块反清风潮的重要发源地，似乎这片土地生来就是为中国近代提供历史火种的，生来就是一个孕育史诗的地方。百年之中，改变中国历史的几起重大事件，其故事的起源都要追溯到江岸。

穿行于江岸的仟街陌巷，就像是品读一部立体的近代史书，说不准哪个胡同、哪个里份，就是决定过中国命运的某个史源。

宝善里，本是汉口兰陵路的一个不能再小的里弄，如今一座新楼在其原址上拔地而起。谁都不会料到，武昌城头那声划时代的枪响，竟然是在这个江波对岸的弄堂点燃的。

一九一一年十月初的那几天，作为整个起义神经中枢的宝善里格外忙碌，革命党人在这里的共进会总部夜以继日地进行着暴动前的准备。九日那天，由于一位吸烟者失手燃爆了正在调试的炸药，引来了俄国巡捕，使起义计划暴露无遗。然而，反清怒火积蓄已久，起义的枪声在没有组织的情况下提前打响了。

十月十日，那是个秋高气爽的日子，也是个吉祥易记的日期，但它是由宝善里起义策划者的那撮烟灰决定的；推翻两千多年封建帝治的起义风暴，也是那撮烟灰直接引爆的。

江岸在历史舞台上扮演角色，是这么富有戏剧性，是这么巧妙而又神奇。

绿荫丛中，英魂长眠。当你经过这座“辛亥首义烈士陵园”时，千万不要提起他们激战的那些日日夜夜，千万不要打破这里的宁静。

球场路口的这片无名烈士墓茔，俗称“六大堆”，埋葬着两千多位烈士的忠骨。当清军大举南下，对革命进行疯狂反扑的危急关头，一场决定中国命运的殊死搏斗又在江岸展开，这片热土成了封建与反封建生死决战的主战场，再一次承担起了历史的重任。那场激战不过短短半个月的时间，可它紧系着国家和民族的前途，为争取各省独立、摈弃清政府的统治而赢得了极其宝贵的时间。

武昌首义不久，起义的领导者和各省代表围坐在汉口英租界顺昌洋行的几张老式椅子上，商定了临时政府的组织大纲，才有了随后在南京成立的中华民国临时政府。饱经沧桑的江岸记不清自己担负过多少历史使命，直到前几年人们才发现这座洋楼曾经如此影响过历史的风云。

曾经作为历史演进的路标，江岸的许多地名将会永远闪耀在沉厚的史册里。

坐落在汉口胜利街黎黄陂路口的这座红墙赤瓦的西式洋楼，修缮过的墙面又有些斑驳，人们怎么也不会想到，这么一座小楼会被一些党史专家称为大革命时期的“中南海”。

乱云穿空，一时多少豪杰。江岸依然是乱世中国的一个重要政治舞台，中国共产党的一大批领导人也云集到这里，德琳公寓就是他们的一处重要住所。在那个紧急的历史时刻，这里的一根导火索直铺南昌，点燃了武装暴动的熊熊烈火。

汉口的鄱阳街如今看来已很狭窄了，当它延伸到巴公房子时，被这座洋楼劈成了两条道路。那时，共产党人走到这个“丫”字型的历史岔路口时，再也没有犹豫。在一九二七年八月七日那个炎热而毫无诗意的早晨，他们秘密集结到路口的一处俄罗斯人的寓所里，召开了一次极其紧凑的小型会议。从此，中国共产党的一段新的漫长征程，便从江岸这个小小的岔路口出发了。

历史的足迹遍布江岸的大街小巷，还有大革命时期的中华全国总工会、八路军武汉办事处、新四军军部旧址等大批纪念性场所，同样是红色历史的重要标志，曾经反复出现在各种教材和画面中，成了人们对江岸、对武汉的一种不可抹去的印象。

梦幻诗画

尽管江岸有过许多惊天动地的刚硬经历，但它也有纤秀与柔情的一面。

无论哪个白昼，只要你走进这片城区，都能感受到诗的炽热。一座座高楼的峡谷里，钢铁的潮流、生活的潮流，犹如脚下的这条大江，永不停歇地向前奔涌着。入夜，亿万灯火中的江岸夜色，更是幻若天境。江波之上，是灯的山峦，灯的河流，灯的海洋，灯的长虹。

然而，云卷天舒的日子，远望我们这片城区，却如散文一般宁静。

还是请把镜头摇向我们的江滩公园吧：十里长堤，碧树金花，十里江滩，尽入诗画。

在这条无墨的艺术画廊里，有如梦的烟柳和绵绵绿茵，有浓荫小径的暗香与幽静，也有断桥流水般的雅洁与妩媚，还有现代的楼台亭榭，为江城平添了几分清丽和秀逸，为它增添了江东水城的那种玲珑与精致。

风和日丽的时光，这里是孩子们寻找童话的地方，是情侣们放飞青春与梦想的地方，也是老人们追寻生命记忆的地方。同时，这里还是许多市民迎接客人的所在，是一座迷人而靓丽的城市庭院。

然而，这条绵延的锦绣画卷所铺展的宽阔滩涂，几年前还是一片洪峰漫溢过的污泥之地。作为河流文化最具代表性的滨江重镇，曾与洪患作过千百年的搏击，但因防范洪水而使城市有了这道漫长而宽广的河滩，有了一代代人抗击洪水的悲壮历程，也有了这座以整个城市名义昭示后世的纪念碑。

在江滩没有开发成公园之前，江岸的老人和孩子最留恋的游乐场所是解放公园。旧中国时期，这里是一个供少数富人和权贵寻找刺激的巨大跑马场，现在园林的规模还不到跑马场一半的面积，但它为我们一茬又一茬的少年儿童营造过清纯的梦境。

武汉人都知道，公园的绿荫还掩映着一柱细碑和几座墓冢，这是为纪念来中国参加抗战而牺牲的苏联空军烈士所修建的，也是武汉不多的几处抗战纪念场所之一。多少年来，我们城市的后辈来到墓前，一回回向他们叩问过中国军民保卫大武汉那波澜壮阔的一幕。

这样的公园因为是城市的“名片”，已经或将会被录入《名胜辞典》。然而，对于更多的普通市民来说，他们舒展心情最便捷的休憩之地，还是这些年政府修建的各种小型公园和街头游园，以及大量的社区绿地。它们分布在江岸鳞次栉比的一片片楼群之间，为我们的城市家园点缀出了更加诗化的写意。

瑰丽风采

开放时代的人们，越来越多地议论或比较着一些城市的个性特征。其实，城市的个性是由它的文化决定的，品读一座城市，就是品读它的文化。江岸是我们武汉一个极富代表性的中心城区，它的街面，它的林木，它的衣饰，它的菜肴，它的商家字号，还有它的方言口音，无不散发着这个城市特有的气息，无不显露着滨江城区特有的风采。

不过，最能体现这个城区内在气质的，还是它丰富多彩的建筑群落。

沿着笔直的江堤漫步前行，脚下的大道就是江岸最早的城脉。

临江的这片欧式建筑，本来是帝国主义列强脔割中国的时代残留下来的一种耻辱印记，也是我们民族难以抹掉的伤疤。可是，新生的城市以博大的襟怀接纳了当年强盗盘踞过的这些租界遗迹，并洗去铅华，将其改变成了我们城市的一张别致门面。

这些高大而坚固的历史建筑，大多是列强到中国进行经济掠夺的金融机构或洋行的办公大楼。其建筑风格，有的如希腊神庙般神秘，有的塔楼显露着西方城堡式建筑的童话色彩，还有些则是中西合璧的建筑结晶，透视出两种不同的文化背景。它们伴随着风雨中的都市，历尽岁月沧桑，作为一座名城和一个民族苦难历史的见证，它们几经修复，早已闪射出新的亮色，尤其是那一根根高耸的廊柱，在碧涛江风的岸边，在灯火辉煌的夜晚，显得更加富丽而典雅。

前些年，江岸的老街上曾树起过几块“街头博物馆”的石牌，有人认为这种别出心裁的称谓不够准确，但这里的老城区的确称得上一个宏大的建筑博物馆。

荣光堂、东正教堂、古德寺，这些分布在江岸的宗教文化遗迹，作为宗教活动场所和不可多得的旅游资源，至今还受到政府和群众的精心保护。

当然，历史遗留在江岸的建筑遗产，更多的还是散落在老城区的大大小小的各式洋楼或别墅式老房，更多的还是那些烙有深深时代印痕的旧式弄坊。这些形形色色的建筑，或因社会名流居住过，或因曾经是富人豪宅，或因它们集中地容纳过旧汉口的民俗，很多也被保存下来了。还有一些旧宅，曾有先烈在此慷慨悲歌，血染朝日，因而得到了更好的保护。江岸人更加明白，守护这些建筑，就是守护历史，守护传统，守护自己城市的故事，守护自己城市的骄傲。

今天，当我们穿过历史的烟云，徜徉在这些老式街巷或走近一座座光线灰暗的旧楼时，总会联想到财富和某种高贵，联想到西服领结和旗袍高跟鞋的时代，联想到华丽与污秽、洋车与饥民所形成的光怪陆离的世象反差。每当这时，你或许会想到那一台台竖立着大喇叭的笨重留声机，想听听里面录下的是什么，想了解这里曾经发生过什么，即使是灯红酒绿中醉生梦死的惊叫与呻吟。当然，我们更多的还是想拂去历史的尘埃，了解这些老房子是怎样影响了我们的城市，怎样影响了曾经在风暴中摇晃的民族，特别是那些普通民居，还为我们储藏了多少当时的社会景象，为我们储藏了多少风俗和文化。

江岸这片市区的历史和文化的光泽，虽然可触可感，但这种浮光掠影式的漫步，也许让你无法认识富有敢为人先之精神的江岸，让你无法认识具有包容品格的江岸。然而，在今天这个崛起的时代里，江岸更是每时每刻都在酝酿着自己的创新与变化。我想，无论谁来到这里，一定会感受到一个闪耀着理想光辉的江岸！

黄孝河记

今临黄孝河，两岸树木荫翳，长街小径，工程机械之铁臂钢爪仍上下忙碌，水景画廊的城市之梦不日可现！

汉口起市之初，周为泽国，星罗湖塘数百，累年潴水不涸。后经疏扩连通，渐成人工运河。日有舟楫钻荷破月穿梭往来，舳舻相继，纤号起伏，穿十八淌子，越十里沼泽，直抵闹市。因其北汇府河，达埠外黄陂孝感，故谓黄孝。数百年间，此河纵贯汉口，为万商通衢，沿河码头摊亭，百帆舣岸。

白云苍狗，城廓几经外延，商旅船帮亦改行陆路，河道渐作排水主渠，其景不再。未几，河床污淤，蚊蝇孳生，沦为中国城市四大害河。岁逢涝渍，损失亿万之巨。上世纪八十年代初年，黄孝河改造牵动全城，千万军民汇聚，肩挑手提，改河分流，沿线灯火相映，工期不舍昼夜。闹市河段，地下镶以砼制箱涵，地上拓为新城坦途。二十里古老水道半为暗河，半为明渠，浮载几多沧桑。

近年，黄孝河再逢其盛，全线疏浚改水，美化十里明河。明日港道将是十里画廊，岸柳若栉，栈桥亭榭，清波漾舫，堪称一步一景。

山海苍苍，江河遥遥。一水历历变迁，为城而开，为城而变，为城而利，黄孝河尽显河流文明之演进。城与河流，人与河流，斯水乃千秋之例。

江岸区人民政府　二〇一二年九月立

东湖在哪里

我生活在武汉，武昌有座东湖，我一定要好好去看看。

那些年，我很年轻；那些年，我在尚未撤消的武汉空军政治部工作，业余时间总想多写点诗歌和短文，总想到自己城市的景观总会有机会去看的，所以一直没去游览东湖，也没打听过东湖究竟在哪里。

偶尔与人闲谈，方知自己上班的部队机关就在东湖之滨，我们经常去游泳的那片碧水，就是东湖的一处湖汊。还有，我许多次穿越过的长长柳堤，就是东湖中的陆路通道。

我知道东湖很大，但没有想到它如此辽阔，也没去想象过它的形状。原来，它与街市，与楼群，与山梁，与园林，与一条条道路和一片片林荫，相互交错，相互衬托，不像那些地处旷野间的湖泊，可以让你一眼望见它的形状，看清它的面目。

江河文明造就了我们的都市，因为地势低洼，才引来长江、汉水和府河三条江河在此相汇；因为地势低洼，才有了众多的湖泊，东湖又是这座特大城市的特大城中湖。

古人根据方位为它起了个通俗的名字，如同生活中“建国”、“保国”之类的名字因为好起好叫而容易被重名一样，中国被称作东湖的湖泊据说有十多处。然而，武昌的东湖，至少是一座最大的“东湖”。

它湖岸曲折，港汊交错，号称“九十九湾”。

我不由想起自己最熟悉的那处湖汊，想起那些夏天的傍晚，每当夕阳西下，湖面漾起金色波光的时分，我与三三俩俩的战友相约走向湖中，从简易的栈桥游向对岸山下。当年朝鲜战场的空战英雄、后来是我们军区司令员的一位老军人也经常前来湖中游泳，但我看见他只是坐在橡皮圈上从容消暑，不声不响。而我们这些机关的参谋干事都像欢跳的水鸭，不游到对岸不肯罢休。可是，那段不远不近的距离，对不曾经历过游泳训练的人来说，还是比较考验毅力的。划到对岸还得蓄积一定体力再游回来，可在对岸只能够稍事歇息，时间不允许停留过久。

很多人踏上对岸，总要面对湖水发出一声高喊，那声音中透出的是一种力量和自豪。

那样的傍晚，那样的湖畔，那种发自光洁而流畅身体的豪迈喊声，是属于我们那群青年军人的。

那一段只有奋臂挥展才能划向彼岸的游程,是属于青春的。

东湖，在我的回忆中很快变得亲切起来。

东湖由十多处大小湖泊相连而成，景区总面积达八十多平方公里，其中湖水面积三十多平方公里，曲曲弯弯的岸线长约百余公里。

景观太小，人们不知道其具体方位，这在生活中是很寻常的事情。而我不知道东湖在哪里，是因为它太大，大得“无处不在”。后来，我曾经这样描绘东湖在哪里——

它在浩渺东去的大江之滨，它在遥遥天际的群山怀抱，它在樱花绽放的珞珈山下，它在幽静典雅的听涛阁旁，它在青松红梅装点的园林一侧，它在新楼旧阁组成的街市深处，它在城市夜晚霓虹辉映的灯火之中。

那年，军区政治部决定组成一个摄制组拍摄一部反映全区先进人物事迹的纪录影片，我被指定为这部片子的执笔者。其中，我希望片中能有一个大海的镜头，但因为制作时间紧和“任务小”，不可能为此专程赶向海边进行实地拍摄，两位有经验的摄影工作者不约而同地想到了东湖。我看到两个壮汉匍匐在地对着湖水专注拍摄的样子，心中不由暗自发笑。最后，我没有看过他们剪辑出来的“成片”，不知道“大海”的效果究竟如何，但后来每次说到东湖的壮美，我便会想到这件往事。

大湖之上，岛渚星罗棋布，环湖一座座高高低低的峰峦绵延叠嶂，青葱如黛，雾生霭起，气吞天霞，不难想象这是怎样一幅壮丽的城市画图。

如此大湖也是历史烟云聚集之地，它孕育了这座都市的品格，坚毅，果敢，独步于时代的潮头。武昌城头划时代的义旗曾经引领古老国度的航向，将中国历史改写。

近年，武汉确定了一句广告语：“大江大湖大武汉”，我却将其说成“大江大湖大历史”。

西湖之名，是靠诗词和传说堆积起来的，我印象中的西湖，就是一个小家碧玉的女子，精致玲珑，好像它的每一株花木和每一丝波纹都被人装扮过。我虽然去过多次，但从未写过西湖。东湖却大气，豪放，古朴，没有经过更多的雕凿和粉饰，属于真正的浑然天成，有着自然的魅力。因此，我不希望在东湖增添过多的人为痕迹。

共产党的领袖人物朱德，生前曾在东湖挥毫写下“东湖暂让西湖好，将来定比西湖强”的诗句，我坚信他的判断终会实现。

我们的阅读历程

竹简时代与某个午后的一次灵感

在一座聚集了许多楚文化珍贵实物的城市博物馆，我对着玻璃柜中那一排从楚墓出土的竹简发痴，久久没有走开。

我想起庞贝古城留下的一幅壁画，是个站立的女子在阅读她双手展开的一卷“书”。我们眼前这些早已发黑、质地也变得非常脆弱的长长短短的竹简，在当时却远比他们的读物多。

据说公元前十一世纪我国就出现了竹木简牍，逐渐发展为一种竹编图书，东方文明史上真正意义上的书籍是从它开始的。我们这个民族不知有多少传奇般的历程源自那个朦胧的开端，不知有多少辉煌的创造源自那个伟大的文化起点。直到如今，人们常用的学富五车、韦编三绝、罄竹难书以及书简、札记、编辑、史册、删改等许多成语和术语，还明显地烙着竹简时代的印记。

此前，甲骨时代的文字传播和运用，只能局限在从事青铜铸造和宫廷巫觋等少数人中，有的历史学家认为，殷商时期能够掌握文字的最多时也不过百余人。大概在很长的一个历史阶段，文字虽然已经出现，但没有人预料到它会成为一种普及的社会工具。竹简被使用之后，识文断字才逐渐成为“常人”的追求。

在长达一千多年的时光里，读书人手里捧着的几乎都是竹简，可今天的人们能够看到几片竹简却是那么新奇，那么陌生。尽管不会有谁捧着烫金硬封的精美印刷品去嘲笑古人的粗糙与落后，可我们是否想象过远祖们在剖竹为书之前，为了告别刀耕石刻，为了实现书写而付出过多少代价、承受过多少煎熬。

虽然是在一个遥远的世纪，人们的社会实践却愈来愈丰富，社会生产力也远比我们想象的要发达。神奇的冶铜铸铁，美妙的桑蚕吐丝和云绸飘展，还有那些从旷野里飘出的高亢山歌，还有那些哲性的思考和心灵的感悟，还有许多亲历的或耳闻的新奇事件，太渴望书写了！

以竹简替代龟甲，我想是源于某个先人的一次灵感，随后他操起了砍刀。就那么一刀砍下来，劈开了中华文明史的文字通途，古老的华夏大地上从此开始生长诗歌和文章，开始生长思想，使一个伟大的种族有了自己的血脉和灵魂，有了生生不息的精神记忆，从而得以薪火相传。

那位先贤生活在南方，南方多竹，江南很多地方更是遍地修竹。也许是笔直光洁的竹林激发了他的灵感，也许是他已经在篾工扔下的残片或废弃的竹器上作过尝试，那平展、光滑的篾面比较吸墨，很好写字。他是用绘陶的研石和磨杵研着一种天然墨书写的，他太兴奋了，一口气胡乱地写完了一堆长长短短的残片，还意欲未尽。于是，他夺过工匠手中的篾刀向房后的竹林奔去。

这个“发现”似乎来得很突然，但却期待了很久很久。

也有人对此表示不屑，比如一位倚在墙角的高龄长者认为结绳记事是不可更改的，已经无数辈了。当有个后生问他结绳记事到底有多少年，他说绳疙瘩哪能记清楚，大家的哄堂大笑算是给他的回应了。从那以后便有了在竹简或木牍上挥毫的漫漫岁月。

那次灵感催生的砍伐，没法说清它发生在那个具体的年代，但在遥远的某个清晨或某个午后，为了文字书写而挥下的第一刀肯定在我们这块土地上发生过。那一刀，劈出的是一个延续了十几个世纪的竹简时代。从西周到东晋，从诗经到离骚，从仲尼作春秋到史家之绝唱，诸子百家，楚辞汉赋，都诞生在竹简时代。文字书写激发了语言的创造与发展，丰富的语言又为思想的孕育提供了有效工具。两千多年前伴着竹简出现的百家争鸣，至今仍然是中国思想史上再没有重现过的一次高潮。笨重、简陋而粗糙的竹写书籍，却为我们的民族培育了一大批大师级的思想家，树起了千年不熄的精神火炬和光耀日月的文化经典。

那个起点虽很模糊，但却标志着真正文字时代的开始。

庞贝古城壁画中的古罗马女子大约生活在公元一世纪，她手中的读物是写在莎草纸上的。那种纸张是从古埃及传过去的，虽然说不上多么昂贵，但制作材料仅仅限于一种类似芦苇的植物，其制作工艺被严格控制在法老手中。那样的世纪正是我们竹书最发达的阶段，竹简取材广泛，制作简单，使文字教化以不可阻挡之势走向民间，走向大众，走向社会生活。银雀山、天星观、睡虎地等地一次次发现的竹简让世人瞩目。长沙走马楼出土的孙吴竹简多达十七万片，容纳文字大约三百多万字，详实地记录了包括一些具体农户税赋账目在内的大量社会信息，曾经许多次让我为之惊叹。

不过，我们的先祖并没有满足于竹简。甲骨太少，钟鼎铭文在民间几无可能，绢帛用作书写只能像莎草纸一样限于极少数贵族，而简牍也不是最理想的材料，所以西汉时就有人发明了一种麻质纸张，因为造价较高未能普及。就在古罗马那个贵族女性稍后一点，中国东汉的发明家就研制出了造价低廉的造纸术，后来也取代了她手里的莎纸。

竹简没有什么科技含量，更算不上伟大发明，但在竹书这块文化土壤上诞生了伟大的文明。

古人为我们创造了各式各样的神灵，我眼前的这几片竹简不过是一个王侯带进地下的常见之物，与神灵无干，可如今却值得我们深深跪拜。

我们将见证今天

经历过油灯如豆夜读生活的人，总会感叹岁月的艰难，但每每想到古人的阅读，我总感到我们应该为自己的人生而庆幸。

竹简承载过中华文明千余年信息，纸书的历史至今还未能超越它的历史长度。但蔡伦发明的造纸术从公元二世纪初年开始推广，经历了四百多年才使简牍彻底退出历史舞台。

那是一次怎样的变革，那么美好又那么漫长。过去，屋子里到处是竹简，床头、案几上也堆积如山。后来好了，沉重的竹卷换成了轻薄的纸书，眼看着书斋一天天空荡起来，也整洁起来，纸抄书籍给携带、保存和阅读带来的方便，让人不可思议。

从竹简到纸张的跨越绝对是一次历史性的变革，只是我们没有去想象先人们经历那次变革的心态。如今，短短几十年间电脑迅速普及，颠覆了文字信息依赖纸张承载的局面，使文字的书写、储存和传播方式都发生了以前难以置信的变化，也给社会生活带来了划时代的变革。有时坐在电脑前，以“二指禅”动作盯着键盘缓慢地敲打时，我从这个既复杂又简单的“电子机器”，想到了我们的幸运，上帝让我们这几代人幸遇了两个文明阶段交替的时代。

我们，不在于经历过昨天，而是开启了今天，见证了今天！

昨天，我们刚刚结束了以毛笔换自来水笔的过程，还在接受敬字惜纸的教育，还在已经用过的纸张背面写字；今天就变了，电脑打字轻松快捷，再一点鼠标，瞬间工夫大堆大堆的文字就飞到了千万里之外。

当初，能够赶上简牍的运用，亲身经历便捷、雅致、也很神秘的语言符号不断在没有文化的荒芜大地上蔓延开来，先祖们满足过，也兴奋过，那是他们的幸遇。

后来，能够看到简牍向世界作最后的告别，能够捧上线扎纸书的读书人，开始可能觉得手中轻飘飘的，多少有点不适应，但它们很快领略了这种阅读的快意，他们更是幸运的。

人生大多只有几十年光阴，而我们的民族几千年来不知经历过多少次分分合合，只有生逢大分离时期的人，才能体味到民族分裂、国土被分割的无奈和痛苦，那是人生的不幸。与民族的悲剧和灾难恰恰相反的是，科技昌明给社会带来的进步肯定是人们的幸福和喜悦。

这样的变革过去是几千年出现一次，以后将是几百年甚至是几十年出现一次。无论其间距多么短暂，能够欣遇其变，都是值得后人想象和回味的人生历程。

阅读，生命的伟大进化

在某个疲倦的夜读时刻，我突然冒出一个可笑的问题：我们为什么要阅读？

上苍造物时，并没有为人类设计阅读本能，后来阅读作为人类的一种生命状态，是人类社会演进的结果。

这是一次生命的伟大进化！

从此，阅读成了许多人生命的一部份，他们灵魂里已经形成了无法解脱的“阅读依赖”。或者更准确地说，从社会拥有了第一册读物的那天开始，人类的另一种精神疾患也渐渐随之形成，那就是对阅读的渴求转化而来的精神饥饿。

试想，一卷期盼已久的好书与没法点亮的黑夜，是多么难以忍受。借月亮读书，借雪光读书，借萤火虫的亮光读书，凿开墙洞借邻家灯光读书，等等，这些前人流传下来的励志传说虽然不切实际，无法仿效，但它们却能折射出阅读欲望曾经给世上多少人造成过怎样的精神折磨。

在人类阅读历程的这个漫长“初始阶段”，因为读书和书写条件的种种限制，多少饥渴的心灵忍受过难以排解的压抑。我曾经推测，古人传授文字主要是靠一根棍棒在沙堆和泥土上教习的；我还坚信，历史上一代又一代书法圣手把我们横竖撇捺组成的方块汉字升华为无价的艺术瑰宝，而他们不少人的作品是靠毛笔蘸水在书案或桌面上千万次练出来的。

经过无数先贤在焦灼中苦苦追索，开创了人类社会的阅读生活，又经过多少个世纪的探寻，极大地优化了我们的阅读方式。阅读曾经一次又一次引发过社会文明的飞越，可以说，当社会进入阅读时代之后，人间文明的每一个脚印无不与阅读联系在一起。

不必究问自己为什么要阅读，因为我们不能不阅读，也无法摆脱阅读。

美国已故的著名学者霍弗七岁时不知因由地双眼失明，十五岁那年又莫名其妙地好了，于是他拼命地阅读，每天保持在八至十个小时。这样疯狂地读书，不仅是因为他饱尝过无法读书的痛苦,而且他还以为自己在哪天还可能会莫名其妙地瞎掉。

党史专家披露说，中国当代最大的伟人在告别人世的前一天还在断断续续地读书，一共读了八次，最长的一次也只有七分钟。虽然他要承受死亡来临的各种痛苦，但他一直读到了生命的终点，十几个小时以后，他怀着自己最后的满足离开了人间。

阅读是分境界的，一旦有了解饥解渴的那种畅快与满足，那么这辈子我们肯定与阅读结缘了。当然，读书并非总是给人以惬意之感，有时让你感到无聊，感到上当，甚至让你愤怒，看什么书都觉得乏味，可你还得找书看。就像吃饭一样，有时候一点胃口也没有，吃什么都不香，但自己还得吃。

因为，阅读已经进化成了我们的一种生命欲望。

走向另一个自己

一

不久前，一位老作家托人捎来了他那套刚出版不久的文集，我与他交往近二十年，对他的作品、性格，乃至生活的某些方面是比较了解的。他那苍劲而充满睿智的老人形象，在我的心目中早已形成。可是，当我翻开文集插页中他青壮年时代的照片时，他却突然变得陌生起来。

——这是我从来没有见过的另一个“他”。

不，这是半个世纪以前的他。

尽管他那时面部的好几个地方已经有了现在的特征，但我仍然很难与后来的他联系起来。那时的他，是英俊而又潇洒的。

后来我所熟识的老作家，已经是岁月的杰作了。他手上暴突的关节有如根雕般苍劲，他的脸部刻着峭石般的沧桑，像是风蚀的结果。是的，开国后的第一个政治漩涡把他卷进去了。所以，他那段作为知识分子所遭遇过的既很普遍又很特殊的漫长经历，总能使我从他的表情中读出某些独特的东西。

二

每个人的生命，都是从自己走向另一个自己的历程。

这种转化，是在不知不觉中悄然完成的，像树木花草从蓬勃到枯萎一样，用眼睛是很难看出它们的变化的，即使是目不转睛地盯着它。因此，只有久别重逢的亲友抚着你的肩膀，深情地道一声“多保重”时，你才会意识到，你已向另一个自己走近了许多。

自然力让每一个人无一例外地走向衰老，就像它当初让你从“丑小鸭”逐渐发育成生机蓬勃的少男少女一样，这一切都如前所述，完成在你的不知不觉中。

不久前，科技界传来喜讯，称鱼类学家破译了生活在太平洋海底的章鱼的死亡秘密，发现雌章鱼体内存在一种激素，在它们产卵七周后这种激素分泌出来，导致章鱼停止进食而死亡。科学家切除雌章鱼体内分泌这种“死亡激素”的腺体，它们就会奇迹般地恢复进食，寿命也会大大延长。目前，许多科学家都在积极寻找其他动物身上的“死亡激素”，并有所进展。美国哈佛大学登克拉教授对两千对白鼠作了反复实验后认为，影响它们衰老和死亡进程的“死亡激素”是从它们的脑垂体中分泌出来的。这些发现引起了生命科学家的极大兴趣。他们认为，人类的脑垂体中也可能分泌出一种类似“死亡激素”的化学物质。如果能把这种物质抽出来，注入生长激素，人类就可以延缓衰老过程，延长寿命。

科学家们预言，如果能够确认人体内的“死亡激素”，并且解决了除去这种激素的问题，人类的平均寿命将达到一百二十岁。

我坚信科学的昌明可以使人类的生命大大延长，但终究抗拒不了自然的法规。而且，这种自然力的耐性是永恒的，不可逆转的。

青春永驻，只是某些人的良好愿望。

万岁，万万岁，只是帝王们在拥有了一切的满足时，进而生发的一种企望。尽管臣民们无数遍反复山呼，但还是连他们自己都不相信。否则，历史上的皇帝小儿们，不会活得好好的就开始为自己大造陵寝。

三

几乎所有的人在进入老年后，都会非常留恋自己的过去。不然，青春这个字眼就没有那么美妙了，就不值得人们无休止地歌赞了。正因为如此，便有某个老人将自己年轻时的照片翻出来，压在每天工作的台板下。

年过不惑后，机关的理发师傅告诉我：你的头发开始变少了。他劝我少写点文章。

我说：许多不写文章的人不照样秃顶吗？

我想，到了哪年我用不着再去找他们理发时，就不会为头发忧虑了。

电视台曾请出一位极健朗的高寿老人介绍养生之道。他说自己得益于练功，晨起练两个钟头，午间练两个钟头，下午和晚上还要再练若干时辰，几十年日日执剑缓步，无一日间断。此翁固然令人羡慕，但芸芸众生的绝大多数，有条件如此效法吗？即使所有的人都可以把主要精力用来养生延寿，那么谁来为这个世界耕耘劳作呢？

在走向另一个自己的过程中，如果你感到时间很慢，你可能过得很艰难；如果你感到时间很快，你一定过得很充实；如果你感到很“没劲”或者很无奈，你就要看看自己是否在做着违心的活计，或者是不理智地对自己的命运抱着过高的要求。当然，也有人像古时的西门庆和今日的王宝森那样，不分白天黑夜地为金钱酒色而忙碌，恨不得长出十二双手来，去强夺更多的资财，去搂玩更多的女人，他们的生命中永远只有遗憾，为永不满足的贪婪而遗憾。

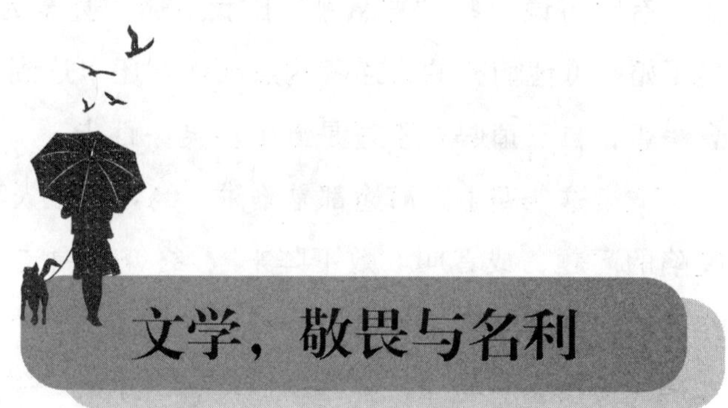

文学，敬畏与名利

我这辈子痴痴迷迷地干了一件事情，就是文学写作，虽然是业余，却几乎耗去了我生计之外的全部。从我在军区报纸上发表大半版散文的那个春节算起，已有四十个年头了。最近，江汉大学选定十位武汉作家作为重点研究对象，由于协助他们搜集相关资料，发现历年评介我的论文、书评、专访以及省市报刊的专题消息，大大小小汇集起来竟有二百多篇文章，达七八十万字。说来不怕大家笑话，我写的全部作品加起来估计也就是一百多万字。因为我总觉得世上缺少的不是我们几篇平平淡淡的文字，自己或厚或薄出版了散文、杂文、诗歌、文艺评论等二十多本集子，已经够多的了，所以甘愿做个“低产作家”。但我深知，仅仅凭这种“低产量作品”获得“高产量评论”,并不能说明自己取得了多大成功,可自己的确付出过很多。

有时听说一些“志愿者”比我更迷，甚至为文学辞了职，离了婚，可他们有的人连我这点成就都还未达到，不值！但转念一想，自己值吗？不过是五十步笑一百步。

文学这条路上，沿途都是陷阱，绝大多数人不过是早陷或晚陷的问题，或者叫“败下阵来”，终究是白走一遭，为他人作陪衬。只有极少数能靠文学吃饭，能养家小的名利双收者，才是一场场文学马拉松赛跑的成功者，才值。在我看来，文学跋涉就是这么悲观，但依然不乏来者。就在我写作此文的当晚，在新到的《杂文报》上读到一位老作家的故事，从一九五三年五月五日，十三岁的他在湖北《宜昌日报》发表第一篇作品算起，到二〇一三年五月五日黑龙江省作协批准他入会，整整花了六十年光阴，他才“圆”了自己的作家梦。原来，文学这东西总是裹着神圣的灵光，敬畏者无法抗拒，才有了这种前赴后继的悲壮。

早年，我主要靠短文在报纸上与读者见面，几千字的散文就算长的了，最长的一篇是研究《西游记》主题思想的论文，一万三千字，上过中国人民大学的复印资料，还被《中国文学年鉴》介绍过，不知要顶我多少篇“豆腐块”，但那是九十年代初期我在工作调动的两个月空闲中写出的，以后再没有这种“便宜”了。业余道路，决定我在更多情况下只能写些小作品，那些年我以这类短文登临过许多省市主流报纸的副刊，也包括一些全国性大报和《红旗》《诗刊》等高层期刊。其中，《石家庄日报》曾接连发表过我的十多篇作品，包括别人评论我的文章，但一九九八年我在武汉接待该报前来采访部队抗洪的两位记者时，有一位不知道我是写什么的，而这位就是他们到任不久的副刊部主任。可见，靠这种“积累式”留给读者印象有多难。这种时候，很容易让自己灰心，也很需要保持平静心态，还需要想到一些记得你的读者。我那本诗话《诗廊漫步》问世快三十年了，还有人在博客里抄录它，在书信里引用它，也曾有人在网上搜索这本小册子，对我来说是一种实实在在的精神鼓动。《文学报》把它看成我的代表作，曾经约我写过一篇回忆，其实它并没有让我“成名”，也不能“代表”我的创作。我真有一部代表作就好了，就用不着这样日积月累地耕耘。

仰慕，热爱，兴趣，说到底还是出于对文学的敬畏。我们应该敬畏巨匠，敬畏经典，敬畏文学，可我感到，在艺术与孕育它的本源之间，我们更应该敬畏的是生命，是造化，是历史的参与者，是生活的创造者。

一场战争和一部作品，更值得敬畏的是顷刻间消失的那些最有热力的生命。一个人物和一部传记，最值得感怀的也是一段不寻常的人生历程。一户山民迫于生计，在险壑峭壁上建了座石屋，触发了画家的灵感，于是便有了一幅优美的山水画，使画家成名了，可建房的那家男主人却终究因饥寒和困顿死于老林。在过去的漫漫岁月里，这并非只是一种残酷的假设，即便不是这样的结局，我觉得也是有欠公平的。因为在奇妙的画幅深处，还有画家没有表现出来的生命的坚韧，那才是更值得我们敬畏的生命之奇与生活之美。再如，这几年去南国偏远山地寻访梯田的摄影爱好者愈来愈多。每每看到他们拍到的那种弯曲错落、层层叠叠的梯田壮景，我惊叹的不是其美感，而是一代代山民与险恶自然条件搏斗的生生不息。那种比人工描绘更有韵律的线条，其实只是密布的梯级田垄，山势愈陡，这种田垄线条才会愈密集，也就愈出“效果”。但我却老是想到在那些狭窄而不规则的梯田耕犁的难度，老是想到烈日下泥水中耙耕抢插的艰辛。不是因为我出身农民，才想到这些让人累得慌的画后耕作，世界本来比艺术更精彩，生活创造本来比艺术创造更伟大。

艺术崇拜与生活感怀虽然不属于同一个概念，但我们作为献身文学的志愿者，在敬畏文学艺术的同时，更为重要的是必须对万物造化和生活创造保持敬畏之心。唯其如此，我们才能保持对世界，对生活的敏锐感知，唯其如此，我们才能更加准确、更加鲜活地摹画出自己眼前的生活。

说到文学艺术的创造，还有个绕不开的话题，那就是名利究竟在其中扮演着什么角色。曾经，名利被政治权势认定为邪恶，人们谈名色变，也不敢去从事创作，谁若奉命创作了一件作品，也多半署上集体的名义。更有几百年前的先贤写出了不朽的名著，却留下署名权问题让后世争说不休。当然，这些都有着各自的历史原因。

名利，是文学艺术创造的驱动力，并且没什么不正常。

世人总是劝导别人看穿名利，但往往自己都没法过这一关，事实上，能够真正在意识里超越这两个“神物”的人只是极少数。某地有位宗教领袖，生前因年事已高，不大接触外人，但有个年轻作家要写文化名人而去采访他，他却格外配合，热情有加，还主动赠其墨宝。遗憾的是，文章未出，大师已阖然长逝。另有一位诗词高手，在当地享有相当的名望，谢世之前竟嘱托某楹联专家为其撰拟了一幅长联，极尽赞誉，更极尽志哀。老先生作别之后，追悼会现场及当地媒体自然少不了那幅经过他生前认可的挽联。还有些名家到了一定分量，一些名利上的事情如果将其遗漏，他可能会从牙缝里挤出两句恶骂，一旦得知他大名在列，却又谦逊地说“我有何能何德。”能够声称自己淡泊名利的人，都是多少具有一些名利地位的，并且是相对而言，能够彻底地与名利绝念，或许是在他们入土为安、思维停止了之后。更多的人不想名利，更不谈名利，是他们与这些东西相距遥远，甚至是连温饱都没解决的群体。

名和利，一般情况下是紧密相关的。离个婚，怀个孕，就不用说了，甚至是逛趟街，会个友，上回馆子，都会有狗仔队追踪，都会有媒体炒作，这种极致的人生风光与巨大的利益都是建立在名气之上的，所以，引来无数少女将其视为生命的最高境界。到个场，泼点墨，或者扯几句话，就能得到大笔出场费，这也成了许多文化人的向往，连没啥文化的“铁岭靠山屯的老大妈白云”也以文化名人自居，毫无愧色地在崔永元面前连连自夸。当某些明星大腕痛骂娱乐记者的时候，不知道有多少人蜷缩在京城的地下室羡慕不已哩。

这几年到几个地方讲文学，当地的报纸电视预告、现场的欢迎横幅和会标等等，都未忘加上“著名作家。”有一回我在讲课中穿插说，这到底是为了吸引大家前来听讲座，还是为了让我高兴？真正的著名作家是无须“著名”的，比如鲁迅巴金等许多文学大师，人们不再称他们是著名作家了。未料，我此话未落，掌声爆起。我讲的只是实话，因为看重名利，才有了很多“著名作家”或“著名××”。

圣人说，食色，性也，名利亦如此。既然世人无法抗拒名利，就应该承认它的合法存在、合理存在，但必须是“君子爱名，得之有道”，绝不能像某凤姐和某露露那样暴取大名。作为作家，必须实实在在地经营作品，而不是靠厚黑学经营名利。

我曾经说过，过去多少年因为忙碌，自己无暇思考创作之外的东西。比如，每天上下班从文联门口经过，却几年没顾上跨进它的大门。很多年没想过去争取什么奖项，《诗廊漫步》多次再版和重印，我都没想到拿它到作家协会去参评文学奖，在我第一次获得散文奖之前，不曾主动向任何机构申报过一片纸。但这并非想表明自己具有多高的境界，除了无暇顾及，除了那时不大看中奖项，还有一个更为重要的原因，是我不知道自己写到了一个什么层面。那年到天津领奖接受《今晚报》采访时，我曾经这么说过，不是假话。相反，这些年受到种种关注和鼓励多了，心态上倒不如那时平和。尤其是看到有些人轻轻松松发作品，轻轻松松获大奖，轻轻松松“著大名”，总有点愤愤不平。但有时静下心来想想，觉得大可不必“与自己过不去”，有些现象是改变不了的，如果自己想“冒尖”，惟有写好自己的作品，不抱侥幸心理，更不抱投机心理。从这个角度看，未必不是好事。

其实，如果没有公正，我也不会得到种种肯定。当年，看到报刊连载《诗廊漫步》主动与我联系、促成它一版再版的北方文艺出版社的诗人满锐老师，我们至今都没见过面。湖北大学组织研究湖北散文创作，课题牵头人刚从日本做访问学者回来，是通过省文联找到我的相关资料的，原来，她在我那本不起眼的集子《海天履痕》中读到过几篇历史散文，责任驱使她一定要和我联系上，她认为我写历史题材的散文，在全国文化散文创作中应该处于领先水准，给予了很高的定位。最让我感动的是华中师范大学的黄曼君，这位在湖北文艺理论界享有领军地位的老教授，在他出席“任蒙散文艺术座谈会”之前，我们没有交往过，可他郑重地到了会，而且是有备而来，带头作了体系完备的发言。后来他多次说我和小说《跪乳》的作者，是湖北“受了委屈”的两个作家，说我们都是当过兵的，都很老实。因此，他几次表示要为我写一篇比较全面的评介论文，争取推到《文学评论》上去，连基本思路都考虑好了。我当然不敢作这种“指望”，因为黄老师已经年过七旬。此后不久，他患癌症去世了，令我倍加伤感。首届“全国孙犁散文奖”组委会给我的《颁奖辞》，其措词评价更是出乎我的意料。来自理论界和出版界的这种公正与良知，是文学鉴定的主流，也是我向上攀登的动力。

多年前我已转到人大岗位，时间和精力都宽裕一些。辛亥百年时，我以散文形式写了这场革命，十几万字，是迄今描写辛亥革命唯一的一部长篇散文。在尚未动笔之前，就有《长江文艺》和《天津文学》向我预约，这种信任促使我更加努力地写作，他们分别选发了几万字，并且评价很高，我还获得了湖北辛亥百年征文唯一的散文特别奖。最近，广东教育出版社为我推出了四十多万字的《反读五千年》，选收的全部是我的文化散文。今后几年，我准备在历史文化领域选择重大题材，完成一两个“大部头”，争取写得更好一点，尽量对得起那些为自己鼓劲喝彩的人。

文学之路不存在创作之外的捷径。要想成功，就不要管别人靠什么风光，只有自己沉下心来，努力写出读者真心认同的“硬通货”，以作品服人，才是正道。

感悟生命

鸟巢

寒冬的阳光也那么阴冷，像千万把刀子逼退了旷野跳动的生命，不知它们都躲到哪里去了。

但喜鹊的去向是公开的，它们就在路边白杨树上的巢窝里。

寒流一遍遍洗刷着大地，只有这稀疏的一团团鸟巢举在空茫的天空下，留作野天的景观；只有这黑乎乎的鸟巢，让我意识到这里的天空下还有生命存在。

树枝间的“宫殿”并不坚固，寒风打着口哨戏弄它们，有些细嫩的树干弱不禁风，捧着庞大的鹊巢不住地摇摆。风愈急，树摇摆的幅度愈大。

鹊巢会被倾覆吗？树下的水淌结满了透白的冰凌，有的树下还是冰凉的河溪。

可怜的小精灵，为什么要作出这样的选择！

想到我们自己，谁知道哪会儿突如其来的地壳变形，或者泥石流、暴风雪也会颠覆我们人类的巢穴。但我们一代代人，仍然那样地面对世界，面对生活。

风，依旧忙碌着，一具具鹊巢依旧不停地摇曳。

只是，我不再为这寒冬里的较量感到惊心动魄。

鸟儿偎依在属于它们的那座温暖的空间里，享受着它们的生活，享受着它们的尊严。

哦，这高悬的巢穴原来不在乎天空的表情。

生命的激情

古往今来，鲜花一直是美的象征。

每一个诞生在我们这个星球上的人，都会对花产生好感，用花来表示爱意，用花来祭奠亡者，用花来装点环境，用花来形容一切美好的事物。

其实，花朵的出现，不过是植物在生命繁衍过程中必不可少的一个环节，就像动物一样，要保持其物种的延续，总要完成一个个必到的程序。

初放的花朵之所以艳丽，是因为它饱含着生命的激情。

这种在孕育新生命的最为激动的时刻分泌出来的东西，总是那样充满活力，总是那样光亮、圆润，因而，一切鲜花都带着最富生命力的颜色。

正是这样的光艳的颜色，让我们产生了愉悦。无论是什么植物的花朵，也无论它们是什么形状，只要其颜色鲜丽，都会打动我们的感官。

鲜花告诉我们：最能感动世界的，原来是生命的激情和生命的美好。

乡村记忆

一

我是农民的儿子。

这个话题是由我的诗歌引发的，因为我几十年的创作活动是从诗歌起步的，而最初的作品多半是乡村生活诗。

可以说，我的创作是从故乡的那片土地开始的，是池塘堤边的那株矮柏，是土坡上的夏夜中那盛水的陶罐和纳凉的传说，是那里只有荒草的山冈和时断时续的河流，是村上那些双手粗糙、劳作间撩几句粗话解乏的伯伯婶婶们，给了我写作的欲望，给了我诗篇。

我的故乡，那片孕育了我生命的贫脊丘陵，除了诗篇和后来的散文，还给了我今生今世一个最大的牵挂。

一个十三岁就已走出大西北的老军人，终生偏爱的美食就是羊肉泡馍。还有那位每个人都熟知的领袖人物，始终不能离开他少年时就在家乡吃惯的那口“辣子”，并且一生未改他那浓重的湖南乡音。

丹墨可磨，但赤不可夺。

故土，对每个人都渗透了不可磨灭的本色。

泥土不仅仅养育了万物，不仅仅化作了我们的血肉。

儿时，手脚被划破或出现些许伤烂，村上的大姊就顺手从房屋土墙上抠下几滴暴雨留下的泥瘤，那是不含任何沙子的土末，然后往伤口上边撒边念：“天上的灰，地上的药，撒上就结巴巴壳”。

真灵，伤口果然不发炎，愈合极快。后来我发现，许多大人也用这种“方子”治伤。

泥土给了人们生命，给了人们一切。

泥土掩去了伤痛，掩去了苦难，掩去了与日月一样长久的悲凉。

这就是泥土上的生活，泥土上的记忆。

岁月如旅，如今我的双鬓已开始挂雪了。故乡的每一条山冲和每一片田畈，依然清晰可画，那些不规则的阡陌，依然如电路板一般深深地刻在自己的脑海。

乡村，就是生我养我的土地，就是我心目中的中国。

因此，在故乡，在所有远离城镇的乡村，每发生一次变化，都会使我为之欢欣，我曾经用诗歌礼赞那里的变革和进步。

在我的诗中，所有的乡村都有我的故乡，而养育过我的那片丘陵远没有我所描绘的变化那么快。

二十余年前诞生的那幅著名油画《父亲》，早已成为我心中故乡的缩影。

我总盼望着父辈们及整个故乡能早日从那镶钉得牢实的画框里走出来。

关于乡村，关于农民，对我来说是一个永远的话题，一个永远也解不开的情结。

二

土地是万物之母，但土地必须耕作。

耕作者本来是土地的主人，却被土地所奴役，他们的命运只能永远与土地联系在一起。这就是中国最广大的农民。

那犁耙，那锄镢，那镰刀，连同操作的方式与姿态，世代相袭，一代模仿一代，几千年没有变。

我的故乡，那片不黄不黑，随着水土流失日渐露出石板的薄土地，曾被一代代先祖拼命地索取。而今，它仍然在为我们无私地竭力奉献，仍是我们唯一的生命之源，仍是我们赖以生存繁衍，既不抱希望又寄予无限希望的盘亘之地。

很长时间里，乡村几乎不存在户籍管理，也无须什么户籍管理。“公社化”时期，一个农民从此地迁向彼地，只需对方的生产队长点一下头，便完成了全部的批准手续。然而，正是这种没有表册的无形户籍，把出生在那里的人们牢牢地钉在黄土地上。

脸朝黄土背朝天，是一代代农民最简洁的终生生活写照。

落后而原始的生产方式，世界上最低的劳动回报，他们也不得不付出艰辛的体力劳作。尤其是农忙时节，超负荷、超强度的抢耕抢插使每个下地干活的农人都处在极度疲惫的状态。

烈日之下，寒风之中的田亩劳作，是与命运的抗争。留在心头的，是永远卸不掉的沉重。

六月，娇阳似火。在滚烫的水田里插禾，人们勾着腰，不停地插着，都被疲惫折腾得像一架架随时可能失去支撑的机器。各种各样粗陋的草帽无法遮挡针芒般阳光的穿刺，似乎都要把头扎进泥水的深处；每个人的手和脚都被热烫的泥水蚀得发白，皮肉松弛得起皱，有的指间开始靡烂。而汗水不停地往下淌，不等手上的污泥涮净，得赶快揪住被汗盐染得发白、早已散发着臭味的衣角，往脸上抹一把。

这情景，从高空俯望下去，是诗；而对泥水泡着的人来说，是恨不得即刻就解脱的痛苦。

在我们这些不懂得贫穷不懂得辛苦的晚生看来，是诗；而在父辈们看来，是劳困。

人误地一时，地误人一年。凡是与土坷垃打过交道的人，都不会认为这话带有夸张。长期推行“大锅饭”式的集体化，尽管把农业生产的效率降到了最低程度，但庄稼人却越发不敢懈怠。

用牛羊都不啃的荆条叶子拌饭，用难以咀嚼的草根熬粥，甚至去挖观音土来填塞发疯的肚子，那滋味谁都畏惧，但很多人又无法逃脱。

懂得“政治挂帅”的社队干部们，口里也挂着为革命种田、田埂连着亚非拉的说词，却转身对着乡亲们吼道：谁敢耽误“双抢”，除非他狗日的没长肚子！

其实，在抢收抢插的日子，没有谁敢偷懒。深夜，全村男女老少蹲到泥水里拔扯稻秧，队上没有钟表为你计算工时，只会清数每个人身后或弯或直的秧苗把子。几个小时之后，勉强睡了个囫囵觉又被可怕的哨子催醒，大家拖着沉重的脚步，强睁起打架的眼皮，走进待插的稻田，那会儿的泥水还没有被晒烫。

紧张的时令如同鞭子高悬在人们的头顶，倒是队干部可以穿着整齐的衬衣和干净的布鞋，到上级那里开会汇报，走他个一天半日。更多的男女劳力只好拼着命“倒在地里做”，长年累月，他们除了病卧不起，几乎没有逃避的机会。

经历过或目睹过那种田间劳作的人，不会相信世界上还有比这更苦、更累、更漫长、更无奈的辛劳。

遗憾的是，从事这种劳作的人群，却与“劳模”的光环愈来愈远。好在他们需要的不是这些，至少是在那时，他们的最高追求是填饱肚皮，养活老小。

官取于民，民取于土。不知最早说出这句俗语的先祖算不算哲人。

然而，民是活生生的人，土却是毫无知觉的泥尘。

在农耕社会的多少次兵荒马乱之中，尖矛或刺刀可以帮助官家强行向百姓索取，而伺弄土地的庄稼人在收割了有限的颗粒之后，不可能再用镢头或锄钯向冻僵的泥土敲打出一粒粮食来。

农家生活所需要的每一颗稻谷和麦粒，每一根瓜豆和葱蒜，都必须靠自己辛勤栽种得来，他们也从来没有奢望过自己劳动之外的收获。

记得我入伍不久，父亲作为军属代表参加过家乡县区的一次会议。信上，除了传递他高兴的心情，还未忘告诉我，大会给每个人发了一条毛巾和一只搪瓷茶缸。对于一生都没有离开过农具和田地的父亲来说，这可能是他第一次没有通过劳动的意外所得了。

如今，父亲已经彻底地老了，他年轻时那张白净而帅气的脸孔，早已变得一片黝黑，嘴里换上了假牙，脸窝也一年比一年塌陷了。唯一没变的是，他的身板还那么直挺。为了“清静”，他和母亲早已与两个弟弟分灶吃饭，弟弟们因为经常远出打工，两位老人的一切似乎又“从头开始”。年复一年，从育种到收割打场，每一个环节都必须依靠自己。最为艰难的是，每年他都要将二百来斤的稻捆一担担挑上高高的坡顶。

我每次劝他时，他总是那句淡淡的回答：很多人没有儿子在外头做事，又指望谁呢？再次回家时，我又带给他两千块钱，让他们用来买口粮，坚决请求他不要再种水稻。可他仍然没有正面回答我，只说你们在外面也不容易啊。说这话时，我注意到他那双粗黑的大手还有些微微颤抖。

一个七十好几的老人，还在像他年轻时那般“刨土为食”。

正如父亲拒绝我的理由那样，不止他一个，还有很多人，并且一点退路也没有。

是的，命运决定他们必须与泥土、与自然、与寒天酷暑进行无休止的搏斗。同时，命运也赋予了他们最大的韧性，一旦这种韧性丧失，他们将失去一切。

庄稼人本来就是伴着苦难而生的。

三

善恶、贫富、荣辱，乃至生死，每个人都具有或多或少争取和选择的权利，唯有父母和出生地容不得自己有丝毫的选择。否则，我相信没有一个人愿意选择那种一坠地就被称作“放牛娃”或“贱女子”的命运。那命运是与生俱来的。

恭喜你生了个学生！

——放牛的。

恭喜你添了个千金！

——贱女娃子。

至今，这贺喜的话中对孩子所预示的身份，大多数乡下人仍然不敢抱多大希望，而本是自谦的答话却大有可能被言中。

可是，很多人问过孩子，你想长大了干什么？

没有一个学生回答“当农民”，农村没有，城市更没有。如果让他们从心底理想的角度去回答，可以说一个也不会有。

然而，命运总要迫使大量的农村学生去当农民。于是在许多年前，“跳农门”就已成为无数农民后代的最高理想和奋斗目标。

所以，城市年轻的母亲指着进城拉板车掏粪搬砖盖楼浑身淌着黑汗的农民，警告其儿子说：“不好好读书，将来就和他们一样！”

农民，成了人生一个可怕的命运归宿。

在更多的不发达地区，农民的人生地位已被那些城市孩子的母亲言喻得再准确不过。

少时在乡下，听说有的罪犯刑满释放后不肯回来，宁愿申请留在劳改农场。这不仅仅是他们无脸再见乡亲，而是那里无论怎样辛苦，总有一口饭吃，劳动总有点节奏。为了得到一份比农民略好的待遇，他们宁肯终生与罪犯为伍。

很早听人说过，城里出商人，出科学家，出艺术家，而乡村仅仅出作家。

许多作家是从乡村长大的，又有许多作家是曾经“到广阔天地经过风雨”的。

这么说来，黄土地黑土地石板地上不但长庄稼，而且也长诗歌长散文长小说。

只是由于种种条件和机遇的限制，广阔天地上许多可能长出文章的脑袋终于未能长出来。因为能够孕育作品的土地，需要的只是生计，而不是文章。

四

正如长期处于舒适优越的生活状态而不知幸福的人一样，生来就处于辛勤劳累境况下的人们，环境或多或少淡化了劳苦的感受。虽然他们在痛苦的折磨下怨过苍天，但他们毕竟没有过舒适的体验。或者说，他们生来都得认命。否则，那种没有节假日，没有星期天，不可停顿，也永无尽头的辛勤耕作，就真正成了无法摆脱的痛苦。

父亲辈是这样过来的，爷爷辈也是这样过来的，爷爷的爷爷辈以至许多辈人都是这样走完一生的。实如故事中一个流亡的封建君王在路途上与庄稼人的对话中所说的那样，“我家世世代代做皇帝，你们家世世代代种地。”好在他没有说出这只是革命分工的不同。

世世代代与泥土作伴的人，谁如果对痛苦有着强烈的感受，那才是他不幸的命运又遭不幸。

本来不属于这种命运的人，因为政治运动或别的某种原因，曾被迫到乡间生活过，去或多或少地见识和体验过这样的劳动。尔后，这段日子在他们笔下竟如炼狱般不堪回首。

土地，只属于出生在土地上的人们。

一个狂热的年代结束之后，云南西双版纳的知青为了返城，曾有过万人罢工，千人绝食，哭声恸地的壮举。

“不回城，毋宁死！”这坚定的誓言同时也宣告着：土地不属于我们！劳苦不属于我们！

他们用生命和血泪换取了胜利。

当年，有两三个将校自愿重新回到土地，有热血知青主动要求下乡，都曾被歌为壮举。

此时，千万知青挣脱土地也是如此悲壮。

当初，全国城市的无数学生在领袖巨手的挥动下潮流般上山下乡的壮举，曾令亿万庄稼人感动不已；后来，在他们急切回城的一列列身影甩去的后面，亿万庄稼人也认为是天经地义。

并非是他们到乡村做出了什么贡献，也不是因为他们给乡村带来了负担和麻烦，而是广阔天地的毒日、寒风、泥泞，以及那里的土炕黑灶，不应该让城里的孩子们来忍受。

在刚刚结束的世纪末，京城的新闻曾爆炒“老三届”。

那会儿，首都有人办起了“知青酒家”，那里悬挂着“雄文四卷”和鲜红的“忠”字，还有镰刀、镢头和草帽等烙着历史印记的实物。

当年的知青们相邀光顾，重返那个特定的时代，忆起痛苦的磨难，心中的滋味无以名状。

苦难刻在人们心头的痕迹，比幸福更深。

于是，不少人把盏哭了，一个时代便浸泡在一代城市人的泪水中。

而一个远远望不见边际的时代，不知曾经浸泡和还将浸泡于多少代乡下人的汗水之中，似乎上帝没有赋予他们知其劳苦的资格，他们走不出田亩的境界，也不会有“老三届”们悲酸的复忆。

农人对土地的告别也是对生命的告别。

五

土地是万物之母，更是人类的母亲，而世界上最无私的就是母亲。

但在城里人面前，乡下人眼神中往往会自然地流露出一种谦卑，一种难以形容的凝望。即使是更多的并不愿俯视他们的城里人，见了那眼神也会马上意识到，站在自己面前的，是生活在界限分明的另一种境地的人们。

这种眼神是独特的、只属于中国农民的眼神。

连稚童都可以通过肤色和衣着，一眼分辨出城里人和乡下人，大概这也算是中国的国情，有中国特色的中国国情。

在穿着高贵的某些城里人眼中，乡下人不但土气肮脏，而且短识、狭隘、自私。是的，他们可能为两个红薯或两个玉米棒子和村干部大吵一架。然而，他们能够视修桥补路为己任，视救助他人为积德。当过路人饿得精疲力竭时，某位老人可以毫不犹豫地把自己梁上挂了半年而舍不得吃的干肉割下一块为他煮面。这是许多连楼道都不肯扫，住集体宿舍铺面一个比一个干净平整，而相互把垃圾往别人床下踢的城市哥们姐们所不可理解的。如果把二者的位置颠倒一下，老人的那种行为将被奉为精神文明的典范而大加表彰。

土地的天职是奉献，从来没有奢望。

在偌大一个中国整日价忙着造神造反，“红色海洋”波涛迭起的年代，亿万乡下人始终没有忘记，只有土地能给人们提供生活的基本条件。他们至少不能糊弄田野，像一些吃俸禄的造反派那样，去单位领了工资，去粮店买了米，就去上街闹“革命”。

旧时代，老爷太太和公子小姐们将侍候他们的女孩子称作“丫环”，后来又被称作“佣人”。一九四九年以后许多旧名称都改了，到城里人家来干活挣口饭吃的女孩子也改称“保姆”；改革开放后，有些街道的职业介绍所又美其名曰“家政服务员”。而东南亚等地，则一直称“女佣”不变。

名称往往能够掩饰实质。但是过去几十年中，我们很难找到一个城市女青年也在给他人当“家政服务员”，即使在今天，城里下岗女工加入钟点工和“月嫂”队伍的，也是极少数。

我总记得有部电视剧叫《我爱我家》，“我家”有个聪明善良的小保姆。某次全家一起吃饭，革命老干部的父亲忽然提到“儿子容易勾引小保姆”的话题，他两个儿子立即恼怒地申辩，其中老大故意把这种嫌疑往其弟弟身上引，竟站起来指着小保姆吼道：“坦白从宽，抗拒从严！”这本是一个闹剧，没有多少人作真。然而，现实生活中遭此精神凌辱的，除了乡下姑娘还会有别人吗？

这部电视剧中，以小保姆的人格作笑料的戏似不止这一处。如此表现生活，显然是一种故意的滑稽和夸张，但这种缺德的创作，却可能唤醒一些人的人格意识。从这一点看，我们反而应该感谢该剧的编导。

六

在桐柏山麓的县修水利工地上，十五岁的我走进了连名单也没有的民工队列。

进山的路上，我和两位年龄稍大的伙伴露宿于一块青石岩上。夜半，阴森的山林中狼嗥的声音将我惊醒，然而定神后倒不觉得恐惧，一会儿又呼呼地睡去。

头三天，我觉得新鲜极了。

第一次见到了这么大的山谷，第一次见到了这么热闹的工地和人流，第一次突破了我生活圈的半径。后来，肩头的红肿告诉我，“战斗”在这里的爷爷辈、叔叔辈及一些被我们称作大哥大姐的人们，是多么可敬，他们肩头的肌肉早被磨得僵死，没有红肿的疼痛，但他们白天辛劳，夜晚在草棚与暴雨、风雪、蚊蝇博斗的生活却是长年累月的，而我的红肿至多只是一个暑假。

有个光棍秀才在工地的墙报上写了首“战地诗”，其中有“挑沙子好像坐云端，锤碎石好像在玩”两句“诗眼”，从而被整个工地的老少爷们骂作“混帐”。

某日下午，民工“连长”派我独自到工地指挥部去领受一项任务。一个戴着手表，夹着烟卷的干部将我带到一片堆放物资的场地，他坐在一旁指挥我扛运一大堆钢筋。我见他没戴草帽，一直坐在木板上，而太阳还晒人，曾几次劝他坐到棚子里去，并说保证按要求堆放好，他却没有进去，直到看着我搬完。

他那种负责精神曾使我感动，我可是戴着草帽的呵。

夜晚，水电站的工地上大战通宵。深深的大坑里钢筋林立，灯光耀眼，人们忙成一片。地面上的“输送桥”伸向大坑的顶空，我们不停地在桥上搬运着混凝土。好不容易盼到可停片刻的一声哨响，我在桥上未等坐下便合上了眼皮。那“觉”是多么舒服呵！突然头一晃，有人抓住了我的脚跟，刹那间我被惊醒，生命的本能使我迅疾抓住了他的手臂。

他是一位老者，劣质烟草驱赶了他的劳困。如果他慢了零点几秒，我就会栽进深壑里的钢筋茬子上。但他和大伙儿只是淡然一笑，转而极严肃地说：“这不是睡的场子”。

好多年后，我想起那个刹那，心中还有一种说不出的滋味。不过，假如我掉下去了，也只是为大家增添了一个“工地上死了个伢”的谈资。当时连自己也没有什么“感觉”，以致我没有记住那位老人的姓名。

我没有在那个难忘的暑假中死掉。那位老人救下的还有一组关于工地的诗篇，诗中充满着对工地的赞美以及抒不尽的豪情。

那是后来我高中时的一次作文。

无知，也是一种快乐和幸福。那会儿的我，并没有意识到命运的严酷。

很久之后，在我早已不必担心自己再被土地所困时，反而感到那里的生命挣脱土地是多么艰难。

有个分管文教工作的副市长曾心情沉痛地给我们讲过这样一个真实的故事：某个山区有户农家的孩子考取了大学，父母好不容易为他凑齐了一千五百元费用。为了省去车费，他决定背上烧饼和咸菜，步行到省城上学。临行前，母亲将那笔钱缝进了他的内衣。半个多月后，当他跋涉千里赶到学校，同学们帮他拆开内衣时，那一扎钞票全被汗水浸湿，粘连在一起了。

说到此处，这位有良心的“父母官”动情了。

千余年间，读书人万里迢迢赴京赶考，所有善良的人都为他们祝福；他们的艰辛跋涉为后人留下了许多美好的传说。而在今天这样的时代，这个读书人的“壮举”却令我们的心灵为之震颤。

哪怕是一线希望，也要坚韧不拔地与命运决斗。黄土地黑土地和穷山恶水间生长着一代代不屈的生命！

七

儿时，在我们几个村塆的小伙伴中，我可能是跟随父亲到过县城次数最多的一个，见过城里石板小街两侧的台阶上大白天有人悠闲地坐在那儿摇扇纳凉。也有妇女蹲在门口就着铁桶清洗衣服，她们不用到池塘边抡起棒槌杵衣，而且她们的皮肤都那么白皙，还能够穿上花色裙子。

还有比我们稍大的小男孩，肩上斜挂个塞满棉垫的小木箱，一路高喊着“冰棒冰棒呵！”曾经使我感到好奇，大热天用那么厚的棉絮把冰棒裹起来，为什么反而不化呢？同时又很羡慕，老想着他们卖不完自己还可以吃两支。听说那东西才三分钱一支，但父亲从来没有为我买过，当然也包括他自己。

这大概是孩童时代我对“城乡差别”的最初感受。

至于刚刚入学时一篇课文中所反映的城乡差别，我们几乎没有“知觉”。那篇课文就八个字，前一句是“大小多少”，配了幅老母鸡领着一群小鸡觅食的图画，我们太熟悉了。后一句是“上下来去”，画了一群小朋友玩滑滑梯，梯阶上有上有下，周围有人赶来，也有人正在离去。这种画面让我们这些只能在牛背上或草垛上“上下来去”的乡里伢看来，颇有几分新奇，其中的乐趣只有让自己去发挥想象了。

不知是哪个学期，语文课本前面是一幅整面的彩色插页，画的是开学的景象，上面的学校是楼房，校园中竖着一面国旗，戴着红领巾的孩子正朝着迎面而来的女老师敬队礼。戴眼镜的老师怀里还揣着教课夹，所有的女孩都穿着漂亮的裙子。这个场面一直使我产生出许多遐想。

但是，如同燕子粘巢于屋梁、生来就进出温暖舒适的厅堂，而山雀栖身于草丛或土堆、一生只能在阳光和风雨中度过一样，似乎上苍在设定每个人的命运时，就向他们的意识中注入了一种因子，使大家都去自觉地遵从他的安排。

那种神秘的因子，没有人能够解开它的密码。

所以直到今天，我仍然说不清当初的我、还有无数个在泥泞里奔走的村童，为什么压根儿没去想往“彩色插图”中的学校，没去想往图画中所展示的教室走廊、校园的花草，以及那里另一种天地的生活。

每天清晨，我们很多同学光着脚丫，拎着母亲用土布为我们缝制的颜色不一的书包，依然说说闹闹地来到小小的山冈村校，坐在用稻草和着泥巴糊起的“课桌”边，开始我们那种“半日制”的学堂生活。每天早上只能剥吃几个蒸红薯的老师，握起那支有些弯曲的木棍儿，以当年教过他的塾师的语气，领着同学们一起唱诵课文。

“夏天过去了，可是我还十分想念……”老师的声音越来越有气无力，而我们却扯起脖子“唱”得越来越起劲。

在放学的路上，在田间地头，依然回荡着我们稚嫩的歌声：“我们的祖国是花园，花园的花朵真鲜艳……”然而，也许很久以来都没有谁问过，那时的中国，占人们生存面积绝大部分的乡村大地，哪里有过“花园”的影子。

当然，我也没有问过。

不过，对那篇“爷爷七岁去讨饭，爸爸七岁去逃荒。今天我也七岁了，公社送我上学堂”的课文，倒是暗自对照过，觉得没错。不到七岁时，母亲就催着我去老师那儿报过名，因为我是长子，大概是大字不识的母亲急于领受自己儿子读书的滋味。我家与这篇课文无法对应的是，爷爷和父亲即使在新政权诞生之前，也不曾有过逃荒要饭的经历。

在那所只有两间干打垒教室的学校，老师和他的学生们都在以那块土地生长出来的独特形态，延续着贫困乡村的麻木和欢乐，也延续着那里的时光与期盼。

八

“消灭城乡差别、工农差别！”是过去几十年间人们的耳膜上被它磨起了厚茧的一句豪迈口号，可是，连孩子也没有把它当真。

事实上，这种差别却越“消灭”越大，其中一个重要原因是把农产品的价格压得太低。我们曾经自豪地对外宣传过，两分人民币可以买一斤西红柿或一枚鸡蛋，“优越性”是体现出来了，但亿万农民却付出了沉重的代价。

还是人民公社年代，一个十四五岁的男童以其细瘦的身子，挑起一百几十斤上乘的稻谷，摇摇晃晃地走过十多里山道，每一步都是那么艰难。可是，他为生产队换回的“余粮款”，还买不回两把铁锹。

粮食市场初次放开之后，粮价得到较大幅度的提高，这一变化曾经引起整个社会的密切关注。

按照千百年来传统的说法，稻子从下种施肥到收割打场碾出白米，要经过七十多道工序，且生产周期长达半年多，加工成白米后还要经过数百里乃至数千里运往城市。

近年，粮价再次上涨，让上上下下和各种媒体很是忙活了一阵。粮食价格会影响到其他很多商品的成本，据说还关系到社会稳定，有的经济学家这么说，好些人也这么说。

可是——很多地方好生生的农田却荒草丛生，由于农业生产资料价格猛涨，农作物价格过低，种田倒亏！这也是专家透露出来的事实。好在没有人因此而主张再回到计划经济时代，好在没有人将此归咎于青壮劳力进城。如果种粮也有“出路”，很多人就不会流落到城市的街头，漫无目的地去寻找出卖力气的活路。

可是——今天涨价后的大米，在个体商户那里也不过两块钱左右一斤，依然是乡下人种出来，乡下人运过来，乡下人卖给你，并且一定会帮你送上楼，还要负责帮你倒进米缸。随后，他们从买主手里接过相当于一包普通香烟的钱。

可是——如今城市的许多家庭固定年收入在几万乃至几十万之间，每家用于购买粮油的开销是多少，也许是这笔开支太小，很多人平时没有把它当回事，也没有计算过。估算一下，再加上其他副食品的开支，一千不够，就再加上一千，应该足够了吧。这帐算不得，但有人说城市还有很多低收入家庭，可那是庄稼人的责任么？

可是——因为粮食长期是人们眼里最贱的商品，连城市的不少普通家庭也经常毫不珍惜地倒掉白花花的米饭；许多学校和机关食堂，更是暴殄天物，深深的泔水缸每餐都倒满了馒头和饭菜，宾馆酒店就另当别论了。

说到这儿，还有句话就不怕读者笑话了：这辈子我还没有倒过半碗饭，没有扔掉过一个馒头。因为那种缺粮的岁月给自己留下的印痕如刀刻斧凿，记得父亲腾放粮食时，每次都要将麻袋抖了又抖，生怕浪费一粒谷子；说不清多少回全家吃晚饭，端给母亲她都不吃，总说不饿，于是我们几个正长个头的兄弟可以就着粗菜吃个饱。直到很大以后我才明白，母亲那时不过三十几岁，她干了一天体力活怎么会不饿，况且每天她都要纺纱缝补忙到深夜。

后来，倒点剩饭扔掉几个馒头，从经济条件上我也完全扔得起，但我心中的“粮食情节”总让我不忍出手。前些年回老家看到弟媳妇将好好的米饭倒去喂猪，我没法理解他们，他们好像也没法理解我，只说世道今非昔比，粮食太贱懒得去卖了。

民以食为天，是一个听起来很有些陈旧但又难以颠覆的真理。否则，粮价问题就不会如此敏感。

九

土地是富有的，也是贫穷的。

当初，在对薄土地的眷恋与闯世面之间，我和很多乡村青年一样，选择了后者。

那时，即使是傻乎乎的愣小子也早巳明白，只要能离开田野，吃上国家粮，就是参加革命，就是工作。即使有的整天翘着二郎腿抽烟吃茶或者织毛线，甚至有的专门在家怀孕，也是干革命，工资照样一个子不少。这些，乡下人也并非全然没有听说过。那年月，参加这样的革命，恐怕天底下没有一个人不乐意。

已穿上军装即将离开薄土地的我们，被父老乡亲们送了一程又一程。

他们的那种眼神是很少出现的，似乎我们都永远不再回到自己的土地上来了。

我突然生发出一种负罪感。

我后来的命运，的确再没有与那个名叫“泥巴河”的小小村落联系在一起，没有与那里的几千亩耕地联系在一起。偶尔回到故土，上上下下的亲故朋友总像对待客人一样，既很熟悉又有几分陌生。当然，或许他们不相信，我的心灵还在那里，我的希望还在那里。

那里的土地，始终拴着我无法摆脱的情怀。

我走后没几年，那里的情况终于有了变化。有次回去探家还未走到村口，就看见父亲和几位乡邻牵起麻绳在丈量路边的坡田，看上去他们的心情都很轻松。不仅仅因为那是个春季，田埂和路旁的草丛中缀满了星星野花；不仅仅因为我回来了，小村夜晚昏黄的油灯下又可以增加许多拉家常的话题和温馨的说笑。

他们几个人争着表达，也没有说全那个绕口令般的“家庭联产承包责任制”，但大家都懂得日子可能将会好起来，全中国的农村都会好起来。这后面一句是我在心中预料的，只是我们没有说出来。

终于不会再为吃饱肚子发愁了，我的父老乡亲啊！

作为稼穑者，本应实现起码的食能裹腹，衣能遮体，但那种时代却践踏了这个基本的道义标准。可以欣慰地说，党和国家的那次农村改革部署，使中国社会不再为此而蒙羞。

十

乡村毕竟被遗忘、被封闭得太久，人性的本能也不会让他们满足在最基本的温饱层面。

当每一座城市纷纷建筑拔地高楼的日子，乡下的青壮劳力争相去出卖最廉价的肌肉运动的力量。

民工潮涌向南方，涌向都市。

这是一场史无前例的“大进军”，并且旷日持久，波及了每一个城镇和每一个村庄，覆盖了整个中国。谁都没法对这次空前的人力流动作出准确的统计，但谁都可以估计到，被席卷到民工潮的人数肯定是数以亿计。

这场进军大潮浩荡、拥挤、杂乱，并且没有部署，没有动员，没有组织，也没有保障措施，一切好像是悄然兴起的。

他们为城市竖起了一座座摩天高楼，拓宽了一条条笔直的马路，载植了一道道绿色林荫，修建了一片片如画的园林，还把无数个城市家庭装修得如高档宾馆一般。

不知是否有人注意到，很多城市都悄无声息地完成了一次大规模的劳动接力。

大小城市都在快速崛起，整个城市就像是一座大工地，是农民工用自己没有补充多少营养的双手，垒砌了每一块砖石，清除了每一锹污泥。在城市工业的更新换代中，每一道生产流水线上都排列着来自乡村的青年男女，而在每一个拥塞不堪的缝纫车间和阴暗而脏乱的简易作坊，照样几乎都是农民工在那儿不分昼夜地辛勤忙碌。

同时，他们还为都市人送来了极大的方便，谁家要搬一盆花卉，谁家的水龙头滴水了，谁家的钥匙卡到门锁里了，只需一个电话，或者到楼下的路口一招手，就有人上门帮你解决。

还有，不知从哪天起，城里人再不用自己擦皮鞋了，只需到路边伸伸脚就行。说什么提高生活质量，想去放松放松，只需到那里一躺，就有人为你掏耳修脚削趾甲。而这种脏活苦活，城里的男孩女孩们是不会做的，至少今天还没有听说有谁干过。

亿万农民及其他们的后代，以汗水和热血，以他们青春的肩膀，抬升了都市的高度，成就了都市的伟岸。但他们在城市的视线里，依然那么矮小、卑琐。

打工仔、打工妹，加上一个含义更广的称呼：农民工。

不知是谁最早为中国的进城农民发明了这样独特的称谓，更无人调查过当初他们是怎样被迫接受这种很不入耳的称呼的。他们中的很多人也许开始并不懂得“歧视”这个词，但能够从某些城里人的白眼、捂鼻、吼叫的态度中，甚至强行赖掉他们工钱的蛮横中，明白了自己在城市的处境，明白了自己的身份定位，明白了什么叫“二等公民”。

后来，经过他们一天天挑灯夜战，经过他们一年年冬去春来的辛勤付出，建设好了城市人的城市之后，城市人终于有所醒悟，才改称他们为外来务工者。但是，这个多少反映了某种良知的礼貌称呼，不会从实质上改变城市对他们的待遇。

有种比方不知道是否恰当，人们建起了一座座庙宇，塑立了一尊尊神像，接下来朝着自己竖起的神灵倒地便拜。对于自己所创造出来的这种建筑物，他们永远只有仰望和敬畏的资格。

还如那些心灵手巧的工艺师，精心雕刻了许多精美绝伦的艺术品，他们却没有享有或把玩的权利。

说来也已是上一个世纪了，有人在描绘农民工的进城后的种种遭遇时，曾经联想到夏衍的名篇《包身工》。

许多农民工日夜劳作的场所，那种暗淡的光线，那种震耳的轰鸣，那种浓烈的化学气味，那种连上洗手间都要受到约束的生产制度和工作条件，即便是再追加三倍五倍的工钱，让我们去那里白白地坐上一个月，恐怕也难以忍受。

并且，城乡分割的体制和他们来到城里之后亲身感受到的社会差别，还要使他们忍受某种心灵的煎熬，也就是专家所称的“心理位差”。

然而，也是在十多年前，又有人对他们所遭受的苛刻和残酷进行过不同的解说，是什么原始积累。

在改革开放之前的年代，人们曾经谈“资”色变，教师爷们在向人们描绘资本主义的丑恶时，总会讲到原始积累，而讲到原始积累，又必然使人联想到那种“每个毛孔都滴着鲜血”的惨象。

转眼间，当我们对农民工的普遍遭遇无法否认，又拿不出鼓舞人心的解答时，有些学者不由想到了“原始积累”，并振振有词地宣称这是每个社会走向工业化的必经阶段。但人们不可理喻的是，为何要用一个被我们批判了几十年的万恶丑行，来类比我们社会主义社会主人的生存状况，来解释早已习惯了优越性教育的人们的疑问。

十一

一支在全国人口中占据着很大比例的劳工大军，竟然被城市和乡村“边缘化”了。

他们走出乡村，他们建起了一座座大大小小的城市，或者说他们几乎把中国所有的城市都翻修了一遍，都扩大了一倍甚至几倍，但城市却不会接纳他们。

白天，他们往往出现在城市最有阳光的脚手架上或者最缺乏阳光的下水道里，夜晚却蜷缩在最简陋的工棚或者最杂乱的角落。

城市没有给予他们稍为干净和宽敞的暂时休憩之地，更没有为他们预留长期生存的空间。

作为城市的建设者，他们却不敢对城市怀有多少非分之想。他们的思念和寄托依然在乡村，在他们刚刚盖起的几间瓦屋或简易楼房之中，在他们时种时荒的几亩耕地里，在他们留守老屋的妻子和没有爸爸照料的孩子身上。

他们身在城市，心却在乡村；他们内心里向往城市，但最终的归宿却不得不选择乡村。

身在城市，却不属于城市；

属于乡村，却又不在乡村。

事实上，社会没有赋予他们选择的权利。据说有的城市已经为他们敞开了门扉，可他们大多数人没有在城市立足的资本，无异于望梅止渴。尽管他们为城市人修建了宽敞、漂亮、舒适的现代化家园，但多少年来，作为代表中国主流社会的城市却没有为他们设计未来，更没有与他们分享艰难。

中国乡村与城市之间不可逾越的鸿沟，使他们不得不陷入被城市和现代文明剥离的生存状态。

就在我修改这篇散文的时候，从一份党政刊物上读到了一篇相关的调查报告，其中写道：在现有的体制和社会条件下，由于广大农民的先天身份，使他们不可能像城市居民那样获取社会公共资源，不可能在社会生活方面享受到城市居民那样的诸多特权，不可能在社会竞争中占有明显优势。

如果对此做出更加坦诚与客观的深入分析，农民在现实生活中所失去的远不止这些。

我们目前所理解和追求的现代文明，几乎等同于城市文明。

现实更是如此，事业、创造、成功，等等，有多少包括了乡村的理想？炒股、置楼、投资，等等，有多少乡下人能够参与？社区服务、旅游指南、出行提示，等等，又有多少能与他们的生活挂上钩？至于那些时尚服饰、化妆整容、营养保健、治疗肾亏之类的话题，进入他们的生活也为时尚早；还有什么双休日、黄金周、平安夜，以及这假那节，也与他们没有多少干系。

一期报纸几十个版面，一次电视新闻半个小时，找不出多少内容是面向他们的。往往是农民工因为讨不到工钱而攀上高高的楼顶或高压线塔，媒体才感兴趣；或者是乡下女孩子被诱入城市的某个不良场所，家长焦急地寻来苦求而获解救，等等，媒体才觉得乡村有了可供报道的消息源。

当然，大家可以经常从新闻中看到与他们密切相连的喜讯，某某重点项目动工了，一圈领导握着系有大红绸花的铁锹铲土奠基。尽管随后整个工程铲土之类的体力劳作，都是农民工的事情，但他们的劳动尚未开始，也没有什么新闻意义，所以被忽略了，所以那些开工庆典的报道，也没有让人们将那些工程与农民工联系起来。

这样，为创造现代生活做出了巨大贡献的农民工大军，却成了现代生活中的缺席者。毫不夸大地说，我们的现代生活本来就不是为他们设计的。

现代文明的标尺里，没有度量他们生活的刻度。

十二

皇帝也有三门草鞋亲。这句民间俗语说明，生活在中国的每个人都与农民有着千丝万缕的联系，甚至面临着不可割断的直接亲缘交往。但是，认识中国农民，不需要这种非理性的缘由。

土地是生命之源，农民是民族之根。

中国有九亿农民，这是一个几乎占全世界五分之一的人口数字。

九个亿，这一巨大的人群中，除了无穷的体力资源之外，该有多少未被培育和发掘的知识力量？

而农村长久的贫困导致了文化教育的落后，全国数量庞大的文盲人群绝大多数集中在农村，曾有专家透露，全国青壮年中竟有近一亿是文盲或半文盲。于是，有识之士们曾经发起过“希望工程”。

早在十多年前，曾有人提出要建立一门“农民学”。

此后，农民学建起来了没有，我不清楚，也没明白农民学能够研究和解决一些什么理论问题。我猜想，它至少应该是一门关于九亿人如何创造温饱并保持温饱，进而超越温饱的学问，应该是探究中国农民之于中华民族的意义的学问。

往事并不遥远，在那场波澜壮阔的政权争夺战中，是千百万农家子弟拿起枪杆，冲锋陷阵；是千百万老幼妇孺推起独轮车，运来他们种出的军粮和纳制的布鞋，帮助共产党人夺取了全国江山。

他们，改变过古老中国的历史。

如今他们又“倾乡出动”，进军城市，帮助城市实现了现代化，为中国城市的崛起，为中国经济的腾飞，发挥了极大的铺垫作用。

他们，再一次改变了中国历史。

改革开放给中国带来了连续20多年高速增长的经济奇迹，整个世界都为之惊愕。然而，许多西方人在感叹这一神话般经济现象的同时，却未必了解中国农民工在这种奇迹的创造过程中扮演了怎样的角色；在他们羡慕中国发展模式的同时，不知道他们是否想到过，他们那里有没有这样一支比例很高，并且特别能吃苦耐劳、特别能付出牺牲的劳动力队伍。

不了解中国农民，就不可能认识中国。

八十年代，日本为了进一步缩小城乡差别，提出了一个全民性口号：“重视乡镇发展，建立有人性又繁荣的日本！”人性，是对一个健康社会的起码要求，也是一个高尚的要求。

在那个岛国，研究国民经济的权威人士认为：“没有比农业更需要头脑、需要人才的产业了！”

在美国，人们总结了农业成功的经验：“非优秀的人才不能成为农业的接班人。”据说那里的人家如果有两个儿子，他们一定会让优秀的一个去学农。

同样，明天谁当农民，在很大程度上将决定我国农业的未来，决定中国的未来。这是有识之士的提醒。

面对未来，我们更应该善待农民！

十三

关注农民，如果将这个话题归结于所谓狭隘的情感角度，那才是真正的狭隘。但呼唤关注，决不是为了呼唤某种同情，更不是为了乞望什么吝怜。

我们的社会早就有了消灭贫困的决心，而贫困往往是一种横向的参照对比。

冬季靠厚厚的木屐渡过泥雪的生活，离我们并不久远。而现代工业文明毕竟不断在给人们提供着新的物质生活条件，即使在最贫困的地区，也能够用暖水瓶储存热水，这是古时财主也不敢想象的享受，何况电视电话已经在今日乡村的许多地方得到普及。但这种变化远远落后于变革的时代，落后于世界文明的进程。

消灭贫困，应该包括消灭悬殊和缩小差距。

人们或许还记得，九十年代中期，中央召开的一次有关农村工作的重要会议曾经指出：城市居民与农民之间的收入差别，又恢复到了改革开放之前。

欧洲的城市，非洲的农村。这种对中国城乡现状的简练描述，也不是乡下人所能表达的。

久旱不雨，微露即可见绿。

几年前，中央又决定取消农业税，就那么几百个亿，却把整个乡村垫高了许多，也把进城务工的农民垫高了许多。

建设和谐社会，促进城乡共同繁荣。对于广大乡村而言，春风的脚步虽然来得迟了些，但毕竟已可闻听。

还有，媒体已经披露，今年的中央全会的主要议题将是讨论农村工作。我不知道辽阔的乡村大地，是否已听见这并非滚动在天际的殷殷雷声。

春天来到时，春风春雨也会随之降临，我们的乡村大地一定能耕作出新的诗章。

农村不再是贫困和苦难的代名词，乡下人也不再是屈辱的象征。那一天必将到来，那才是最大的民族之幸和人民之幸。

那一天，对广袤的土地来说，又将是一个新的起点。

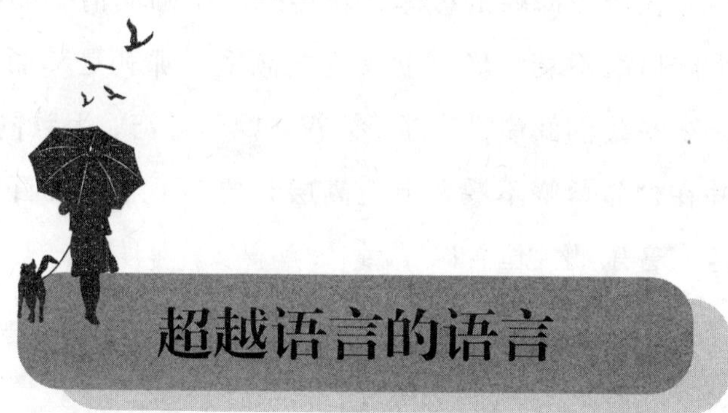

超越语言的语言

一

夜深人静，万籁俱寂的时分，我取出一盘白色胶盒的录音带。这就是弦乐四重奏《梁山伯与祝英台》。

撼人心魄的音乐可以排除尘世的喧嚣，同时又容不得杂音的掺入。说不清多少个这样的夜晚，一支名曲令我沉醉。

《梁祝》极其成功地运用了西方音乐的器具和表现手法，使我们民族乐坛上这朵奇葩放射出更加夺目的光彩。它堪称我们借鉴西方艺术,尤其是进行中西音乐艺术融会创造的一个典范。

没有《梁祝》,我们就没有音乐。

——我深知这种赞誉偏激得叫别人无法容忍,但我还是说了。

在台湾海峡的彼岸,曾传来一个圆润清亮的歌声,在整个大陆风靡不衰,亿万歌迷为之倾倒。那就是邓丽君。

在我们此岸,一曲《梁祝》飘飞过海,无数同胞被它征服,并在台岛萦绕不散。上至高层政要,下至平民百姓,纷纷赞赏这支音乐的"国粹"。

他们送给我一盘"邓丽君",我们还之以一盘《梁祝》。这双方礼物的比重是够掂量的。

作为一个具有几千年文化积淀的民族,应当孕育出这种高水准的音乐。每个发达的民族,都应当推出自己的艺术精华。

电影《魂断蓝桥》中的那支苏格兰民歌,不知在那里是否也被称作他们的《梁祝》。——这未免有点爱屋及乌了。

二

音乐,是作曲家将语言正常读音的音节变成长短高低的声响符号,但它不是语言,更不是文字。

然而,每一件成功的音乐作品,都是音乐家创造出来的超越语言的独特语言。

这种无语言的语言,是任何语言都无法企及的语言,无以复述的语言。

《梁祝》低回跌宕的旋律,把我们带到远离现代都市的那个没有年代的年代。那里有寂静的山川和田野，有古老的拱桥和溪水，有高深的宅第和闲恬的园林，有现代和未来不可能再现的生活背景和文化心态。

爱情故事淡化了十年寒窗追寻功名的价值观念，渲染的是封建礼教和门第婚姻的残酷。但音乐使故事的主题得到了再次升华，听者感觉到的不是几千年尘世俗念的困扰，而是空灵，纯洁，缠绵却不忧伤。

人间丑恶制造了一个千古遗憾的悲剧。

而艺术却让人们远离了丑恶。

有了这种琴弦的诉说，任何一种表述手段都显得苍白无力。即使是伴之以银屏的蒙太奇画面，对它也将是一种破坏。

音乐的视觉不需要眼睛。

三

有些音乐作品可以从物质世界获得创作灵感，模拟出一部分音响。如《春江花月夜》中推水行舟的篙声和橹声。

《梁祝》是爱情的绝唱。情感不仅是无形的，而且是无声的。

音乐也是无形的。《梁祝》以一种无形来表现另一种无形。不知作曲家靠什么点化，将那么几个音符排列出了如此绝妙的信息符号。

欣赏者也无法说清他们凭什么能够迅速地破译出音乐符号的内容，甚至是在第一次接收时。

这就是音乐的神奇。

《西厢记》里，张生越墙与莺莺私会，未免落入世俗的尘轨；董永与七仙女的生死离别，未免流入千百年来人们的空幻想象。唯《梁祝》既是从现实中走来，又具有超现实的魅力。虽然它也有一个神话的尾巴，但欣赏者大都忘了那对升天的彩蝶。

爱情与人类同在。而一对男女的故事却不可能穿透将来无限的时空。

唯有真正的艺术才能跨越一切。

一支名曲赋予古老传说以永恒的生命力。

音乐不朽。“梁祝”永远不死。

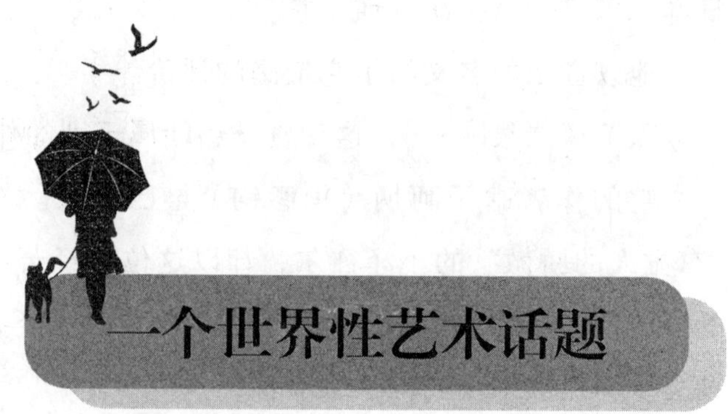

一个世界性艺术话题

一

优秀的音乐必须倾心去读。

有一支名曲我读过数百遍，可至今没有真正读懂它。它太博大了，太深邃了。

以其实力和卡拉扬、伯恩斯坦、索尔蒂并列为世界四大指挥家的小泽征尔，曾在中国指挥交响乐团演奏这支乐曲，赢得经久不息的雷鸣般的掌声。第二天，当他在中央音乐学院第一次听到用二胡演奏这支名曲时，他泪流满面地跪下了。

——“这种音乐只应该跪下去听，坐着听和站着听，都是极不恭敬的。”

这位二十多岁就赴欧深造，饱受西洋文化熏陶的第一流的日本音乐家，第一次读懂了它。

他以音乐的名义给了它最高的评价。

除了《二泉映月》，这种赞誉还能属于别的作品吗？

它的作者瞎子阿炳（华彦钧）早已故去。然而，被视为“东方人的骄傲”的小泽征尔，却以这位曾经苦度在中国里巷的盲人音乐家为骄傲。在小泽征尔的极力推崇下，《二泉映月》被公认为世界上不朽的十大名曲之一。

今年，是华彦钧诞辰一百周年的日子。

然而，活着，永远活着的只是他留下的令人心灵颤抖的千古绝响。

二

音乐的表现形式是声响。而声音是无形的，它作用于心灵的力量更是无形的。一支名曲诉诸听觉，通过独特的感官神经去弹拨心灵之弦。

《二泉映月》在它被发现之前，是无标题的，但它表现的主题却极其鲜明。

这支曲子中不但没有故事，而且没有任何象征现实世界事物的艺术符号。它有的只是生命意识，只是内心深处波涛的起伏流程。

华彦钧边拉二胡边在无锡的街巷缓缓行走，一支名曲就在他的茫然行走中谱就。我们没有理由责究他为何未感受到某种光亮。

可是，他在对黑暗的控诉中却深藏着渴望。

它那丰富的旋律决不是用耳朵可以听到的。

——它是一部读不尽的书。

你或许从凄然悱恻，如诉如泣的倾吐中，读到一种苍凉；或许从迷蒙幽暗，激昂忧愤的琴声中，读出的是悲怆；或许从顿挫有致，优美晶莹的音符中，读到的是古老的江南水乡；或许从跌宕起伏，苍劲有力的旋律中，读出的是原实的音色……

或许你什么都没有听出，而又什么都能听出。

三

没有必要去从中寻找这位盲人音乐家对泉水，对月亮的描绘。因为他的杰作确有现实依据但不存在具体的现实原型。

也没有必要去探询他究竟哀怨的是什么。因为他用的是极其独特的语言，在控诉着整个非理性的世界。他极大的不幸也就是这个世界的不幸。

他身处社会的最底层。生活上他是潦倒的，心灵却是站立着的。他的精神是不屈的。

他双目失明，仅凭着自己对二胡的娴熟技巧，以灵活的五指和一把弓弦，把自己苦难的经历，把悲怆的人生，化作撼人心魄的超语言音响。

这种艺术生产的过程是神奇的。

虽然每个文艺理论家都坚信自己能够破译或者已经破译了

它，但理论上的解析毕竟无法复原它那真实而独特的艺术孕育与诞生过程。

不然，许多艺术家或可按照这种程序去创造出同样伟大的作品来。因为，华彦钧所经受的并非是人生悲凉之最，驾驭弓弦达到如此熟练程度的也并非只其一人。

这就是超凡的艺术不可多得的原因。

华彦钧没有想过艺术的崇高。他甚至没有想到“为了艺术”，更不曾想到过不朽。他只是为了诉说，为了掌握一种乞讨的手段。

但，惊天动地的艺术却完全在他的意料之外，从他的手中出现了。

艺术奇妙，往往就奇妙在这里；

艺术崇高，往往就崇高在这里。

四

我为先祖们遗憾，为自己庆幸。

在我来到这个世界的时候，几位音乐家刚刚发现这支绕梁千古的名曲。

真正的艺术是为众多的欣赏者而创造的，并且能够为大众所接受。

《二泉映月》以超越时空的艺术力量征服了世界上最权威的音乐家。但是，更能体现它伟大的艺术魅力之处，在于它征服了无数的音乐听众。

生活在一支名曲诞生的国度，特别是经历过、或者说能够感受到名曲诞生氛围的人，如果不被它感染，那才是艺术的不幸。

艺术只有孕育于一种文化积淀的深层之处，才能超越生活，超越一切，才能永久地回荡于人类精神世界的高空。

中国伟大的民间音乐家华彦钧属于世界，《二泉映月》属于全人类。

然而，世界把贝多芬、肖邦、施特劳斯的每一个音符都说过了，对我们的华彦钧却说得太少。

当举世纪念这位音乐家的日子，我们可以断言：他将是一个永远说不尽的世界性艺术话题。

走进《春天》

春天，孕育诗意的季节。

但是千百年来，春天这个字眼曾在无数作家和艺术家的笔下泛滥过，谁如果再去简单地运用这个名词，只会让别人指骂愚蠢。

春天最美，也最不容易描绘。

偏偏有幅油画，标题就叫《春天》。

整个画面以树林和土地的黑色为基调，却穿透着强烈的暖色气息。

严冬刚撤退不久，星星小花和树丛萌动的春意已开始占领这片土地。

画家将天空挤压在画幅的顶部，但天空总是天空，即便只为它开一扇窗户，它都是那么遥远，那么辽阔。

《春天》的天空升腾着黄亮的金辉，从树丛那边的天际喷发而来。

那温暖的色彩涂抹了远天淡淡的云层，也涂抹了林梢纷乱的树枝。

近处，一株细高细高的白桦顶出画面，留给人们一个想象的高度，圆润的白色树干把油黑的土地和背光的丛林衬托得更加葱郁，更加神秘。

白桦树的土坡下，一湾池水被远天的霞光镀上了一层金色，连水中树林的倒影也泛着金黄。

池水映照着天空，在暗黑的土地上显得格外明亮。一池春光洋溢着一片生机。

一个美妙的季节停留在这个时刻；

这个时刻走来了一个美妙的季节。

油画的作者叫普林斯·尤金，很像是俄罗斯人。他所画下的可能是俄罗斯某片土地的一角，也可能是北欧其他地方的某个角落，还有可能是他想象的某个地方。

总之，这只是一个极其普通的所在。作者以其娴熟的艺术笔法将美丽而生动的自然时刻展示在这片土地上，使读者对这片山野产生出无限的向往。

在那个清闲的午休时分，我随手翻出床头的一本旧杂志，等待睡意的最终到达。

印在封底的这幅油画却突然让我清醒起来，我平卧着伸手举起这幅画，端详了好久好久。

我很想去寻找这地方，去寻找那个季节，那个时刻。

不知赤道和两极是否有这种季节变化，我相信在我们这个星球的许多地方，都可以找到这样的春天，都可以找到这样的晨色。

这样的景色是大自然的绝妙造化，是我们的太阳和我们的地球周而往复运转的绝妙造化。

多少万年以前，这树，这花，这丛林，没有生长出来，但这片黑色的土地存在着，这湾池水存在着。这里一草一木的若干代以前的先辈，也曾像它们一样静静地扎根在这里，也曾像它们一样静静地站立着，把一只只手臂举向苍穹，一次次迎接着这种曙色，一次次迎接着这种宁静温馨的时光。

可是,那时没有人类伴着婷婷而立的白桦一起来享受阳光，享受春天；没有人类跟随欢跳的松鼠一起走进这里的丛林来感受美丽；更没有画家普林斯·尤金来这里作画，当然也更没有我来凝视这幅图中的美景。

我们来得太晚了。

但是，我们又不希望画里的世界诅咒人类的脚步。它要永远地这般存在下去。

我终于寻到了那片池水边的树林，寻到了那片和煦的金黄色天光。

轻些，再轻些，沿着矮矮雪松旁边那条隐约的小径往前走，前面就是那泓池水。

千万不要惊动树枝和花朵，千万不要惊动林间的阳光。

就这样，我轻轻地向前走着，在我朦胧的睡梦中。